一本可以改变孩子命运的家庭教育宝典

不凶不吼
教出好孩子

BUXIONGBUHOU JIAOCHU HAOHAIZI

尤岭岭◎著

当代世界出版社

图书在版编目（CIP）数据

不凶不吼教出好孩子 / 尤岭岭著；—北京：当代
当代世界出版社，2013.2
ISBN 978-7-5090-0868-3

Ⅰ. ①不… Ⅱ. ①尤… Ⅲ. ①家庭教育 Ⅳ. ① G78

中国版本图书馆 CIP 数据核字（2012）第 281299 号

不凶不吼教出好孩子

作　　者：尤岭岭
出版发行：当代世界出版社
地　　址：北京市复兴路 4 号（100860）
网　　址：http://www.worldpress.com.cn
编务电话：（010）83908456
发行电话：（010）83908410（传真）
（010）83908409
（010）83908423（邮购）
经　　销：新华书店
印　　刷：北京普瑞德印刷厂
开　　本：710mm × 1000mm　1/16
印　　张：16.25
字　　数：250 千字
版　　次：2013 年 2 月第 1 版
印　　次：2013 年 2 月第 1 次
书　　号：ISBN 978-7-5090-0868-3
定　　价：29.80 元

前言

天下所有的父母都有“望子成龙”、“望女成凤”的强烈愿望，都希望自己的孩子能学有所成，成就一番属于自己的事业。这种美好的愿望是否能够实现，很大程度上取决于父母是如何教育孩子的。

教育家爱尔维修说过：“人刚生下来都一样，仅仅由于环境和教育的不同，有人可能成为天才，有人则变成凡夫俗子甚至蠢材。即使再普通的孩子，只要教育方法得当，也会成为不平凡的人。”每个孩子都可能成为天才，而孩子的命运往往取决于父母的教育。在这个激烈竞争的时代，家长采用什么教育方法培养孩子，决定着孩子将来会成为什么样的人，决定着孩子未来是什么样的命运。

现实生活中，我们常常看到这样一些家长，对于教育孩子，基本上是束手无策，他们控制不住自己的情绪，怒火中烧，用大吼大叫来表达愤怒。其实，这种大吼大叫的教育方式并不能产生立竿见影的教育效果，声调和结果往往成反比，教育不是情绪发泄，嗓门不能解决任何问题，相反，会使孩子感觉你没有修养和自己不被尊重。另外，对孩子大吼大叫的教育方式，孩子学不到什么有益的东西。相反，一旦他习惯了你的这种教育方式，他会将你的话当作耳边风，慢慢就会变成，你的批评或表扬他都听不进去了。如果大人孩子都发脾气，批评很有可能会升级为哭闹和打骂，那么只会毁掉你努力管教孩子的成果。

俗话说，有理不在声高。其实，家长应该换一换自己的教育方式。实践证明，用冷静的方式对孩子进行管教，会让孩子感觉到你的教导是客观公正的，

并且他也会愿意按你说的做。所以，对孩子的教育，应该是不凶不吼的教育。为人父母者应该掌握一些不凶不吼教育孩子的妙招。

教育孩子时，为人父母者不妨坐下来，以促膝谈心的方式，心平气和对孩子晓之以理，动之以情，导之以行。这种不凶不吼的教育方式是为了让我们更无私、更成熟、更具备为人父母的能力，具备一种孩子真正需要的、来自于我们的影响力。所以，我们要学会让自己冷静，控制好自己。如果能把精力放在控制自己的行为上，而不是控制孩子的行为，得到的教育结果会出乎意料的好。

本书通过丰富翔实的案例，讲述经过无数父母证实的不凶不吼的教育方法，让曾经吼过孩子的父母明白并注意“单纯对孩子吼叫是没有用的”这一客观现实，指导父母学会用正确的方式来教育孩子。

世上没有教不好的孩子，只有不会教的父母，教出好孩子，首先要改变我们的教育思维，而掌握不凶不吼的教育智慧，正是改变一切的开始。

目录

第一章
不凶不吼，做最优秀的父母 / 001

教子成才需要讲究教育方法，吼叫、责骂孩子是没有用的，即使父母的动机再好，也可能事与愿违。所以，你得学会让自己冷静，控制好自己，如果能把精力放在控制自己的行为上，而不是控制孩子的行为，得到的结果会出乎意料的好。

第二章
不凶不吼，走进孩子的内心世界 / 033

孩子的内心世界是父母最容易忽略也最难以接近的，而只有真正地走进孩子的内心深处，才能真正了解自己的孩子，才能知道他们的所思所想，从而为他们的健康成长提供及时的帮助和相应的指导，给予孩子最好的教育。

在培养孩子方面，许多家长总存在误区，重视对孩子的智力开发，忽略对孩子品行道德的培养。优良的品格是个人思想和行动遵守社会道德品质的体现，是一个人人性中利他特性的表现，教孩子从小养成优良的道德品质，将会使孩子受益终生。

良好的交往能力是建立良好人际交往关系的基础和前提。美国心理学家卡耐基认为：一个人的成功 15% 靠专业技术，85% 靠人际关系。人际交往能力是一种驾驭生活、完善自我的能力，怎样让孩子学会与人相处，就成为父母很重要的一课。

要想将孩子雕琢成器，培养其良好的自我管理能力是一个至关重要的条件。父母要有技巧、有耐心地付出心血栽培训练。父母应该顺应孩子的愿望和需要，适时放手，让孩子做他能够做、应该做的事，从点滴小事入手，逐渐树立孩子自我管理的意识。

第六章
不凶不吼，激发孩子的学习热情 / 149

孩子的学习兴趣和热情，需要家长耐心地引导和培养。家长只有树立正确的教育观念和方法，通过逐步关心孩子的学习情况，了解孩子的学习心理，适当地进行引导，才能够大大提高孩子学习的信心和兴趣，让孩子学会掌握有效的学习方法。

第七章
不凶不吼，让孩子拥有健康的心理 / 173

生活中，许多家长对孩子的身体健康都很重视，却常常忽视孩子的

第九章
不凶不吼，让孩子养成良好的做事习惯 / 227

良好的做事习惯，是直接影响到孩子一生发展的重要因素。无论是生活中的事，还是学习中的事；无论是小事还是大事，都必须认真对待，设法尽力做好。只有家长们重视对孩子好习惯的培养，对孩子严格要求，才能让孩子养成良好的做事习惯。

第一章

DI YI ZHANG

不凶不吼，做最优秀的父母

望子成龙、望女成凤是天下父母的共同心声。那么作为新时代的父母，究竟怎样才能教子成才呢？教子成才需要讲究教育方法，吼叫、责骂孩子是没有用的，即使父母的动机再好，也可能事与愿违。所以，你得学会让自己冷静，控制好自己，如果能把精力放在控制自己的行为上，而不是控制孩子的行为，得到的结果会出乎意料的好。

别把"大吼大叫"当成教育理念

刘小姐在一家公司做秘书工作，几年前生下一个女儿，女儿听话懂事，外人看来都很羡慕。但是，只有亲近的人才知道，刘小姐没少跟孩子喊叫，不管是学习、练小提琴，还是画画写字，孩子几乎每天都能听到妈妈跟自己嚷嚷。"我控制不了，"赵小姐说，"每次喊完我就会后悔，但是下一次还是会喊出来。她学东西不认真的时候，学得慢的时候，我都会努力控制自己，但是最终还是会喊出来。"

"我们马上就要出门了！孩子，快点把鞋穿好。"刘小姐在客厅一边收拾要带的东西，一边对在房间里的女儿说话。可是，当刘小姐已经把东西收拾好，孩子还是没有出现在客厅。刘小姐快步走到女儿的房间，推开门一看，女儿居然还在摆弄她的芭比娃娃玩偶。看到刘小姐的出现，女儿慢吞吞地站了起来。刘小姐下意识地看了下表，意识到路上稍有一点堵车，上课可能又会迟到。于是刘小姐提高了嗓门："快点，快点！"女儿刚想要说点什么，就被刘小姐打断："赶快穿鞋，马上！"刘小姐开始大吼了。"怎么了？"女儿惶恐地看着爸爸。"上课又要迟到了。快走吧！"刘小姐一边拿起包，一边不耐烦地说着，甚至推搡着孩子出了门。

现实生活中，很多父母是不是同样经历过这样的场景？动不动就会提高分贝对孩子大吼大叫，特别是孩子做了错事时更是如此。冲孩子吼叫的状况对于很多家庭来说，可能是一件习以为常的事情。最近，国外的一项研究显示，88%的父母曾在孩子出生的头几年朝他们叫嚷或者尖叫过，甚至数据显示，在

7 岁孩子的父母中，这个比例会高至 98%！

也许家长们想通过提高声音的分贝以达到让孩子听话懂事甚至服从的愿望，但往往事与愿违，其结果是我们的大嗓门破坏了亲子关系。孩子被父母渐渐引导到了对立的方面，每一次对立，都使父母的神经以及他们和孩子的关系变得紧张。更严重的后果是，当父母因为某种原因心情糟糕时（比如由于工作不顺利或夫妻闹别扭等），往往会情绪失控，突破常规的状态，对孩子进行非常严厉的惩罚。这时，冲突陡然升级，家庭的平静就轻易地被一件生活琐事彻底击破。

孩子不听父母的话，惹父母生气是一件很正常的事情，这通常是不可避免的，但是为人父母绝不能养成经常对孩子发脾气的习惯，如果孩子从小生长在经常大吼大叫、吵吵闹闹、挨揍的环境，日后势必对他的成长造成很大的伤害。

英国教育协会的教授斯塔朗认为，对孩子大声吼叫是个很严重的问题，虽然孩子需要激情去面对外面的世界，但大声吼叫（表现出的激情）并不是好的引导方式，相反，对孩子怒吼，特别是重复不断地大声斥责孩子，孩子受到的伤害很大，这甚至比打孩子还厉害。

一个小学生在报上发表了一篇名为《爸爸的“雷声”》的文章，文中写道“别以为只有春天才会听到雷声，在我家里常常会听到雷声——那就是爸爸教训我时的大嗓门。我从小就淘气，不听话，只要被爸爸知道了，他立即圆睁双眼，隆隆的雷声马上就到，震得我不敢抬头。我的眼泪就像夏日的大雨，哗哗下个不停，那时我最恨我的老爸，每天最担心的也就是他的雷声。我常常想，要是爸爸不打雷了，那该多好啊！”

有一位女学生，她的父亲是一位出租车司机，脾气非常暴躁，以为把钱赚回来，能养活家人就算尽了做父亲的责任，所以他只想着把钱挣回来，从来不曾关心孩子的成长。父亲每天回到家里，看见她的第一句话总是指责，从来没有给过笑脸，却总是挑剔孩子的毛病。她越来越不喜欢她的父亲，甚至于怕她的父亲，躲避她的父亲。后来，她变得自卑、多疑，老是感觉人家在背后议论她，学习也静不下心来，无法做到专心听老师讲课。从初一到初三，她从来没有和任何同学说过心里话，常常有非常烦闷的感觉，做事情也没有热情，总觉得做什么事情都没有意思，甚至有时候觉得自己还不如死了好。

一个孩子因学习、做事经常不符合爸妈苛刻的标准而受到父母的大声斥骂、埋怨，终于有一天，他再也憋不住了，提笔跟父母写了如下的信："憋了很久，泪水终于还是忍不住落了下来。你们问我生什么气，不，我没有生气，你们这么疼我，我还有资格生气吗？我是伤心，为什么每次都要弄到两败俱伤的地步，你们才肯罢休。妈妈好多次了，仅仅是因为我考试成绩不好，或是家务做得不标准，竟会招来你一顿骂，或是一阵阵怨天怨地。但我心里最渴望的是你们的肯定与鼓励，难道你们没有看到我在试着做得更好吗？"

可见，如果一个孩子经常听到父母冲他大声喊叫，容易产生一些不愉快的情绪，而这些不愉快的情绪会影响孩子的身心发展。美国杜克大学最近的一项研究表明，当孩子在一岁时听到喊叫，会使他们的智力发展放慢，并使他们在长大以后具有好斗的行为。一个人一生中最早受到的教育来自家庭，来自父母对孩子的早期教育和影响。据调查研究，如果父母每天对孩子又吼又叫，孩子很少有不受到伤害的，如果一个月或一个星期只有一次对孩子发脾气，伤害就会减少许多，所以，父母对孩子发脾气的频率不能太密集，否则就会有后遗症。

杰克·卡菲尔德是美国著名的儿童心理学家，一次在谈孩子教育问题时，他讲了一个自己亲身经历的故事：有一次，他和家人一起出去吃饭，席间，7岁的女儿碰翻了装满饮料的玻璃杯。她把桌子擦干净之后，说："爸爸妈妈，因为你们没有像别的父母一样大喊大叫，批评我做事如何不小心，所以我要谢谢你们。"

无独有偶。一位外国妈妈带着一男一女两个大约三四岁的小孩准备坐下来喝东西，她为他们每人买了一杯热巧克力。三人坐定后，其中的一个小孩"啪"一松手，杯子掉在了桌上，洒了满桌的热巧克力，这位妈妈赶快起身用纸巾擦干孩子身上的脏渍和惨不忍睹的桌子。谁知，刚刚擦好，另一个孩子就模仿性地做了同样的动作，妈妈又是一阵忙乱。在这之后，这位外国妈妈居然带着她的两位儿女又买了两杯热巧克力，而同样的事情又像倒影带一样再次发生。这位妈妈一直耐心地收拾着孩子们制造的残局，没有责备，更没有大叫大嚷。

我们不得不佩服两个故事中的父母对待儿女的宽容态度。在现实生活中，遇到孩子淘气、不听话，还能这样不着急的父母虽然已经很少见了，但这种“不吼不叫”教育孩子的理念却是十分值得赞许的。

大吼大叫，不是教育孩子最好的方式。在教育孩子的时候，家长们千万别图一时之快，对孩子大吼大叫。要知道，大吼大叫是无法解决问题的。当然，做父母的难免会偶尔有一次情绪失控，不过一定要注意，等气消了，要找孩子好好地聊聊，语调尽量温和些，既有利于真正解决问题，又有利于消除孩子心里的恐惧感。所以说，别把“大吼大叫”当成一种教育理念，这是毫无作用的。唯有不吼不叫教孩子，才是一种教育智慧，一种教育艺术，一种人性化的教育理念。

不吼不叫，孩子同样会听话

在现实生活中，你经常对孩子大吼大叫吗？这样教育孩子的效果是否真的如想的那样有效？

李先生是一个成功的生意人，他中年得子，爱如掌上明珠。他知道做人比做生意更重要，所以特别注意对儿子品格的培养。

儿子五岁了，喜欢自顾自地玩耍，大人和他说话，他充耳不闻。李先生认为礼貌要从小培养，所以不能放任孩子对别人的话充耳不闻。每当这时候，李先生很心急，他摆出平时在公司那种“九五之尊”的威严，怒不可遏地告诉孩子，大人和你说话必须要回答。孩子对他的话毫不在意，反而哭闹一番，事后还是“故伎重演”。

李先生不死心，一次次地把儿子从玩耍中拉出来，对儿子大呼小叫地进行教育批评。可每一次，都以失败告终。

看来，为了纠正孩子的错误，对孩子总是大吼大叫、大吵大闹，这是最没用的方法。这种态度只能证明父母的无能。父母这样做，虽然暂时镇压了孩子，但是如果孩子习惯了父母的吼叫或者发怒时的声调，那么他将来就很难再接受心平气和的命令，父母的话自然而然就成了耳旁风。如果大人孩子都发脾气，批评很有可能会升级为哭闹和打骂，教育的效果抵消为零。所以说，不是你的声音越高就越能产生立竿见影的效果，声调和结果往往成反比；并且大喊大叫使孩子丝毫感觉不到尊严的存在，也把你的修养咆哮得无影无踪。

心理学家对表达哪些事情该用怎样的声调进行了研究，不同的声调会收到不同的效果。大人批评孩子，用低声调孩子更容易接受。这是因为：第一，低声调可以使人理智一些、情绪平和一些，也可使孩子抵触、逆反的心理防线有所松弛，有利于沟通；第二，低声批评孩子，不仅可以集中孩子的听力，而且也可以先发制人，不让孩子使用高声调。生活中常看到大人高声责骂孩子，孩子反抗的声音也不低，双方情绪越来越激动，最后惹的大人一肚子气，孩子也不服气；第三，低声调可以赶走愤怒。父母是孩子人生中任教时间最长的老师，大人的言行对孩子的影响最大，遇事暴躁、不冷静、开口大声责骂的父母，肯定对孩子的性格有潜移默化的影响。由此看来，让孩子接受父母的批评，声音高不是最主要的，关键是语调一定要镇静，态度认真、低沉而有力，让孩子既听清楚自己错误之所在，又能感觉到父母态度的严厉与不可抗拒。

心平气和地批评孩子

俗话说：有理不在声高。父母在大声吼叫的时候，往往展示的是一种尊严、威严，有一种居高临下的味道，没有顾及到孩子的自尊心，更没有和孩子处于平等的地位，进行心的交流。所以，当孩子犯错误时，为人父母者不妨坐下来，以促膝谈心的方式，心平气和地对孩子晓之以理，动之以情，导之以行。

有一个小男孩兴奋地跑进厨房，告诉妈妈一个故事。他非常激动，大声地叙述故事里的金字塔、骆驼及蛇。妈妈想要更了解这个故事，要求小男孩把故事里的主角画出来。妈妈走出厨房去拿纸，当她回来的时候，发现小男孩的手里早已拿着一支蜡笔，故事里的主角们正装饰着橱柜，还有一只恐龙在洗碗机的门上张牙舞爪。

当下妈妈有点震惊。但她犹疑了一下——该不该开骂呢？她知道厨房是一定要清理的了，责骂也无济于事。于是她放下纸，拿起一张小椅子，坐在儿子身旁，耐心地对儿子说："孩子，画画一定要画在纸上，不要往屋子里的任何地方乱花，否则的话，妈妈还要清理，多辛苦啊……"这个小男孩点了点头，显然，他觉得妈妈说的话是对的，他应该听妈妈的话。

心平气和地批评孩子，有助于保持良好的亲子关系，也能达到批评的目的。所以，最好管住自己的脾气，让自己息怒。当你轻声细语地批评、嘱咐的时候，更多的是把孩子的利益放在了受尊重的位置上，保护了孩子的自尊心。父母的心与孩子的心处于一种平等交流的位置上，孩子当然容易从内心深处受到触动，随之而产生的，是对父母由衷的爱。

用赞扬替代训斥

有这样两位孩子，他们做作业时总是不专心，但是，他们的妈妈采取了两种截然不同的态度，效果大相径庭。

第一位妈妈发现孩子做作业一点也不用心，作业做得错误百出，一气之下，把孩子的作业本撕掉，让孩子重新做，并且大声训斥孩子说："跟你说多少次了，你怎么不长记性，让你专心做作业，可你看看你错了几道题，你给我重写！"

孩子拿着作业本，看着被妈妈撕掉的作业很是生气，嘴里嘀咕道："我就是不给你好好写，看你能撕多少。"

生气归生气，可是作业还得交给老师，孩子只好重写。但是，孩子心里憋着一口气，心思更无法集中在作业上，还不如上次。妈妈见了又要撕，可一看表，都10点多了，没办法，只好这样了事。

而另一位妈妈看见孩子做作业三心二意，虽然也很生气，但她控制住了自己的不满情绪。她知道，越是训斥孩子，孩子会越逆反，反而会更不认真。于是，她对孩子说："这次作业写得很不错，虽然做错了几道题，但都是由于马虎造成的，我相信，只要你再认真一点，一定会避免这些错误的。"孩子听了妈妈的话，就对妈妈说："妈妈，我再重新做一遍，这次我肯定用心地去写，保证不出现错误。"

孩子写完作业让妈妈检查，妈妈认真看过后，说："我家孩子的作业做得真整齐，明天老师也会感到满意的。"

后来，这个孩子做作业一直都很认真，因为有妈妈的表扬，他的学习劲头更足了。

同样是要求孩子认真完成作业，前一位妈妈用训斥、强制的办法，让孩子感到的只是压力和反感；而后一位妈妈却给孩子信任和鼓励，让孩子有了动力，其结果当然是不同的。所以，在教育孩子时，父母要用发展的眼光看待孩子，先肯定孩子的点滴进步，然后循序渐进，深入到症结所在。孩子在受到了肯定之后，自尊心得到了满足，也就比较容易进一步地接受意见了。

打不是"亲"，骂不是"爱"

中国的传统教养观念认为："棍棒之下出孝子"、"不打不成人，不打不成才"、"打是疼，骂是爱，气极了，拿脚踹"、"三天不打，上房揭瓦"等。这对许多为人父母者有着潜移默化的影响，也被很多家长奉为教育子女的信条。当家长发现孩子的坏习惯出现的时候，很多人都会对着孩子大喊大叫，以示问题的严重性，更严重的会对孩子大打出手，想以此来告诫孩子下不为例。其实这样是不对的。

天下没有哪一个父母不盼望自己的孩子能成龙成凤的，但无数事例证明，没有一个孩子是在父母的打骂中成才的。棍棒威吓可能会起作用，但只是暂时的，不会持久。

6 岁的小悦弹琴时表现出极大的随意性，老师讲过的正确指法、手型和要求在她的脑子里没有留下丝毫的印迹，仿佛从来就没有学过似的。妈妈看在眼里、急在心上，一遍又一遍地提醒外加亲自示范，可小悦摆出了一副不合作的态度，在琴凳上扭来扭去，一会儿喝水、一会儿上厕所，没过两分钟又嚷嚷着累了要歇会儿。

内心的怒气终于冲破了忍耐的底线，妈妈一巴掌挥了过去，小悦的手背顿时就红了——说服教育升级为武力惩罚。

父母的望子成龙、望女成凤之心可以理解，但是，有些父母常常拿自己都达不到的标准来要求孩子。所以当孩子由于种种因素，某些方面不能达到父母的期望时，许多亲子之间的矛盾和冲突就不可避免地发生了，打骂仅是一种感情发泄，对改变孩子的现状无济于事。打骂孩子可能会解决眼前的一个小问题，却给孩子的成长留下大隐患，创痕会伴随孩子一生。

有这样一个男孩子，他经常抱怨自己的父母，对父母的管教更是置若罔闻。原来，男孩的母亲爱唠叨，父亲则脾气暴躁，教育方法简单，只要听说儿子表现不好，动辄就打骂，所以他特别害怕老师向他父母“告状”，更恨父亲不问青红皂白的谩骂和殴打。他曾非常苦恼地说：“我也不想让我的父母伤心，但一想到他们的做法，我就来气，真恨不得永远不进这个家门！”

看来，打骂这种简单粗暴的家教方式不仅不能解决任何问题，还会使双方的矛盾激化。孩子遭打的时候，没有心里舒坦的。皮肉之苦，使他们产生怨恨、逆反、畏惧等心理。打的结果会是，孩子与父母之间的亲情日益淡漠，隔阂越来越深，个别孩子甚至会产生暴力倾向。

李明是一个调皮捣蛋的孩子，经常闯祸。他爸爸脾气特别暴躁，每当李明不听话时，他总是劈头盖脸一顿臭骂，急了抓起身边的东西就打。最初李明还会和爸爸辩解，可不但不会平息爸爸的怒火，还往往会招致又一轮的打骂。渐渐地，李明已经习惯了爸爸的教育方式了，并且无形中李明也学会了用打骂的方式对待身边的人。这天，老师因为他和同学吵架批评了他，他的暴躁脾气当场就上来了，他冲老师嚷嚷开了，让老师很没面子。下课后，老师把他叫到办公室里谈话，他却说他爸爸平时就是这样对他的。

在教育孩子的过程中，许多家长都陷入了“暴力误区”。他们期望用强势的武力和口吻来指引孩子们的成长，结果适得其反——培养出来的孩子要么更具叛逆性，要么具有暴力倾向。暴力教育能让孩子变得顺从，但却不会让孩子变得聪明和懂事；能让他们变得听话，却不会让他们变得自觉和上进——暴力教育能得到一些暂时的、表面的效果，但它是以孩子整体的堕落和消沉为代价的。

一位经商的父亲平时工作缠身，无时间教育孩子，孩子平时迟到旷课，打电子游戏、进网吧上网，上学时背上书包到教室转一圈，然后想干什么就干什么，放学后背上书包回家，父亲一点儿也没发现孩子有什么异常。日复一日，孩子旷课累计超过了一定节数，学校要进行处分，叫来了父亲，父亲大吃一惊。回到家对孩子使用“家法”，打得孩子低了头，认了罪。表面上看这场风波平息了，孩子也不敢旷课了，可孩子的思想问题并没有解决。在到校后的几周内，连续参与五起打架事件。孩子害怕学校处分，更害怕家长的斥责、毒打，偷偷离家出走……

一位用武力征服孩子的家长，无论财富多么丰厚，地位多么显赫，学问多么高深，打人的理由多么充足，都是智慧不足的表现。其实，不打骂孩子一样可以教出优秀的孩子，每个父母都应该牢记这个教育理念，把孩子当朋友，这是家庭教育中的重要原则。为了使孩子能够健康地成才，现代父母必须拒绝打骂孩子，改变以打施教的教育方式，对孩子循循善诱，以理服人，给孩子的成长创造一个良好的成长环境和一片快乐的天空。

耐心地倾听孩子的诉说

有一个小孩早上上学总迟到，老师为此找其母亲谈话。母亲知道后，并没有打骂孩子。她问儿子："告诉我，为什么你那么早出去，却总迟到？"孩子先是愣了愣，见母亲没有责怪的意思，就说："我在河边看日出，太美了！看着看着，就忘了时间。"母亲听后笑了。第二天一早，母亲跟儿子一起去了河边看日出，面对眼前的景色，她感慨万分："真是太美了，儿子，你真棒！"这一天，儿子没有迟到。放学回家，儿子发现书桌上放着一块精致的手表，下面压着一张纸条："因为日出太美了，所以我们更要珍惜时间和学习的机会，你说是吗？爱你的妈妈！"

父母能否走进孩子的内心世界，能否用心聆听孩子的心声，是教育成功与否的关键。当孩子犯了错误时，不妨先冷静下来，尝试着多一分耐心，问问孩子这么做的原因是什么。当家长的心思已经放在了解孩子的想法，并想办法帮孩子解决问题时，也许就会发现孩子的行为其实是情有可原的，并且也已经释放掉了很多负面的情绪。

以理服人，给孩子讲道理

面对不听话的孩子时，父母教育孩子的目的是让孩子明白道理，改正自己的错误。如果采用打骂的方式，不仅会缺乏教育效果，而且会伤害孩子的心灵，造成孩子和父母之间关系紧张或产生隔阂。

有一次，亮亮去一个同学家玩。回家后，他将同学的一个玩具偷偷地带回了家，被妈妈发现后，他很紧张。

妈妈没有直接批评亮亮，而是平静地问他："如果你的同学拿了你的玩具，又不告诉你，你会不会着急呀？"亮亮点点头。妈妈接着说："你的同学现在肯定在找玩具，你给他打个电话，告诉他过几天就把玩具送还给他，好不好？"亮亮愉快地打了电话，还和同学约好了下周日去还玩具。

父母要将自己放在和孩子平等的地位与孩子沟通，做到以理服人，给孩子讲道理，让孩子将道理内化为自己的意识，这样才会让孩子更信服。

别把孩子当成你的“出气筒”

在生活中，每个人都会有不如意、不顺心的时候。工作的压力、复杂的人际关系，使已为人父、为人母的成年人有许多的烦恼无处发泄，这时最亲密的人，尤其是弱小而又缺乏反抗力的孩子很容易成为不理智父母的“出气筒”。作为‘出气筒’的孩子往往很无辜，他们也许没做错什么，只是因为一些莫须有的“罪名”就受到父母的打骂。

有一位母亲下班回到家后，一脸怒气，因为她在单位受到了领导的批评，此刻正躺在床上闹心呢！可她的女儿却不知道妈妈不开心，仍然像往常一样拉着妈妈手，眉飞色舞地说着在学校里发生的一些趣事。

“妈妈，告诉你一件特别有意思的事情。我同桌今天上课吃东西，还拿课本挡住了嘴巴，可是，他仍然没有逃过老师的‘法眼’，被抓个正着……”女儿在妈妈面前手舞足蹈地说着。

“哦？是吗？”妈妈在一旁没精打采地回答道。

“对呀？你猜猜他是怎么被老师发现的呢？”女儿扯着妈妈的手，故意卖关子。

妈妈瞅了她一眼，没有理她。女儿开始撒起娇来了：“妈妈，我在问你问题呢，你快猜猜好不好？”女儿不停地拉着妈妈的衣襟央求着。

妈妈显着有些不耐烦了，说：“我怎么知道？你快一边玩去吧！”

女儿并没有注意到妈妈神情的改变，还是在那一个劲儿地往下说：“你猜猜……你不会连这点小问题也猜不到吧？你可是一个非常聪明的妈妈呀……”女儿边笑边推着妈妈的肩膀。

妈妈此时发怒了，说：“你这孩子，没看见我正烦着吗？别烦我，去！去一边做作业去！……”

女儿被妈妈的吼声吓了一跳，撇着嘴默默地回到了自己的房间……

当今，社会竞争越来越激烈，我们每个人都面临不小的工作和生活压力。有些父母往往因为一点儿鸡毛蒜皮的小事，就迁怒于孩子，对他们大呼小叫甚至拳脚相向，把孩子当成“出气筒”，将自己的满腔怒火胡乱发泄。事后，父母的气是消了，殊不知却对孩子造成了难以估量的身心伤害。

孩子正处于生长发育阶段，生理及心理都非常的脆弱，反抗的力度也不够，正是需要父母与社会保护和正确教育的年纪。父母有不如意、不顺心的时候，就拿孩子出气，只能对孩子造成难以估量的生理及心理创伤，影响子女的健康成长。尽管压力需要一个宣泄的渠道，但是，孩子绝对不是我们压力宣泄的渠道。

父母迁怒于孩子，起因往往是些根本不值一提的小事，这样一来，孩子被弄得莫名其妙，再加上与平时父母的百般疼爱落差太大，委屈感就会倍增，长此以往，会造成亲子关系的疏离。

在生活中，父母遇到不顺心的事就拿孩子当“出气筒”的现象屡见不鲜。有时，夫妻之间吵架，父母就会把气发泄在孩子身上。孩子很多时候都在状况外，根本不明白父母之间到底发生了什么，也不知道爸爸或妈妈到底遇到了什么样的问题。

小鑫是一个 15 岁的孩子，自从 7 岁起，从来不叫任何人。就连他爸爸妈妈，也从来没叫过一句！

原来，在小鑫 7 岁那年，小鑫的爸爸妈妈吵架怄气，这时乖巧聪明的小鑫看爸爸妈妈不高兴了，甜甜地叫着“爸爸妈妈”，想转移父母的不快。可是小鑫的爸爸妈妈并没有理睬小鑫，妈妈反而一把将小鑫推到了地上，没好气地吼道：“你给我躲一边去！”无辜无助的小鑫悄悄地抹着泪走了……从此以后，小鑫变成了一个冷漠的孩子，妈妈绞尽了脑汁想改变他，可是对小鑫依然没有什么效果，小鑫一如既往地我行我素，失去了昔日的撒娇嬉笑，再也看不到他那甜甜的微笑，更不用说和父母谈心了。

可见，父母拿孩子当“出气筒”，是不尊重孩子自尊和人格的行为，天长日久会对他们造成心理阴影和性格变异。孩子受到的伤害是巨大的，很有可能会终身受影响，因为一个人的记忆是有选择的，那些特别快乐和特别难过的记忆会一直保留在内心深处，并对孩子的心理和性格造成很大的影响。所以，父母切不可当着孩子的面争吵，更不能将对对方的不满发泄在孩子身上。

总之，作为父母，请别把孩子当成你的“出气筒”。无论你在生活中受了怎样的挫折痛苦，不要把那份痛苦转嫁给你的孩子，那样不仅仅是对他们不公平，还会在他们长长的成长道路上留下一道浓浓的阴影。

父母要学会控制自己的情绪

在教育孩子的过程中，父母要注意自己的情绪。如果将不良情绪传给了孩子，教育结果可以说等于0。

孩子不是父母的出气筒、发泄对象，父母情绪不好的时候，最好想办法冷静下来，不要跟孩子面对面，因为心情不好的时候，家长很容易对着孩子胡乱发脾气。

这个月，王女士又被老板无故克扣工资。她心里一肚子气，一直憋到了家里。

刚进家门，王女士就看见女儿将一本自己喜欢的时装杂志给弄破了。内心的火气，一下子被孩子点燃了。王女士照着孩子的屁股就是几下，直至将手打麻了，还不解恨。女儿不明白是怎么回事，边哭边说：“你是坏妈妈，我不喜欢你。”

那晚，丈夫和王女士谈心：“你这是怎么了，不就是工资少拿了点，至于把火气发在孩子身上吗？她又不是你的出气筒，你想打就打，想骂就骂。她也是个人啊，也需要别人尊重她。”

一番话，说得王女士无地自容。在那之后，王女士改变了许多，她学会了控制自己的情绪，不再因自身的原因，而迁怒于孩子。有时，遇上烦心的事情，王女士也能够平心静气地去面对。

成功学常说：“掌控情绪，才能掌控未来。”在教育孩子的问题上，其实也是一样的道理。在教育孩子时，父母一定要控制好自己的情绪，只有把精力用在控制自己的情绪和行为上，我们才有能力教育好自己的孩子。

不要把坏情绪带回家

李女士是某公司的销售经理。一天下午，李女士和客户发生了争执，面对盛气凌人的客户，她实在忍不住与对方在大庭广众之下争吵起来。回家后，她尽量克制自己，希望不要将这种不良情绪带给儿子和老公，在公司发生的事情她只字未提，但随后发生的事情还是将她的火气“点”了起来。吃晚饭时，老公埋怨菜咸，吃完饭碗也不洗就和儿子玩跳棋。在她收拾完家务后，家里的玩具丢得到处都是，到了睡觉时间儿子怎么也不愿意去睡，她叫了很多次，儿子像没有听到一样，就是不去睡觉……李女士当时再也忍不住了，想到自己在外面受那么多气都是为了这个家，可儿子一点都不体贴自己，竟然这么不听话，拿着衣架，对着儿子屁股就使劲打了起来，儿子没有见过妈妈发这么大的火，吓得大哭。平静下来后，想到儿子哭得那么伤心，李女士非常难过，因为自己心里不舒服，却将这种负面情绪影响到家人。

可见，父母应学会调整自己的心态和情绪，不要把家庭以外的不良情绪带入家庭中来，因为消极的情绪不仅会传染，也会在有意无意中转嫁他人，最典型的就是迁怒孩子。父母作为成年人，有能力也有责任将遇到的麻烦妥善地处理解决，而不是在家里逞威风，把气撒在子女头上。

一个农场主，雇了一个水管工来安装农舍的水管。水管工的运气很糟，头一天，先是因为车子的轮胎爆裂，耽误了一个小时。再就是电钻坏了。最后呢，开来的那辆载重一吨的老爷车趴了窝。他收工后，雇主开车把他送回家去。到了家门前，水管工邀请雇主进去坐坐。在门口，满脸晦气的水暖工没有马上进去，而是沉默了一阵子，再伸出双手，抚摸门旁一棵小树的枝丫。待到门打开，水管工笑逐颜开，和两个孩子紧紧拥抱，再给迎上来的妻子一个响亮的吻。在家里，水管工喜气洋洋地招待这位新朋友。雇主离开时，水管工陪他向车子走去。雇主按捺不住好奇心，问：“刚才你在门口的动作，有什么用意吗？”水管工爽快地回答：“有，这是我的烦恼树，我到外头工作，磕磕碰碰，总是有的。可是烦恼不能带进门，这里头有太太和孩子嘛。我就把它们挂在树上，让老天爷管着，明天出门再拿走。奇怪的是，第二天我到树前去，烦恼大半都不见了。”

生活中的确有苦恼，但我们却不能把苦恼全部转移到家人的身上。当你工作了一天，打开家门的时候，就应该把工作中的不快乐拒之门外，带一份好心情回家。

学会接受孩子的负面情绪

负面情绪是人们因某种让自己不满意的生活事件发生之后所产生的不舒服感受，通常是指生气、悲伤、后悔、左右为难、恐惧、紧张、讨厌、愤怒等等情绪表现，基本上是一种主观的状态。孩子同样也会有这样的情绪表现。既然是主观状态，就无所谓对或错，所以应该无条件地接纳与包容。

情绪没有好坏之分，只要是情绪，都是正常的。但是我们往往不喜欢负面情绪，认为那是坏东西，应该压制下去。但是，负面情绪不会因为压抑和控制而消失，它还是存在着，强行的压制不会降低它的力度，反而令其破坏力成倍增长，一旦找到宣泄口，就会决堤。与其拒绝它、否认它、排斥它，不如接纳它、认可它、疏导它。

每个人都需要表露自己的情绪、喜怒哀乐忧惧，尤其孩子更是如此。但是不少孩子迫于父母的威严，常常无条件地克制自己，让怒气和不满、委屈和伤心不在父母面前表现出来，这是有害的。事实上，负面情绪经历对于孩子的成长来说弥足珍贵，任何强烈的情绪体验都有助于孩子认识自己的情绪，有助于他们学习怎样把握自己的情绪，促进他们情商的发展。

有一次，小丽和妈妈去参加一个亲子活动。在路上，小丽问妈妈，如果主持人让她上台表演节目，她要不要参加的问题。妈妈表示，如果是让她上台表演舞蹈，就一定会支持她，因为小丽跳舞跳得特别棒。

活动现场有许多小朋友，当主持人邀请小朋友上台表演唱歌时，所有的孩子都举起了手。小丽也要举手，却被妈妈拦住了。“等一下，先让别的小朋友表演吧，”妈妈说，“等下你再上去。”小丽嘟着嘴不吭声了。

一首歌唱完后，主持人邀请小朋友们上台玩游戏，妈妈又没有让小丽上台；接下来是讲故事，妈妈还是没有让小丽上台……

活动结束前的最后一个节目，是小朋友们的舞蹈比赛。可是，天有不测风云，就在即将开始舞蹈比赛时，下起了大雨。由于活动是露天的，人们一哄而散。妈妈抱起小丽，跑进了附近的商场。

“走，小丽，”妈妈拉着小丽的手，“妈妈带你去买你最喜欢吃的果冻。”“不吃！”小丽一下子甩开妈妈的手。“那就去看看玩具吧。”妈妈说。“不看！”小丽背过身子。

“你到底要干什么？！”妈妈气极了，推了小丽一下，要知道，妈妈也是好心，怕小丽因表演不擅长的项目，失去自信，“你有什么可生气的，下雨了，又不是我不让你去表演。再说，表演有什么好的，一定要去。”“你是坏妈妈！”小丽痛哭起来，“你是个坏妈妈。”“快闭嘴，快点！”妈妈气不过，又怕在商场其他人面前丢人，“你再哭，我就打你，你信不信？”小丽第一次见妈妈发这么大的火，紧紧地闭着嘴，不敢吭声了。

妈妈拉着小丽回家了。从那以后，妈妈找到了一个轻易就可制服小丽的法宝：“你再哭，再闹，我就打你。”每当她这句话一出口，小丽就再也不敢吭声了。可是，妈妈发现，虽然小丽的确变得听话了，却经常发呆，这是以前从来没有过的。

在生活中，孩子流露出负面情绪，其实只是孩子的一种表达方式。这时，父母千万不要像上例中的妈妈一样，一味地制止。有了负面情绪不释放出来很危险。发脾气、哭泣、大声喊叫都比默默承受更有利于孩子身心的健康发展。

孩子是无法控制自己的感受的，面对失望和挫败，他们肯定会难过，这个难过是没有错的。父母要学会接纳孩子的负面情绪，倾听、共情、陪伴，孩子会信任自己的感受，接纳自己的情绪，逐渐脱离负面情绪，积极地寻求解决问题的办法，为自己的情绪负责任，这就是情商的发展，如果父母拒绝接受孩子的负面情绪，强迫孩子控制自己，或者想方设法逗乐孩子，那么孩子会逐渐变得不再相信自己的感受，不接纳负面情绪，一旦产生负面情绪就感到紧张和内疚，甚至都不敢哭，强作欢颜，故作坚强，孩子的内心则处于分裂和无助的状态，他就不能对自己负责任。

每个孩子都有自己主观的感受，有自己独立的人格，任何人都不能替代另一个人的感受，所以对孩子的情绪和感受，父母应该无条件地接纳与包容。

接纳孩子的负面情绪，就是要家长能够对孩子的负面情绪给予关注、尊重和理解，而不是立刻反对他的情绪。即使你认为孩子的情绪不对劲儿，你也要先接纳他的情绪，然后再想办法改变他的不良情绪，或不正确的想法和行为。假如问题不大，孩子的情绪得到接纳以后，他自己就有能力解决问题了。所以说，只有接受了孩子的消极情绪，父母才能做到不去否认、压制、贬低、怀疑他的情绪，并且教给孩子去接受他的情绪。

总之，孩子对自己情绪的认识和掌控是一个漫长的过程，父母需要接纳他们的情绪，把每一次情绪体验都当作辅助他成长的机会。父母只有做到接纳孩子的各种情绪，孩子才能从父母这里得到所需的支持和信任，内心才会觉得安全和温暖。

帮孩子疏导负面情绪

父母都会给孩子营造一个温馨的生活环境，但孩子也会有情绪压抑的时候。所以我们每一个做父母的，还要教会孩子学会用正确的方法来排解心中的负面情绪。也就是人们通常所说的要学会心理自助、心理调节。比如在孩子心情不好的时候，我们可以让他听听音乐，让他做做运动，或让他大吃一顿等等。通过这一系列活动让孩了明白，每一个人都有排解自己心中负面情绪的权利和需要，每一个人也可以通过不伤害自己、也不伤害他人的方式来达到这种目的。

如果孩子不善于表达自己情绪，父母需要耐性引导，亦应给予时间慢慢说出内心的感受，这个时候父母的关心和支持很重要。对于不易接纳孩子负面情绪的父母，须在认同孩子情绪方面做出改善，有时孩子向父母表达不悦，只为了找个对象宣泄，故父母需留心是否给孩子太多不必要的训斥，或出乎子女意料之外的责难。

允许孩子大哭一场

小希是一个初中生，在班上是语文课代表，工作认真负责，一直得到老师的好评。但是有一次收语文作业本的时候和同学发生争执，老师批评了她，她感到很委屈。

放学回家后，小希将这件事告诉了妈妈。妈妈将小希搂在怀里，用慈爱的声调说："孩子，如果你觉得难受，就哭出来吧。"

听了妈妈的话，小希的眼泪夺眶而出。哭过之后，小希的心里好受多了。她亲了妈妈一下，就跑出去玩了。

当孩子确实心里憋屈又无法宣泄时，父母要允许孩子用哭声来表达自己的情绪。哭，是孩子宣泄的一种方式。哭过之后，也许你也不用细究缘由，孩子的心灵就已经经过一个净化的过程，而且与父母的关系也会更加亲密起来。

请不要对你的孩子唠唠叨叨

在家庭教育中，有一种常见的现象：那就是父母对孩子不断地叮嘱，不断地提醒，不断地督促。对一件事情，有时父母会重复好几次，特别是做母亲的，唯恐孩子不明白，不按自己的意思去做，这就是人们常说的"唠叨"。对于大部分的孩子来说，他们所不愿听的、反感的，正是父母的唠叨。他们越不愿听，做父母的就越不放心，反而加倍地唠叨起来，这就成了恶性循环。这种把嘴巴紧紧"叮"在孩子身上的情况，在家庭生活中特别普遍。

"不懂的问题要去问老师，知道吗？你什么时候能让人少操心？"

"这次怎么才考 80 分呀，平时就知道玩，说了多少次了，要专心听课，心思跑到哪儿去了？！"

"你怎么又做错了，今天我不检查出来，明天本子上又一个红叉，怎么这么粗心！"

……

面对着父母的这些毫无休止的叮咛和唠叨，孩子的反应是如何的呢？

“妈妈总是唠叨，一件事可以唠叨一百次，烦死了。如果我顶嘴，她就说得更起劲，我就不说，也不理她。”

“我妈简直就是一怨妇，整天埋怨、指责、唠叨，好像就没有一件让她顺心的事情，本来好好的心情，每天都被她的唠叨破坏了，现在我一听到她唠叨就有发疯的感觉，我真的受不了，我快要崩溃了。”

“每当我写作业时，妈妈就来督促我，还不停地数落。就和《大话西游》中的唐僧一样，没完没了的。”

“妈妈太唠叨了，什么事都不放心。我和同学出去玩，她能交代好几遍，什么不要跟别人说话、路上要小心、晚上一定早点回来，烦都烦死了，好像我还是三岁小孩子似的。”

“我的妈妈真烦！昨天早上，我刚要起来，妈妈不停地喊我。一遍就行了，可是一遍又一遍地喊，多让人心烦呀！她越叫我起床，我就偏不起来。”

……

父母认为孩子不听管教，孩子觉得父母很唠叨，这样无止境的家庭较力经常在生活中上演，那么会造成什么样的影响呢？

其实，很多父母喜欢唠叨孩子，本意是对孩子的成长进行督促，但这也是一种变相的施压，利用孩子的弱点和父母的权威对孩子施加无形的压力，往往收效甚微，甚至适得其反，使孩子产生厌烦情绪。如果父母总是喋喋不休地数落孩子的缺点，反反复复地教训孩子，他们会将此视为不信任，甚至产生逆反心理。如果孩子一直生活在这种唠叨的环境里，长大后也很难形成良好的个性。所以，唠叨不但不能达到目的，还会给孩子带来伤害。

王浩家的早晨永远是这样的景象：

妈妈早早地起来，一边收拾房间，一边为王浩准备早餐。6:30，牛奶、鸡蛋、面包准时端上桌，妈妈就开始一遍一遍地叫王浩起床。不知妈妈叫了多少遍，一直到快7:00了，王浩才懒洋洋地起来。胡乱刷刷牙，抹两把脸，王浩坐到饭桌前用最快的速度对付着这顿早餐。这时，妈妈在为他叠被子，收拾凌乱的衣服、物品，嘴里还不停地唠叨着："看看你，老是把哪儿都弄得乱七八糟，让人跟在你屁股后面收拾。每天让你起床都得喊破嗓子才动，早饭都凉了吧？总吃凉饭，还这么狼吞虎咽的，胃要坏的，天天跟你说也没用。要是妈一叫你就早点起来，不是就不用这么紧张，也不会老是迟到挨批评了……"

王浩对妈妈的话充耳不闻，只顾把吃的、喝的填进肚子，用手背抹抹嘴，抓起妈妈早已经为他放到客厅沙发上的书包，转身就往外走。妈妈追在王浩的身后喊着："着什么急呀，就吃这么几口呀，一上午的课呢，会饿的。哎，上学的东西都带齐了吗，别又落点儿什么，每天都得让人提醒……"

可见，对于孩子的教育，唠唠叨叨只会令孩子讨厌，老调重弹不会起到任何教育作用。

心理专家认为，唠叨就是永远一个标准，一种腔调，在孩子身上翻来覆去地重复那几句话。老调重弹，反反复复说同样的话，会让人产生一种习惯性的模糊听觉，也就是明明在听，却根本不入心里去。所以，做父母的，不要老是只怪孩子不听话，也该静下心来想想，自己是否真的太唠叨了。

有一位母亲怕孩子不用心学习，不仅在家从早到晚提醒学习的事，而且和孩子一起上街时也不忘随时随地地进行现场教育。看见扫大街的环卫工人，告诉孩子你将来不好好学习就连这样的工作都找不着，掏厕所也要用机器，你也干不了；看见乞讨的，就对孩子说你不好好学习，将来也会这样。害得孩子以后不愿再与她一同上街，而且越来越自卑。本想主动学习，越说越不想学，家成了让他头痛的地方。

每一个家长都是爱孩子的，每一个家长对于孩子的成长、教育都付出了巨大的努力。但是由于无休止的唠叨，使得自己的教育不仅没有效果反而产生了负面效应，引起了孩子的反感，这样的事情是可悲的。

家庭教育是一门科学，无休止的唠叨只会增添孩子的反感和逆反心理，父母只有设身处地为孩子想想，与孩子心平气和地交流，才会成为孩子最喜欢的人。

变唠叨为交流

唠叨，其实是不懂交流的表现。因此，父母要改变与孩子说话的方式，注意和孩子的情感交流。和孩子交流时，我们要顾及孩子的感受，多倾听他的想法，让他感觉到我们是与他在一起的，是相信他、支持他的，是真心为他着想的。我们要充满爱心和亲切感，态度和蔼，在孩子情绪最为平稳的时候交流效果最佳。

用简明的话语来表达

孩子犯了错误，父母要尽可能用简明的话语来表达，告诉孩子错在何处，如果孩子自己明白了，父母就不用再说；孩子有什么需要改变的，父母就明确指出问题所在并提出自己的期望，同时尊重孩子改变的过程。

就事论事，不翻旧账

当孩子犯错误时，不少父母总是喜欢翻孩子旧账，陈芝麻烂谷子的事都会翻出来说个没完。每次都是越说越激动，越激动越来气，越来气就会说得越多，说得越多也就越唠叨。其实，孩子在生活中犯一些错是正常的事，犯错误是孩子的权利，孩子就是在不断地改正错误的过程中成长起来的。对于孩子犯的错误，家长应当就事论事，犯的什么错就说什么错，哪次犯的错就说哪次的错，联想太丰富了只能让孩子觉得你太烦人、太唠叨。

给孩子创造一个良好的家庭环境

环境对一个人的成长起着非常重要的作用，良好的环境是孩子形成正确思想和优秀人格的基础。

在我国，“孟母三迁”的故事可谓是家喻户晓。由此可见，人所处的环境决定着人的身心发展。这个环境包括自然环境和社会环境，在纷繁的社会环境因素中，对孩子发展影响最直接、最深刻、最持久的是家庭环境。这是因为家庭是孩子出生后所接触的最早的环境。

200年前，在美国康涅狄格州，有一位集神学家、哲学家和道德学家于一身的学者，他的名字叫嘉纳塞·爱德华。目前，他的子孙已传了8代。其中，有13人当了大学校长，100多人任大学教授，14人创建了大学或专科学校，80多人成了文学家，一人就任副总统，一人做了大使，20多人任上下两院的议员，18人成了报社、杂志社的负责人或者主编。

但是，同是200年前，美国纽约有一个叫做马克斯·朱克的酒鬼、赌徒，他的子孙也有8代，其中，有300多人成了乞丐和流浪者，7人因杀人被判处死刑，63人因偷盗、诈骗等被判刑，因喝酒夭亡或成为残废者也甚多。

从上面一正一反的两个例子中可以看出，家庭环境对孩子的发展具有重要作用并影响其一生的发展，令人感慨。第一个例子中，嘉纳塞·爱德华家由于家庭环境和家庭教育良好，因此人才辈出；第二个例子中，马克斯·朱克由于家庭环境恶劣，后辈们从小缺少良好教育，因此，其子孙大都走上歧途。

父母是孩子的第一任老师，孩子日后成为什么样的人，有什么样的喜好，以及他的性格特征及思辨能力，跟家庭环境尤其是家庭中的父母有很大的关系，家长的言传身教、一言一行，对孩子有耳濡目染的熏陶作用，这种潜移默化的影响是家庭教育的基本方式，它比学校教育、社会教育要强烈、深刻得多。所以说，家庭是人生的第一课堂。做父母的要想让孩子成为一个身心健康的人，就不能不重视家庭这个重要的阵地。

李潇的爸爸很喜欢打麻将，家里经常会有很多人，闹哄哄地玩上半天，有时甚至到深夜。嘈杂的声音让李潇睡不好觉，她给爸爸说过让他们小声点，可是他们玩得高兴或不高兴的时候，还是控制不住地大声吵嚷。

在这样的环境中，李潇的学习和休息都受到很大影响，因此成绩总是不理想。爸爸虽然在其他方面很能满足李潇的要求，可是这个坏习惯严重影响了孩子的学习。有时候李潇劝爸爸别玩了，爸爸还怪她不能体谅自己，自己辛辛苦苦地挣钱，连一点娱乐都不能有了。

俗话说：近朱者赤，近墨者黑。对于孩子来说，家庭环境的影响是非常关键的因素。父母在教育孩子的同时，一定别忘了审视自己，反思家庭环境对孩子的影响

家庭是孩子成长的第一环境，孩子的健康心理发展、良好个性与行为的建立以及智慧的开发都将在这个环境中形成。家庭环境对孩子的身心发展所打上的烙印，在孩子成长过程中所起的重要作用，终生难以磨灭。所以，作为称职的父母，就必须为孩子营造一种良好的家庭氛围，尊重并爱护孩子。

保持家庭和睦美满

曾有一家儿童生理研究机构对3000余名学龄儿童进行了一次生理状态观察，此中有一条是“你最怕爸爸妈妈的是什么”，回答得最多的是：“我最怕爸爸妈妈生气，怕他们吵架。”有一个答卷写得很生动：“我最怕爸爸生气，他生气的样子可凶啦！把妈妈都气哭了，我吓得像一只小老鼠，内心直扑腾，饭也吃不下去……”

家庭和睦美满，是孩子健康成长的基本前提。父母应该非常精心地营造一个令孩子身心健康成长的家庭人文环境。和睦温馨的家庭，会使孩子感觉到温暖，家对他有一种吸引力，让他愿意在家里待着。在这样的家庭里，孩子心理发展会更健康。所以，父母应该以自己的言传身教以及在生活中创造出来的每一个生活细节，让孩子沐浴在一派和谐、文明、健康、宽松的家庭气氛中。

创造一个良好的学习环境

为孩子创造一个良好的家庭学习环境，有益于孩子热爱学习、健康成长，并为孩子的未来成长打下一个良好的培养基础。而不良的家庭环境则会导致他们厌烦学习、学习困难、成绩下降，继而引发孩子价值观、人生观等方面产生

一系列的问题。

小华的学习成绩一直在班上排在前面，可是这段时间，她的成绩出现了直线下滑。为此，老师专门找她谈话，了解情况。

原来，最近小华的爸爸经常会请一些朋友到家里来谈生意，还会留他们在家里吃晚饭，当然席间免不了会喝酒，场面很是热闹，可是这正是小华做作业的时间，在大人们劝酒、聊天的声音中，她根本无法静下心来。更糟的是，吃完饭他们还会打麻将，而且会玩到深夜。在“哗哗”的洗牌声中，小华也不能安心入睡，以至于第二天上课也没有精神了。

家庭不只是休息的场所，也是孩子学习的主要场所。安静的环境，才能使孩子的思绪不被干扰，能够更好地投入到学习中。所以，父母要给孩子创造一个安静舒适的学习环境。

在孩子学习的时候，父母不要弄太大的声响，有条件的话，尽量给孩子安排单独学习、休息的房间，以免看电视、会客等活动干扰孩子。

营造一个学习的家庭氛围

家庭教育的过程，实质上是与子女共同学习的过程，在这个过程中，父母要营造一个学习的氛围。那么怎样才能创造学习的家庭氛围呢？关键是父母要带头学习。

金丽是一个爱学习、爱读书的好孩子。她的爸爸妈妈很重视对她的家庭教育。金丽刚开始上小学的时候，爸爸就立下了一条规矩：每天吃完晚饭稍作休息后，全家成员安静地学习一小时，谁都不能例外，并且要持之以恒。直到现在这个规矩还在发挥作用。每天吃完饭后，爸爸都会主动地关掉电视，拿出报纸或读物看，妈妈也拿出小说阅读。在这样的熏陶下，金丽当然也不甘落后了。她安心做作业，有时也会按照父母的指导看些有意义的书籍。这样的家庭环境让金丽养成了勤奋好学的好习惯，一直持续到现在。

无独有偶。一个人的隔壁住着父子两个人。每天晚上 8 ~ 10 点钟，家里的电视声儿没了，什么时候去这家，这家的父亲都在伏案写着什么，于是这位父亲是业余作家的名声就传了出去。后来他的孩子考上了北京某著名的学府，人们到他家祝贺，有人问“作家”，你写了那么多年，用什么笔名发表作品，有什么作品让我们拜读拜读。这位父亲很是惊讶，说：“我只是小学毕业，谁给你们说我是作家呀？”“那你每天在桌子上写的是什么呀？”父亲笑了，说：“孩子学习我看电视那还行？我不看电视孩子想看也不看了。我坐这两个小时，孩子也能纹丝不动地学习两个小时。作为家长你得给孩子做出样子啊！”人们问他那么多年每天都在写，写的是什么。他说抄书啊，孩子的语文书、数学书，他都抄，人们恍然大悟。

可见，有什么样的家庭气氛，就会培养出什么样的孩子。给孩子营造一个热爱学习、积极向上的家庭氛围，一定会造就一个爱学习、求上进的好孩子。

让孩子感受到父母的爱

爱是教养孩子的基础。没有爱就没有资格谈去教育孩子。但仅仅爱孩子是不够的，父母们还需要学习表示爱、传达爱的技术。

父母的爱是无私的，但并不是每一个子女都能感受到的。有的父母望子成龙心切，就采取一种很严格的方法对待孩子。孩子处于负面阴影之下。这样的结果，常常会引起亲子关系的紧张及破裂。

林斌是一个初中二年级的学生，聪明可爱，而且学习还很好。林斌的父母对孩子的期望很高，希望孩子能出国深造，将来能有一个好的前程。在林斌还没上学的时候，父亲就手把手地教他写字、数数、读唐诗等。开始上学后，父母只要有空，就陪着林斌一起学习，不让林斌出去玩。那时候林斌很怕自己的父母，特别是父亲，有几次因为偷偷出去玩还被父亲狠狠地揍了一顿。

现在林斌大了，父母对他的要求还是一样，让林斌抓紧时间学习，不要浪费了大好年华，但林斌认为学习只是生活的一个方面，父母这样要求自己是不近情理的，看见别的孩子能自由玩耍很是羡慕。

两代人的观点不一致，又因为林斌的父母虽然疼爱孩子，但不善于表达，因此长大后的林斌总觉得父母对自己不好，不爱自己，所以很多事情都开始与父母对着干，有时甚至很多天都不搭理父母。一直对林斌期望很高的父母看到他现在的情形，想到自己一心扑在孩子身上，却不能得到孩子的理解，很是伤心。

在现实生活中，有许多父母像林斌爸爸一样困惑：为什么我为孩子做了那么多，孩子却没有心存感激呢？究竟父母应该怎样做，才能让孩子学会感恩呢？

事实证明，我们的家庭教育存在一些误区：在爱孩子的问题上，许多父母多是出于本能的爱，却不重视爱的表达方式，不会施爱，因而使孩子体会感悟不到父母的爱。所以，父母应该学会把爱以适当的方式传递给孩子，这样一来，孩子才会从内心深处真正感受到父母的爱。

再浓烈的爱，如果孩子感受不到，也是没有任何意义的。爱就像阳光，无论父母心里的爱多么强多么大，如果孩子感觉不到，他就会觉得冷，就会处在阴暗中，就会不太健康，就会出状况。

父母对孩子的爱，一定要让孩子感受到。很多研究表明：感到被爱的孩子们，有更好的社交能力，工作学习起来也更有热情。所以父母要有意识地表达对孩子的爱，让孩子沐浴在爱的阳光中。只有让孩子感受到父母的爱，孩子才会体验到在爱的怀抱中，才会感觉到幸福与安全，才会对父母心生感激。

总之，父母千万不要把对孩子的爱埋在心中，而是要用合适的方法体现出来，让孩了能够接收到父母爱的信号，这样孩子与父母的关系才会由僵持走到缓解、由一般走向融洽，教育孩子的一切问题都会在这良好的关系中得到有效的解决。

对孩子说出“我爱你”

中国人的感情比较含蓄，不习惯于轻易表达，特别是“我爱你”这三个字，以至于尽管父母们爱孩子爱得很深切，但是孩子却感受不到。

一天，9岁的儿子给他妈妈写了一张纸条，上面写着：

"家里人都不喜欢我，谁爱我？"

简单的一个"爱"字，让这位母亲想到很多。看到这张纸条，她马上放下手上的事，和儿子坐在一起聊了许久。

从此，每天只要有机会，这位母亲一定会对孩子说："我爱你。"因为，母亲要让儿子知道，父母永远是他的朋友，是最爱他的人。

爱要大声说出来，父母常常只做不说，长此以往，孩子不但不理解，有的还会产生"爸爸妈妈对我太严格了，不爱我"这样的想法。一句"我爱你"是一种向孩子传递爱的有效方式，会让孩子感受到父母的爱和依赖。只要当你心中有所感，便要说出来让他知道，同时，父母也要教导孩子适时地表达自己的感受。

用拥抱表达对孩子的爱

一个9岁的小男孩，经常偷偷地把母亲的一条宠物狗放走，母亲不惜重金找狗，狗接二连三地走失又回来，后来小男孩终于受不了了，在家公开宣称，在这个家有狗无他，有他无狗。后来在奶奶和父母的再三追问下，孩子哭诉道："妈妈一天到晚只是抱狗，从不关心我的学习，我特别嫉妒狗，它夺走了我的母爱。"这位母亲听后才改变了对待孩子的态度。

孩子天性就需要被关爱，需要父母的爱抚和拥抱，无论男孩还是女孩都是如此。让他感觉到你爱他、他的重要性，对于培养他的自尊、自爱、自信是相当重要的。

孩子的情感表达方式最简单，也最直接，对他来说，最好的表达爱他的方式就是去拥抱他。

周明是一个十分开朗活泼的男孩，与父母的关系非常好，与同学们相处得也不错。周明家有一个独特的惯例，就是每天在上学前和放学后，周明的父亲或母亲都会给他一个热烈的拥抱，这已经成了他们一家人的习惯，一种表达爱的方式。

周明取得了好成绩，父母也会给孩子拥抱以示奖励；孩子有了错误，他们批评孩子之后，也要给孩子一个拥抱，告诉孩子他们像以前一样爱他。周明在父母爱的拥抱下，养成了开朗的性格，也学会了爱别人，并且会用行动表达出自己的爱。

拥抱孩子，通过亲子之间身体的相互接触，是传达爱意和亲情的良好沟通方式。父母可以通过这样的亲昵来表达自己的爱。这种爱的表达方式让孩子在关爱的浸润中成长，造就了孩子健全的心理和良好的道德品质，为孩子的发展奠定了必要的基础。

送给孩子爱的礼物

赠送礼物是表达爱的有力方式。赠送礼物的效果常常会延续到好几年以后。最有意义的礼物会变成爱的象征，而那些真正传达爱的礼物，则是爱之语的一部分。赠送孩子的礼物，最终都会成为展示父母的爱的东西。

曾有一位伟大母亲。在32岁时，不幸罹患肝癌，医生说她只能活3个月了。在这3个月里，她每天忍着巨大的疼痛坐在床上写字和编织。在去世时，她留给5岁的儿子25封信以及亲手编织的毛裤和围巾等，这些衣物都编好了序号，是儿子从6岁到30岁的生日礼物。去世前的3天，妈妈写了最后一封信："这是妈妈的最后一封信了，妈妈要离开了，今天是你30岁的生日，现在你是一名真正的男子汉了，以后要好好地孝敬爸爸，教育好自己的孩子，妈妈永远祝福你！"

这位妈妈虽然去世了，但我们相信，她的爱将浸染她留给儿子的礼物，伴随儿子一生的成长。这种伟大的爱，将超越时空，长存于世。

父母以身作则，为孩子树立榜样

榜样的力量是无穷的，对于孩子来讲，这一点尤其重要。父母是孩子的第一任老师，更是一生的老师。父母的一言一行无时不在影响着孩子，为了培养出优秀的下一代，做父母的一定要树立好榜样。

有一位妈妈发现孩子这几天总是有点不耐烦，玩魔方玩到一半，还没几分钟就把魔方丢了，看书时也是一样。妈妈就问孩子怎么了，孩子说："我学你啊！"原来，这位妈妈在写作时碰到不顺的地方，就很不高兴地把稿子弄成团，丢到垃圾桶。这个动作被孩子看见了，就跟着妈妈学了。

这位妈妈赶紧跟孩子说"对不起"，并不再在孩子面前表现出不顺的神情了，果然过了几天，孩子不耐烦的举动也不见了。

可见，要对子女进行成功的教育，父母应先做出榜样，正如列宁夫人克鲁普斯卡娅所说："家庭教育对父母来说，首先是自我教育。"家庭是孩子最基本的生活和教育单位，父母的言行、举动，都是孩子的模仿源，孩子最初的行为习惯都是从父母那里学来的。因此，父母要特别重视榜样对孩子的巨大影响，时时处处为孩子树立好的榜样。

从前，有一对中年夫妇对年迈的父母很不孝顺，他们把老人撵到一间破旧的小屋里居住，每顿饭用小木碗送一些不好吃的东西给老人。一天，他们看到自己的儿子在雕刻一块木头，就问孩子刻的是什么，孩子说："刻木碗，等你们年纪大时好用。"这对中年夫妇猛然醒悟，把自己的父母请回正屋同自己一起居住，扔掉了那只小木碗，拿出家里最好吃的东西给老人吃。小孩因此也转变了对他们的态度，从此一家三代和睦生活。

这个故事形象地描述了父母的一言一行对孩子的影响。常言道："父母是孩子的镜子，孩子是父母的影子，有其父必有其子。"孔子说："其身正，不令而行；其身不正，虽令不从。”这些都充分说明了父母以身作则的重要性和必要性。因此，做父母若想要孩子做什么样的人，自己就应该先做好什么样的人。

翟鑫是老师和同学眼里的好学生，她的学习成绩一直是班里的前几名。她学习非常刻苦，很多时候大家看到的她都在埋头苦读。

翟鑫的父母都是大学老师，平时也都是爱学习的人。他们的教育方式不是整日对孩子进行说教，而是以自己的实际行动来影响孩子。他们晚上在家就是备课、查阅资料、写论文，空闲时还经常讨论学术上的问题。

家里的学习氛围很浓厚，翟鑫自然而然就勤奋好学了。

父母的言行是孩子最直接的模仿对象。父母的言传身教，对孩子的心理发展和品性形成起着非常重要的作用。

古人云：“近朱者赤，近墨者黑。”父母的言行举止都将在孩子洁白无瑕的心灵上铭刻下难以泯灭的痕迹，对孩子的思想、性格、品德的形成会产生深远的影响。著名教育家马卡连柯曾对父母们说：

“你们自身的行为在教育上具有决定意义。不要以为只有在你们同儿童谈话，或教导儿童、吩咐儿童的时候，才教育着儿童。在你们生活的每一瞬间，甚至当你们不在家的时候都教育着儿童。你们怎样穿衣服，怎样跟别人谈话，怎样谈论其他的人，你们怎样表示欢欣和不快，怎样对待朋友和仇敌，怎样笑，怎样读报——所有这些对儿童都有很大的意义。你们态度神色上的一切转变，无形中都会影响儿童，不过你们没有注意到罢了。如果你们在家庭里粗野暴躁，夸张傲慢或酩酊醉酒，再坏一些，甚至侮辱母亲，那么你们已经大大地害了你们的儿童，你们已经对儿童教育得很坏了，而你们的不良行为将会产生最不幸的后果。父母对自己的要求，父母对自己家庭的尊敬，父母对自己一举一动的检点，这是首要的和基本的教育方法。”

总之，父母是孩子的一面镜子，有怎样的父母，就有怎样的孩子。父母若想成功地教育自己的子女，必须以身垂范，做孩子的榜样。

身教重于言传

古人云："以教人者教已。"要求在孩子身上形成的品质和良好习惯，父母都应具备。父母榜样作为一种具体的形象具有强烈的暗示和感染力量。父母的表现在很多情况下都是孩子的参照。

妈妈和儿子坐在公交车上，途中上来一位老爷爷，妈妈连忙起身让座。过了一会儿，一位抱着婴儿的阿姨上车了，还没等大家反应过来，儿子跳下座位说："阿姨，您坐这儿吧！"看着小婴儿扑闪的眼睛，母子俩会心地笑了。

教育好孩子，重要的不是讲大道理，而是为孩子做榜样，让孩子跟着你做，身教重于言传！

为孩子树立好的榜样

父母的一言一行，一举一动，孩子都会看在眼里，对父母产生崇敬，并以父母为榜样模仿效法。在日常生活中，谨言慎行，以身示教，凡是不良的言行，首先要杜绝在自己身上发生。

妈妈请假在家休息。十点左右，妈妈上街去买东西，六岁的女儿一人在家。这时，妈妈单位的领导和同事们来探望妈妈。女儿告诉他们："妈妈上街买东西去了！"妈妈回来听女儿一学，禁不住大发雷霆："傻瓜！你就不会说我去医院看病了吗？"望着妈妈因气愤而扭曲的脸，女儿迷惘了……

现代教育家陈鹤琴说："做父母的不得不事事谨慎，务使已身堪有作则之价值。"父母不管做什么，不管有意无意，对孩子都是榜样。孩子最善于模仿，父母如果不注意自己的小节，言行举止不当，很容易给孩子造成负面的影响。

第二章

DI ER ZHANG

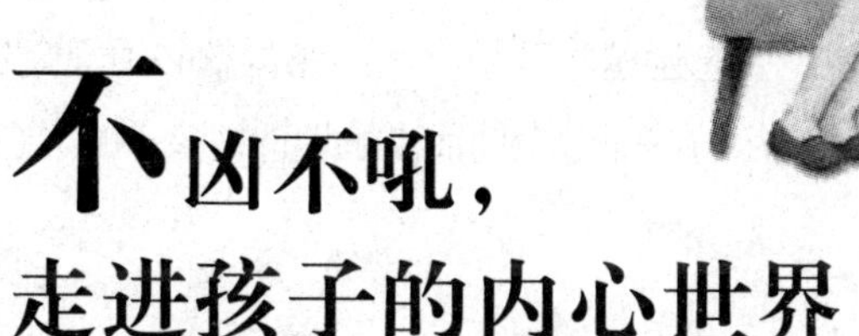

不凶不吼，走进孩子的内心世界

孩子的内心世界是父母最容易忽略也最难以接近的，而只有真正地走进孩子的内心深处，才能真正了解自己的孩子，才能知道他们的所思所想，才能知道他们喜欢什么、厌恶什么，哪些地方是他们的不足之处，哪些地方又是他们的优势所在，从而为他们的健康成长提供及时的帮助和相应的指导，给予孩子最好的教育。

站在孩子的角度考虑问题

在教育孩子时，父母最不容易做到的，就是站在孩子角度看待和处理孩子遇到的问题，而这一点恰恰是教育孩子的一个基本原则。美国教育家塞勒·赛维若说过这样一句话：“每个人观察、认识问题，都会有自己的视角和立足点。身份、地位不同，所得出的结论就不同。父母与子女间的年龄悬殊、身份各异是影响相互沟通的重要原因。若父母能站在孩子的立场上思考，一切将迎刃而解。”

的确如此，对于父母来说，要想逾越和孩子之间的鸿沟就必须学会站在孩子的角度去考虑问题，设身处地为孩子着想，全面而准确地透视孩子的内心世界。

有这样两个小故事：

年轻的妈妈很喜欢带着自己的女儿去商场购物，可是女儿大多数时候不愿意跟妈妈去，妈妈觉得很奇怪，商场里目不暇接丰富多彩的东西那么多，女儿为什么不喜欢呢？直到有一次女儿的鞋带开了，妈妈蹲下身子为孩子系鞋带，突然看到一种想象不到的可怕景象：眼前晃动着的全是腿和胳膊。于是，她抱起孩子，快步走出商店。从此，即使是必须带孩子去商场的时候，她也是把孩子扛在肩上。母亲学会了“蹲下身来看看孩子的世界”，站在孩子的角度想问题，一切难题也就迎刃而解了。

有个幼儿园老师要求小朋友画自己妈妈的脸，绝大部分小朋友都把自己的妈妈画得特别漂亮特别完整，却有一个小女孩儿只画了一条弯弯的线。老师觉得非常奇怪，便告诉了她的妈妈。她的妈妈也觉得很疑惑，便问小女孩儿，可小女孩儿坚持说她画的妈妈就是这样的，她妈妈心里非常不解，以为这个孩子智力有什么问题。直到有一天，她蹲下来帮女儿系鞋带的时候，抬头看女儿才恍然大悟，原来每次女儿抬起头看到她的时候，最容易看到的是她的下巴，所以那一道弯弯的线就是她的下巴。其实这个孩子画出来的是最真实的，而这个困惑只有当我们站在孩子的角度来看时才能找到它的答案。

的确，孩子的眼光和成人的眼光确实不同，做父母的常常忽视这一点。父母多习惯于用成人的眼光看待事物，而涉世未深的孩子却会用审美的态度和一颗童心去感知世界，如果父母想要理解孩子，就要不带成见地去观察和表现生活，用心体会孩子眼中的一切，这样才能正确地引导孩子。所以，父母只有学会换位思考，站在孩子的角度考虑问题，这样才会看到很多成人看不到的东西。站在孩子的角度看问题，可以理解孩子的真实想法，与孩子产生情感上的共鸣，拉近亲子之间的距离。

期末考试结束了，李丽取得了全班第一的好成绩，她回家后把这个喜讯告诉了妈妈。偏偏这天妈妈正为工作上的事情烦恼，又在厨房忙着做饭，所以根本没有心情分享女儿的喜讯，而是说："去去去，一边呆着去，别来烦我！"

听了妈妈的话，李丽的心情糟糕透了，她默默地走进自己的房间。

爸爸下班回来后，看到女儿闷闷不乐，就问："怎么啦，我的小公主。"

李丽将事情的原委告诉了爸爸。爸爸拉着她的小手，说："你妈妈真是太不像话了，工作不顺心很正常嘛，干吗要对我们的女儿乱发脾气，咱们也不理她……"

爸爸还想说什么，这时女儿答话了："爸爸，我知道妈妈心情不好，她也是在为咱们的生活着想。"

爸爸听了这话，开心地笑着说："女儿真懂事。其实妈妈挺不容易的，咱们是不是该让她三分？"女儿点点头。

爸爸接着说："她是你妈妈，长你一辈，你是不是应该尊她三分？"女儿再一次点头。

爸爸又说："她一直为咱们全家做饭、洗衣服，可辛苦了，是不是该敬她三分？"女儿再一次点头。

说到这里，爸爸看着女儿："如果妈妈向你道歉，你是不是能原谅她呢？"

这时在门外站了很久的妈妈进来了，她诚恳地向孩子说“对不起”。

事例中的这位爸爸是睿智的，他从女儿的角度出发，考虑到女儿的感受，自然与女儿的沟通就比较顺利了。

生活中，有些父母抱怨无法和孩子进行有效的沟通，其实主要原因是父母没有学会换位思考，不能站在孩子的角度上看待问题。比如上例中，当孩子取得好成绩时，母亲如果能与孩子一起高兴，给予孩子表扬和鼓励，让孩子体验到成功的喜悦，母女之间的沟通就会比较顺利，这不但能密切母子关系，还可以激发孩子的学习动力，使孩子更加努力。

站在孩子的角度，是对孩子的尊重，是有效沟通的一种重要技巧。父母只有站在孩子的角度看待问题，学会走进孩子的内心，了解孩子的所思、所想和所盼，才会赢得孩子的信赖，实现成功的亲子沟通和交流。

放弃对孩子的偏见

生活中，有些父母往往会给自己的孩子贴上“标签”。如“笨孩子”、“差生”等，这是一种对孩子的偏见，是非常有害的，违背了孩子纯真的天性和发展规律。

曾经有位平时学习不好的学生有一段时间学习特别刻苦，在期末考试时成绩特别突出。知道考试成绩后，孩子父母却说：“成绩是不错，作弊了吗？”

显然，这个孩子的父母平时对孩子已经有了“孩子成绩差”这样一种偏见，在孩子进步后还是以原来的标准去评价孩子，对孩子造成偏见、成见的错误认识，既伤害了孩子的自尊，也影响了父母在孩子心目中的形象。所以，父母应该学会放下对孩子的偏见，对待孩子要时刻提醒自己重新认识，不轻易作出判断下结论，试着用“孩子世界”的眼光来了解和认识孩子。

不要把自己的意愿强加给孩子

有一个女孩，长相漂亮、身材苗条，而且特别喜欢舞蹈，业余时间报名参加了舞蹈班。可他的父母坚决反对。他们不经孩子同意，在校外给孩子报英语班、数学班，还不辞辛苦每天接送。孩子不感兴趣，为逃避上课经常撒谎，放学不回家，结果一个学期结束什么也没学会，这对夫妻十分伤心。

生活中，这种现象常常发生。父母出于自己的主观愿望，把自己的兴趣和意愿强加给孩子。这样的做法是不正确的，不仅事倍功半，还会导致孩子的抵触情绪，伤害亲子之间的感情。

父母在引导孩子的兴趣与发展方向时，要懂得一些孩子的心理，不要干涉太多或表现得过于热衷和偏执，不要使孩子感到来自父母的强迫，从而产生抵触情绪。父母要站在孩子的角度，分析孩子的特点和兴趣，结合孩子的实际，找到适合孩子成长成才的路。

蹲下身子与孩子说话

人与人之间经常需要思想上、感情上的平等交流，每一个成长中的孩子，即使是刚刚学步的孩子，也都有这种渴求。要做到平等地对待孩子，家长首先就要抛弃那种居高临下与孩子谈话的姿态，蹲下身子，以平等的态度对待孩子。

一个3岁的小女孩很愿意与隔壁的叔叔交朋友，心里话都愿意跟他讲，而不愿与自己的父亲讲，原因在于，这位叔叔跟她讲话时是蹲着的，与她一样高，她觉得自己受到了对方的尊重，他们的关系是平等的。而爸爸跟她讲话时，是居高临下的，无论站着、坐着都比她高。

家长与孩子谈话时总是居高临下，孩子就会有一种压迫感，有心里话就不愿意跟家长讲。家长如果能蹲下来，与孩子处在同一视平线上，不仅一下拉近了与孩子的距离，而且使孩子体验到被重视的感觉，心里话又怎能不愿意向家长倾诉呢？

学会倾听孩子的心声

在人际交往中，有一种特别受大家欢迎的人，他们在听对方谈话时，无论对方的地位怎样，总是细心并且专注地倾听，说者自然也就感觉畅快淋漓，受到重视。同样的道理，如果你能够耐心听孩子的心声，你也会是受孩子欢迎的家长。

教育家周弘曾说过："要想和孩子沟通，就必须学会倾听。倾听是和孩子有效沟通的前提。不会或者不知道倾听，也就不知道孩子究竟在想什么，连孩子想什么都不知道，何谈沟通？"可见，倾听是做好亲子沟通的第一步。

一个美国孩子常常想和父母说说他自己的想法，可是父母太忙，总是没有时间倾听他的诉说，所以，他给父母写了这样一封的信：

"我的手很小，无论做什么事，请不要要求我十全十美。我的脚很短，请慢些走，以便我能跟得上您。

我的眼睛不像您那样见过世面，请让我自己慢慢观察一切事物，并希望您不要过多地对我加以限制。

家务事是繁多的，而我的童年是短暂的，请花些时间给我讲一点世界上的奇闻，不要只把我当成取乐的玩具。

我的感情是脆弱的，请对我的反应敏感些，不要整天责骂不休。对待我应像对待您自己一样。

我需要您不断鼓励，不要经常严厉地批评、威吓我。您可以批评我做错的事情，但不要责骂我本人。

请给我一些自由，让我自己决定一些事情，允许我不成功，以便我从不成功中吸取教训，总有一天，我会自己决定自己的生活道路。"

看来，孩子也是渴望倾诉的，他们需要有人倾听他们的心声。对孩子来说，随时有人倾听自己、关注自己，这是一种心理上最大的支持；把自己心中的烦恼表达出来并且确知不会得到嘲笑，这更是对问题的一种再认识。孩子心中的烦恼就像一场暴雨后的水库，父母的倾听就像是打开了一道闸门，让孩子心中的洪水缓缓流进父母那宽阔的胸膛。

孙伟的母亲最近声带发炎，疼得要命，医生嘱咐她一周内不要讲话，这可憋坏了平时爱说话的她。但是，母亲发现，这段时间，自己跟儿子的关系却奇迹般地融洽了起来。

看过医生的当天，孙伟回家一进门："妈妈，我再也不想去幼儿园了，老师笑话我！"

如果平时听到儿子这么说，母亲肯定先怪罪孩子调皮，声音比儿子的还大。但是由于不能说话，她只好忍住了，什么都没有讲。

气呼呼的儿子来到母亲的身边，伤心地哭了起来："妈妈，今天老师让我们装玩具，我把小马的耳朵给小驴安上了，老师就笑话我，小朋友们也都笑我。"

母亲依然没有说话，而是把伤心的儿子搂在了怀里。儿子沉默了几分钟，从母亲怀里站了起来，平静地说："妈妈，我去玩了，我没事了。"然后就高高兴兴地走了。

这次声带发炎，无意中让孙伟的母亲体会到了倾听对于和谐母子关系的奇妙功用。

生活中，不少父母遇到孩子不听话时大都会摇头大吐苦水：孩子到底在想些什么？他为什么不肯告诉我？其实，想要打开孩子的心门，探究孩子的内心世界，父母必须学会倾听孩子的心声。

德国教育家老卡尔·威特说过："我在教育卡尔的过程中，渐渐掌握了一些与孩子进行沟通的经验，其中之一我称为'倾听的艺术'。"人的思想往往需要通过语言表达出来，如果你不愿意倾听孩子的心声，你怎么可能全面地了解孩子呢，不了解孩子，与孩子沟通时就会更显得费劲。所以，只有用心倾听孩子的心声，才能捕捉到有效信息，找准教育的切入点。

老师发现天天最近变了，以前活泼开朗、上课积极发言的他，现在变得沉默寡言，总是一个人发呆，学习成绩也下降了。老师经过细心的了解，才知道了天天不爱说话的原因。天天以前每天放学回家后，都会把学校发生的趣事说给父母听，可天天的爸爸是个对孩子要求非常严格的人，他把全部希望都寄托在天天身上，希望天天将来能考上大学、出人头地，因此，对天天的学习抓得特别紧。他觉得天天说这些话都没用，简直是浪费时间，因此每当天天兴高采烈地说话时，爸爸总是会打断他："整天只会说这些废话，一点用也没有，你把这心思放在学习上多好，快去做作业！"有一次，天天说起班里发生的一件事，正说得兴高采烈时，爸爸说："说了你多少次了，让你别说这些废话，你还说，再记不住，看我不打你！"吓得天天一个字也不敢说，赶紧回到自己房间里去了。慢慢地，天天在家里话越来越少了，每天放学后他就只好闷在自己的房间里。

作为孩子的父母，只有认真倾听对孩子的诉说，才能产生交流中的互动。否则，没等孩子说完两句话，就不耐烦了，那就会伤了孩子的自尊心。因此，作为一个称职的家长应学会倾听、乐于倾听，才能真正做到从孩子的倾诉中真切地感受和把握孩子的喜怒哀乐，真正了解孩子，才能有效地用父母的体贴去化解孩子的烦恼，营造出充满爱意的温馨家庭环境。

一个孩子就是一个世界。父母们都应学会倾听，倾听他们的话语，倾听他们的心声，倾听他们对世界的理解和对未来的梦想。唯有如此，才能更好地走入孩子的心灵深处。如何做好这门学问，有以下几个原则：

对孩子的诉说表现出极大的耐心

不要因孩子话语过长而感到厌烦，父母要善于控制自己的情绪，耐心倾听孩子把话讲完。特别是孩子发表见解或有火气的时候，更要耐心倾听，给孩子提供表达情感的机会，从而有助于问题的解决。

对孩子的谈话表现出兴趣

假如你对孩子以及孩子的谈话内容表现出非常浓厚的兴趣，你和孩子之间不但打开了通路，而且会使他们感到自己是重要的。如果孩子察觉到你对他的谈话没有兴趣，他便很难有兴趣把自己的真实想法告诉你。所以，在倾听孩子说话时，应集中精力、端正态度、全神贯注，尽量注视孩子的眼睛，不要做看手表、抠耳朵、打哈欠等影响孩子情绪的动作，让孩子觉得你心不在焉。

不要打断孩子的倾诉

在倾听的过程中，父母应保持心平气和，不要感情用事。避免打断孩子的话，即使开头的几句话对你来说毫无意义也不要打断。要沉住气，开始时不要问一些相关细节，即使这些问题可以显示你的兴趣，因为这样可能岔开孩子的思路，尤其是如果孩子想说的是不太好表达的内容。

赞赏会让你的孩子更成功

心理学家曾经做过这样的一次心理测验：

把孩子分成甲、乙两个组，分别考他们同样的问题。过了三天，再度去那所学校，告诉甲组同学："上次考试成绩非常好，今天再考一次，你们千万不能输给上次，好好写吧！"又对乙组的同学说："你们上次成绩很差！这怎么行呢？这次必须反败为胜才行！"结果，原本成绩相当的两组，得到肯定和夸奖的一组，第二次测试成绩很好；责骂后再考的那一组，成绩很不理想。

这个测验告诉我们：赏识引向成功，责骂导致失败。作为一种心理需求和渴望，人人都希望听到善言和表扬，可以说，不断进行正面激励是一个人成长中的动力源。对于孩子也是如此，如果一个孩子生活在鼓励中，他就学会了自信；如果一个孩子生活在认可之中，他就学会了自爱。这就是"赏识"——欣赏肯定。而赏识一旦被家长正确运用，它的魅力是无穷的，会成为孩子不断追求成功的"金钥匙"。

我国教育家陶行知先生曾经说过："教育孩子的全部秘密在于相信孩子和解放孩子。相信孩子、解放孩子，首先要赏识孩子。"所有孩子心灵深处都渴望得到别人的赏识。赏识孩子，就要不断发掘孩子的优点，不断给孩子鼓励，从而逐步培养孩子的自信心，让他们相信自己的能力。

一个10岁的男孩在一家工厂做工。他一直想当一名歌星，但是，他的第一位老师却说："你五音不全，不能唱歌。你的歌简直就像是风在吹百叶窗。"回到家里后，他很伤心，并向他的母亲——一位贫穷的农妇哭诉这一切。

母亲用手搂着他，轻轻地说："孩子，其实你很有音乐才能。听一听吧，你今天唱歌时比昨天乐感好多了，妈妈相信你会成为一个出色的歌唱家的！"听了这些话，孩子的心情好多了。后来，这个孩子成了那个时代著名的歌剧演唱家。他的名字叫恩瑞哥·卡素罗。

卡罗素回忆自己的成功之路时这样说："是母亲那句肯定的话，让我有了今天的成绩。"

由此可见，赏识对于成长中的孩子来说是至关重要的，孩子从父母欣赏的眼光、赞赏的话语、满意的点头、会意的微笑、热烈的掌声中得到肯定，赏识可以发现孩子的优点和长处，激发孩子的内在动力，增强孩子的自信心。

曾有这样一个感人至深的故事，讲的是一位母亲参加三次家长会后对孩子的教育：

一位母亲第一次参加家长会，幼儿园的老师对这位家长说："你的儿子有多动症，在板凳上三分钟都坐不住。"回家的路上，儿子问妈妈，老师都说了些什么？妈妈鼻子一酸，差点掉下泪来。她告诉儿子："老师表扬你了，说宝宝原来在板凳上坐不到一分钟，现在能坐三分钟了。别的家长都羡慕妈妈，因为全班只有宝宝进步了。"那天晚上，她儿子破天荒地吃了两碗饭，而且没让妈妈喂。

在第二次家长会上，老师说："全班50名学生，你儿子排在第49名，我们怀疑他智力上有些障碍，你最好能带她到医院查一查。"回去的路上，妈妈流下了眼泪。回到家，看到儿子惶恐的眼睛，她又振作精神说："老师对你充满信心，你并不是一个笨孩子，只要再细心点，一定会超过你的同桌。”说这些话的时候，她发现儿子的眼光一下子充满了光亮，发愁的脸也一下子舒展开了。第二天上学，儿子比平时都要早。

第三次是初中毕业班家长会，老师没有在差生的名单里提到她的儿子，到家长会结束也没有提到她儿子的名字，她有点不习惯，临别，去问老师，老师告诉她：“按你儿子现在的成绩，考重点高中有点危险。”母亲心里有一种说不出的甜蜜，她告诉儿子：“班主任对你非常满意，他说了，只要你努力，很有希望考上重点高中。”

高中毕业了，当她儿子从学校回来，把一份清华大学录取通知书交到她的手里，突然跑到自己房间里大哭起来。边哭边说：“妈妈，我一直都知道我不是个聪明的孩子，是您……”她再也按捺不住十几年来凝聚在心中的泪水，任它打在手中的信封上。这是一位伟大的母亲，她用赏识教育代替惩罚教育，她成功了。

赏识是教育的真谛，能够带给孩子无限的信心和动力，让孩子不断地前进。一位著名的教育家说：“孩子需要激励，就如植物需要浇水一样。离开激励，孩子就不能生存。”学会赏识孩子并不是一件容易的事，每位家长都要仔细地研究与思考鼓励孩子的策略，并养成赏识孩子的习惯。

发自内心地欣赏孩子

捕捉赏识孩子的每一个时机，用恰当的语言和方式表现你对孩子的赏识，是每一位“望子成龙”的家长的必修课。

爱因斯坦小时候并不是一个天资聪颖的孩子。已满四岁的爱因斯坦还不会说话，很多人都怀疑他是个“低能儿”。但是，担任电机工程师的父亲，却对小爱因斯坦非常有信心。他为儿子买来积木，教他搭房子。小爱因斯坦每搭了一层，父亲便表扬和鼓励一次。上学后，爱因斯坦仍然显得很平庸，老师曾向他父亲断言说：“你的儿子将一事无成。”大家的讽刺和讥笑，让爱因斯坦十分灰心丧气，他甚至不愿去学校，害怕见到老师和同学。但是父亲鼓励他："别人会做的，你虽然做得一般，却并不比他们差多少，但是你会做的事情，他们却一点都不会做。你表现的没有他们好，是因为你的思维和他们不一样，我相信你一定会在某一方面比任何人都做得好。"父亲的鼓励，使爱因斯坦振作起来。

爱因斯坦的母亲贤惠能干，文化修养极高，她对小爱因斯坦也百般鼓励。有一次母亲带他到郊外去游玩，别的孩子，有的游泳，有的爬山，玩得不亦乐乎，只有爱因斯坦一个人默默地坐在河边，静静地凝视着湖面。当亲友们对爱因斯坦母亲问道："您的孩子为什么总是一个人对着湖面发呆？是不是神经有毛病？还是趁早带他去医院看看吧？"她十分自信地对他们讲："我的小爱因斯坦没有任何毛病，你们不了解，他不是发呆，而是在沉思。他将来一定是位了不起的人。"

后来，爱因斯坦成为现代最伟大的物理学家。人们称他为 20 世纪的哥白尼和牛顿，并于 1921 年获诺贝尔物理学奖。

每个孩子都有自己的优点和长处，判断一个孩子的好坏，不能只是片面地取一个方面。作为父母，要善于发现孩子与众不同的地方，要从内心里相信孩子是优秀的，让孩子在你的赏识中发挥长处。

赏识孩子要具体

莉莉是个聪明的孩子，从小就表现出惊人的绘画天赋。妈妈也总不忘对孩子的画大加赞赏。一句"太棒了"常常让莉莉心花怒放。在妈妈的赞赏声中，莉莉如妈妈所期望的一样，她的绘画天赋也逐渐得到了更好地发挥。

时间久了，莉莉对那句"太棒了"已经不是那么激动了，因为她不知道自己的画到底哪里棒，哪里还有欠缺。莉莉的绘画天赋似乎慢慢转入停滞阶段，而妈妈似乎也发现了这一点，但她还是言不由衷地夸奖："太棒了！"

终于有一天，莉莉在妈妈夸奖完之后，扔下了画笔，回到了自己的房间。妈妈很是诧异："莉莉你怎么了，不愿意画了吗？"

"不，妈妈。我只是不清楚我的画到底好在哪里，而你只是告诉我'太棒了’。难道你就不能告诉我画好在哪里吗？”莉莉委屈地答道。

妈妈哑然，到这时候才发现“太棒了”几乎成了自己表扬孩子的口头禅。

莉莉的妈妈知道用赏识法来教育孩子，这一点是值得认可的，但赏识教育要具体而深入，不要泛泛地夸孩子的优点，父母对孩子的夸奖应该是经过认真品味后的真正欣赏。

在赏识孩子时，应该对孩子的优点和进步的具体细节给予肯定，使孩子明白自己“好”在哪里，这样效果会更好。比如“你很会思考”，“你对某件事情有你自己的看法真的不错”，“你的数学成绩比以前有进步”等等，而不总是简单而笼统地夸奖“好”、“不错”、“真棒”，否则，孩子不能从内心得到肯定，当然就可能对你所谓的赏识无动于衷了。

对孩子的进步要及时赞扬

某小学的校长曾经做过这样一个实验：期末考试之后，他分别在不同时间内对两个班级考试成绩差不多的两组孩子做出评价。

对第一组孩子，校长在考试成绩出来的当天就表扬了他们：“成绩真不错，你们都是聪明的孩子，继续努力吧。”

对第二组孩子，校长一直等到下一个学期开始之后，才对他们说：“你们上学期考试成绩不错！”

一个学期以后，第一组孩子因为受到了校长及时的赞扬和鼓励，学习成绩有了明显的提高。他们一致认为是校长的赞扬让自己对学习充满了信心，学习劲头也更足了。而第二组孩子的学习成绩却没有明显进步。虽然校长赞扬了他们，但时间已经相隔太久，所以他们根本没有察觉到这种表扬，他们的学习积极性也没有太大的变化。

这个实验证明，及时赏识和赞扬孩子，比事后再给予赞扬所起到的作用要大得多。所以，孩子有了进步，最好当时当地给予夸奖和鼓励，这样孩子的成就感和荣誉心就会得到最大的满足，进而会把后面的事情做得更好，否则，时过境迁，已经没有了当时的氛围，你再去夸奖他，会使夸奖的作用大大降低。

不要拿孩子跟别人比较

8岁的嘉嘉和10岁的姐姐妞妞一起从学校回到家。嘉嘉很快就走到自己的房间，可妞妞却跑到妈妈那里说："看，我又得了100分。"妈妈看着成绩单，非常满意，夸奖了妞妞一番。"嘉嘉在什么地方？我想看看她的成绩单。她考得一定很差吧？"这时嘉嘉正准备去玩，妈妈就叫住了她，让她把成绩单拿来看看。果然，嘉嘉的成绩很不理想，妈妈非常生气地大声说道："你为什么不能像你姐姐一样？就是因为你太不用功，不许出去玩，回自己的房间去！"嘉嘉非常沮丧地走回到自己的房间。她受了妈妈的一顿斥责，感到自己很没有面子。

在家庭教育中，上述这种现象屡见不鲜。不少父母拿孩子作比较，他们认为，通过比较可以激发孩子更大的潜力，其实这种教育方式是错误的。在把孩子和别人做比较的时候，孩子不一定会产生竞争心理，反而会有失败感和羞愧心。因为失败感，孩子会失去自信，不但影响亲子关系，还会使孩子在生活中处处碰壁。

王凯是一名勤奋好学的孩子，在班级学习属于中上等，这次期末考试有五门是90分以上，两门是80多分，比期中考试有了明显进步。可当他高兴地向父母报告成绩时，本想能得到父母的表扬，结果却被爸爸训了一顿："我像你这么大的时候，哪有你这么好的条件？我们辛辛苦苦拼命工作，省吃俭用，都是为了谁？还不是指望你学习好，将来有个出息。你看看人家邻居李铭，比你还小一岁，门门功课都95分以上，你怎么就不向他学习学习争口气？你真让我们失望！"这下惹怒了王凯："又来了！我就没有让你们满意的时候。你们啥时候说过我好？反倒经常把李铭挂在嘴边！你们认为他好，就认他当儿子好了。"

生活中，很多父母爱拿别人家的孩子来比较，目的是为了给自己家的孩子一个奋斗和努力的目标，但事实上，这样做不仅难以起到激励的作用，还会引起孩子的逆反心理，并损伤孩子的自尊心。因此，孩子出了问题或学习成绩差，应该从孩子实际的基础出发，寻找原因与差距，而不是拿孩子与别人比。

世界上没有相同的两片树叶。同样，世界上也没有任何两个孩子是完全一样的，每一个孩子都有自己相应的优点和缺点，能力和特长也各不相同。因此，盲目地与别的孩子比较是不切实际的。

有一对邻居，两家各有一个同龄的儿子，从小一起玩耍，非常要好。打从两位小朋友还在幼儿园的时候，他们的母亲就已经开始激烈竞争到底是谁的孩子更聪明，对于每一次考试结果，两个母亲都要比较到底是谁的孩子成绩更好。长久下来让两个小孩的生活变得越来越紧张，终于在小学四年级的时候，两位小朋友再也无法忍受每天都那么紧张日子，他们开始一起逃课，跑到游戏厅去打发时光，两个孩子的成绩都一落千丈。好在经过这个教训之后，两位母亲及时醒悟，如今她们不再严格要求孩子们考试的分数，只希望他们能够正常地接受教育。

可见，过多的比较只会给孩子蒙上心灵的阴影，带给孩子沉重的心理负担，从而失去兴趣和自信这原始的潜动力。

印度的一位思想大师说过："玫瑰就是玫瑰，莲花就是莲花，只用去看，不要比较。"作为父母，切记不要将自己的孩子和别人的孩子去比较。每一个孩子都有他自己的个性，每一个孩子也都应该从他自己实际的基础上发展，而不是做别的孩子的复制品。

尊重孩子的隐私细节

隐私，是每个人藏在心里，不愿意告诉他人的秘密。我们每个人都会有自己的隐私，孩子也不例外。我们都知道，个人隐私应得到尊重，法律也规定保护个人隐私不许侵犯，这便是隐私权。然而在现实生活中，有些父母却把孩子当作自己的“私有财产”，随便干涉孩子的隐私：偷看日记、私拆信件、监听电话、暗中跟踪……凡此种种，都让孩子感到难堪。

有一位上初中二年级的女学生，经常喜欢写日记。她喜欢把日记本放在抽屉里，可是最近她发现母亲动过她的日记本，这让她感觉很生气。于是她想了一个办法，她在抽屉最上边放了一张白纸，纸上放五根头发丝。第二天，她发现头发丝没有了，显然抽屉被动过。第二天，她放了一张纸条，上边写道：请尊重我的隐私。结果，还是有人动她的抽屉。第三天，她在上边写道：不尊重别人隐私的人也不配得到别人的尊重！这下可了不得了，母亲不再偷看，而是当着这个孩子的面打开抽屉去看她的日记，并说：“小毛孩子，还给我们谈什么隐私，谈隐私也轮不到你的分上。”这位女学生怒气冲冲地顶撞母亲道：“你侵犯了我的隐私权！”母亲听了淡淡一笑：“在家里你是我的女儿，我是你妈，我有权力看你的日记和信件。”

孩子到了一定年龄后会强烈感觉到自己的独立性，想拥有自己的隐私，也渴望被尊重。这是孩子独立意识和自尊意识的一种体现。父母对此应该予以尊重，千万不能因为子女不再像以往那样和自己说心里话、有事瞒着自己而心急、焦虑，更不要采取“偷看”之类的方法。殊不知这种做法会伤害孩子的自尊心，造成孩子沉重的精神压力，甚至产生敌意和反抗，导致父母与孩子关系恶化。

赵凯是一名初中生，一回家就喜欢关上门。爸爸觉得很奇怪，不知道孩子在里面干什么。他总喜欢没事推门进去看看，赵凯对爸爸的行为很反感。有一天，他对爸爸说：“以后进来能不能敲一下门啊？”

爸爸一听就生气，说：“我是你爸爸，你有什么要隐瞒的，进儿子的房间还要敲门，真是白养你了。”赵凯也很生气，说：“我就不能有一点儿自己的隐私吗？你太不尊重我了。”爸爸一听，就更生气了，说：“什么隐私，我是你爸爸，你以后别想跟我谈隐私。”

有些父母通常没有“孩子也有隐私”的观念，觉得孩子有秘密就是有“隐瞒”，是对父母不信任，是最不能容忍的。他们没有意识到孩子正在长大，已经有了自己独立的人格和自己的隐私，随意闯入孩子的“隐秘世界”，采取粗暴干涉的强制手段，这样只能适得其反。

每个人都会有隐私，孩子有隐私是一种很正常的现象。孩子是一个完整的人，应该有属于自己的隐私权。让孩子拥有隐私，尊重孩子的“隐私世界”，是对孩子人格的保护，父母也会因此而赢得孩子的敬重和爱戴，所以家长对孩子的隐私应持有正确的态度。

王雅丽是一名初中生，平日里养成了写日记的好习惯。一天，她正在房间里写日记，听到有人敲门，“是谁？”

“是妈妈，我可以进来吗？”“请进！”王雅丽一边答应，一边把日记本合起来。

原来妈妈是给她送牛奶来了。“又在写日记啊？”妈妈问道。

“是啊，你可不能偷看哦！”王雅丽娇嗔地“警告”妈妈。

“好，妈妈不看。其实妈妈小时候也像你一样，不光要写日记，还要拿个小锁把日记本锁住，生怕别人偷看了我的日记。”妈妈一边抚摸着王雅丽的头发，一边说道。

“那有人偷看过你的日记吗？”王雅丽好奇地问妈妈。

“没有，他们看我日记上有锁，就知道我不希望别人看我的日记，也就不看了。想想那时候挺好玩的，一把小锁，仿佛锁住了自己的快乐，呵呵。”妈妈笑着对王雅丽说。

“我的日记里也有好多快乐。”王雅丽对妈妈说。

“我知道，其实妈妈很希望能分享你的快乐，也包括忧愁。不过妈妈会尊重你的意愿，不会偷看你的日记的！”妈妈真诚地说。

“既然妈妈这么说，我倒愿意和你一起分享我的日记了。”

就这样，妈妈既尊重了女儿的意愿和隐私，又得到了女儿的信任和爱。

由此可见，尊重孩子的隐私，留给孩子一片属于他们自己的天地，与孩子坦诚相待，才能更好地建立起和谐的亲子关系。所以，当你用自己的语言和行为去尊重孩子，孩子也同样会尊重你，从而把你当成他的好朋友。当他们遇到什么事情或者心中有秘密的时候，才有可能主动向你谈起。请记住，你越尊重孩子的隐私，你与孩子的距离也就越近。

争取孩子对家长的信任

隐私是可以转化的，前提条件是信任。对于孩子的一些事情，当孩子不信任你时是隐私，信任你了可以不是隐私。家长只有通过关怀、尊重等方式赢得孩子的信任，孩子才会自觉自愿地和你谈他的隐私，分享他的成长，所以，家长要争取孩子的信任。

不用隐私要挟孩子就范

有些父母发现了孩子的隐私，会用它作为要挟，要求孩子按照自己的意愿行事，这种行为无法赢得孩子的尊重，孩子最痛恨被人用隐私要挟自己就范的行为。父母只有尊重孩子的隐私、秘密，并给予保护，才能获得孩子的尊重和爱戴。

经常与孩子沟通

父母应经常与孩子沟通，试着了解他们的想法，要相信孩子、理解孩子，宽容孩子在成长过程中的稚嫩想法和做法。要注意培养孩子独立的人格，培养孩子明辨是非的能力，尽量以平等的身份多与孩子交流，倾听和征求孩子的意见和建议。

多给孩子一些自由空间

父母要根据孩子的选择给他自由，不能多加干涉。努力创造条件，发掘孩子的内心世界，减少神秘感，培养孩子的独立意识和创造能力，引导孩子在学习和生活中检查、论证自己的思维过程和内心隐私的正确程度，以规范自己的行为。

敢于向孩子道歉

生活中，做错了事就要道歉，这是理所应当的事情，任何人都不例外。道歉，对于成年人之间而言，不是难事。但不少人却很少向自己的家人道歉，尤其是作为家长，更不愿向孩子道歉。有些家长认为“向孩子认错、道歉”是一件很没面子的事情，有损自己的威严。殊不知，家长学会并勇于向孩子道歉，是家庭教育中的明智之举！

一天，爸爸发现钱包里少了50元钱，就问儿子：“你是不是从我钱包里拿钱了？”儿子说：“我没有拿！”爸爸不相信，先是“启发”孩子“需要钱可以向我要，但不要自己拿！”后来就越说越生气，警告儿子：“不经允许拿爸爸的钱也算是偷！”儿子很不服气，父子俩就争吵了起来。这时，妈妈回来了，忙解释说：“钱是我拿的，还没来得及告诉你呢！”爸爸这时才停止了对儿子的逼问，自知理亏又放不下家长的架子道歉，于是又嘱咐了一句：“儿子，你可要记住，花钱要管爸爸要，可不能偷偷地自己拿啊！爸爸的钱可是有数的！”儿子觉得受到了不能容忍的侮辱，一气之下，离家出走了。

孩子的离家出走，爸爸是有责任的。试想，如果当爸爸知道了钱的下落之后，能马上向孩子道歉，安抚孩子的情绪，也不至于造成孩子离家出走的结果。

当父母误解甚至冤枉了孩子时，通常会让孩子感到非常委屈，如果父母因为放不下面子而坚持不承认错误，还强词夺理，让孩子蒙受冤屈，这不仅会给孩子带来莫大的伤害，而且会让孩子陷入迷茫之中，产生错误的观念和想法。因此，家长应该学会诚恳地给孩子道歉。道歉不单有利于改善家庭关系，也有利于孩子的健康成长，更有益于提高父母的权威。

著名诗人、民主战士闻一多，有一次因心烦出手打了还不懂事的小女儿，恰好被在外屋的次子立雕看见了，他就挺身出来批评父亲不该打小妹，且上纲上线说："你自己是搞民主运动的，天天讲民主，在家里怎么就动手打人呢？"闻一多始是一愣，静坐沉思少顷后，走到立雕面前，神情十分严肃认真地说："我错了，不该打小妹，我小时候父母就是这样管教我的，所以我也用这样的办法来对待你们。希望你们记住，将来不要用这样的方法对待你们自己的孩子。"这样的道歉，无疑使父亲在孩子们心灵中的形象显得特别高大！

在教育孩子的过程中，每个父母都或多或少会犯下一些错误，对此，我们没必要在孩子面前伪装我们的歉意，只要我们勇敢地对孩子道歉，孩子会觉得自己的很有尊严，并且也会以相同的态度对待父母以及其他人。同时，孩子也会对父母增加信任感，会更加心悦诚服地接受父母的教育。

正在炒菜的妈妈听到"咣当"一声，便急急忙忙地跑了出来，看到打碎了的大花瓶和满地跑的球，立刻向儿子喊："又搞什么鬼，整天闹事，你什么时候能给我安静点？"

孩子哭了："球又不是我的，花瓶更不是我打破的。"母亲火更大了："还敢撒谎！"这时敲门声响起，几个孩子来道歉了。妈妈这才知道原来球是从窗外飞进来的，妈妈错怪了儿子，怎么办呢？妈妈觉得很不好意思，愣在那儿下不来台。

"妈妈，你为什么总是批评我呢？我也有诚实的时候，你为什么不来表扬我？"孩子的话使妈妈更惊讶了，"是啊，我几时表扬过儿子？"妈妈内疚地安慰了儿子，并向他郑重地道了歉。对母亲的道歉儿子很吃惊，可是，从那以后他却比以前更懂事了，也很少说谎了。

这个故事中的妈妈用真诚实意的道歉在不经意间改掉了儿子说谎的毛病，足可见父母对孩子的道歉的作用力。

金无足赤，人无完人。父母也有犯错的时候，能放下架子向孩子道歉，什么事情都会变得容易沟通，两代人的关系自然也可以更融洽了。所以说，父母有错向孩子道歉是一种明智之举，是尊重孩子人格的一种表现，是家长民主精神的一种体现，能够给孩子树立良好的榜样，继而使孩子形成优秀品质。真心诚意地向孩子道歉，会令孩子对我们更加的佩服和欣赏。

道歉态度要真诚

道歉应该选择在心平气和的时候，向孩子道歉要中肯，要就事论事，实事求是，既不要夸大自己的错误以取悦于孩子，也不要轻描淡写，让孩子以为父母是在敷衍了事。

一天晚上，母亲不让女儿看电视，母女之间发生了口角，女儿在盛怒之下对母亲说："我讨厌你！"母亲感到非常震惊，同时，她深深地反思自己的言行，并给女儿写了一封信表示道歉。她在信中说："虽然很多时候我是在你犯错误时批评你，但我同时也在犯着错误：态度粗暴，过度指责，方法简单……女儿，如果我伤害了你的自尊，请你原谅我。如果我学会了尊重你，请你接纳我做你的朋友。我希望在你我之间，先建立信任，再加强沟通，在选择做家长还是做朋友的问题上，我永远都愿意选择做你的朋友。"晚上，女儿面带愧色地说："妈妈，其实我是最最爱你的！"

道歉内容要明确

父母向孩子道歉时，一定要说明自己做错了哪件事、说错了哪些话，同时还要说明为什么向孩子道歉，否则，容易把孩子搞糊涂，起不到应有的作用。

一个星期天，李女士骑着自行车带女儿去游乐园，过一个红绿灯时，恰巧是红灯，但是李女士看到路上行人和车都很稀少，就直接骑了过去。

"妈妈，红灯亮了，要停下来等绿灯才可以走。"坐在后面的女儿纠正道。李女士有点尴尬，就随口答道："对面没有车，没事的。"

"不对，看见红灯就要停下来的，绿灯时才能过去，这是我们老师早就告诉我们的。"女儿坚持着……

李女士没有理会女儿，继续往前骑，可是女儿的话还在耳边不停地回荡。作为母亲，作为孩子的第一任老师，李女士没有为孩子起到榜样的作用，她感到有些惭愧。

到了下一个十字路口时，红灯亮了，李女士下了车，转过身对女儿说：“在幼儿园里，不管老师在不在，你都很听话是不是？”女儿点点头。

李女士摸摸女儿的头说：“你是听话的好孩子，刚才妈妈没有遵守交通规则，闯了红灯，是妈妈错了，今后妈妈一定改。”

别对你的孩子使用“语言暴力”

我们常说：“出口伤人。”当语言成为一种暴力，话语也能变成软刀子。口头语言有声无形，但当它变成刺激心灵的匕首，当它演化为伤害人的利器，比起行为暴力，这样的暴力就更让人触目惊心。

语言暴力指的是通过语言、表情、神态、声调等形式说出的话令听到者的精神和内心受到伤害的语言行为。正所谓：良言一句三冬暖，恶语伤人六月寒。成年人都难以忍受恶言相向，更何况心理承受能力弱的孩子，对孩子来讲，家长的语言暴力往往比挨打更痛苦。

“你看看你，读一年级时还是全班前十名，从二年级开始成绩就一落千丈，期中考试居然落到了全班中游……”一位母亲用食指点着孩子的脑门儿：“我为了你的学习，还向单位请了三个月长假，妈妈辛辛苦苦辅导你换来了什么？！居然换来了你数学考了倒数第一，难道我们真的生了你这么一个笨儿子？！”孩子坐在妈妈的旁边一语不吭，一副若无其事的样子，偶尔用眼球白妈妈一眼。“你看看，还不服气，早知道在生你的时候就把你送给收破烂的……”这位母亲越说越来气，就差伸手打孩子耳光了。

生活中，这样教育孩子的情景常常会出现。大多数父母舍不得动手打孩子，但是，当他们在心情不好的时候会对孩子使用这样的语言暴力。

“语言暴力”表面上看起来比“体罚”文明，其实给孩子造成的是精神上、心理上的伤害，甚至比“体罚”更加严重。体罚更多伤害的是孩子的身体，其痛苦可能是短暂的，但语言暴力的伤害却是长久的，不仅侮辱了孩子的人格，损伤孩子的自尊和自信，摧残孩子心理健康，严重的还会导致孩子心智失常，丧失生活勇气，引发厌学、逃学、违法犯罪、自杀等严重恶果。

周鸣是一个初二的学生，父母对他寄予了很大的希望，但他的学习成绩总是一塌糊涂，父母很是着急，于是请来一位师范学院的老师为他做家庭辅导，然而成绩依然没有太大提高。

这天晚上，周鸣将考试成绩带回家，他的父母大发雷霆："你到底长没长脑子啊？真是猪脑！猪脑！"妈妈边说边用手狠戳儿子的脸颊。"依我看，连猪脑都不如！笨蛋一个！没出息的东西！"在一旁的爸爸接茬说道。"你这样下去将来怎么办？只能被人看不起。父母能养你一辈子吗？真是愚蠢不成器！"训斥完了儿子，夫妻俩相约出去吃饭。临出门，父亲回头对周鸣说："晚饭你就甭吃了！你没有资格吃，越吃越是饭桶一个！"父亲说完，摔门而去。

夫妻两个吃完晚饭回到家，发现儿子已不在家了。桌上放着一张字条，字条上写着："爸爸妈妈，我走了。既然我这么让你们失望，我就在你们眼前消失好了。不要找我，这个家我也不想再回来了。每天你们除了骂我，就是训我，我学习不好心里也很难过，我努力了可成绩还是提高不上去，我也很恨我自己，每天活得很累也很苦，总是胆战心惊的，因为不知道什么时候，你们的讽刺挖苦就会如暴雨一样浇下来，让我浑身上下透心凉。我也是人，我也有自尊心！我不想再听你们的指责谩骂了，我都快疯了！你们就当没有我这个儿子好了！"看了儿子留下的字条，周鸣的妈妈大哭起来……

由此可见，语言暴力是一种对孩子情感上的虐待，心灵上的摧残，会让孩子产生心理恐惧，对孩子心灵造成莫大伤害，带来的痛苦和灾难将会让家长后悔莫及。

心理专家分析，孩子的内心世界是很脆弱和微妙的，孩子心目中的评价是非标尺也是很鲜明的。有的孩子有偏激固执的倾向，会将父母的看法想象放大。所以父母微小的心理变化如果表现在脸面上和语气中，甚至嘲弄辱骂中，无形中会形成一种负面的心理场，这种心理场强大的辐射会改变孩子对于这个世界的认知。因此，作为父母，要认真思考一下，哪些话该说，哪些话不该说。不要只图自己说话痛快，不要只图发泄，不要只顾自己的心情，而忘记了孩子的心理承受力！

总之，孩子在成长过程中最需要鼓励和帮助，家长在教育孩子时一定要注意“口下留情”！尤其是在孩子有不如意的表现时，更要善于寻找其闪光点，激励他继续向前。作为孩子的父母，应该学会给孩子以公正的、催人奋进的评价，千万不要使用“语言暴力”，这样才有利于帮助孩子树立自信心，改正缺点，才能为孩子敲开成功的大门。

给孩子充分的信任感

信任是人与人进行正常沟通和交流的前提条件。不仅仅是朋友、生意伙伴之间需要信任，在家庭里，父母与子女之间，更是需要信任。但在很多成年人看来，孩子只需要疼爱就行，给予他们最好的对于孩子来说就是幸福的。其实爱分很多种，有一种最易让人忽视的爱叫做信任。

生活中，许多孩子对父母的依赖性很强，他们缺乏独自处理问题的能力，这不是因为他们不敢去做，而是因为他们不相信自己能够做好。孩子并非天生就是不自信的，究其原因是因为父母的不信任。所以，凡是孩子力所能及的事情，家长都应该放手让孩子去做。要知道，家长包办得越多，孩子动手的机会就越少，能力就越弱。只有我们充分信任孩子，孩子才可以真正地做自己的主人。

有一位母亲，将女儿视为掌上明珠，女儿都13岁了，她还是从来不肯撒手让其独行，甚至离家几步之遥的地方都不让孩子独去，怕孩子过马路被车碰着、遇到突发事件不会处理等，孩子有几次挣脱母亲的手，想独立地办自己的事，都被她硬拽回来了，孩子眼中含满了泪水，之所以这样，是由于母亲对孩子处理这些事情的能力缺乏信任，确切地说，是对孩子本身缺少一种信任。

有一次，孩子想自己上书店看书，母亲没有答应，孩子非常正式地跟她说："妈妈给我一次机会，信任我吧，我肯定没有问题。"面对孩子近似乞求的语气，母亲决定给孩子以信任。

两个小时后，孩子高高兴兴地从书店出来了，一种自豪的表情挂在脸上。从这以后，孩子能自己处理的问题，母亲就放手让她去做，有时还把一些重要的事情交给孩子办，完成得都还不错，孩子也感觉到了母亲对她的信任，变得懂事多了，还告诉她很多知心话，把她当成自己的一个好朋友。

每一个孩子都需要父母的信任。给孩子充分的信任感，会让孩子觉得自己是对的，并更愿意与父母沟通。可以说，父母的信任是孩子建立自信的催化剂。父母选择信任孩子，孩子的内心会感到非常的愉悦，亲子关系也会更加融洽。

有一位单亲妈妈，因为平时工作繁忙，根本没时间过问孩子。有一次，妈妈偶尔闲下来跟孩子谈话，末了说了这么一句话："我都没怎么管你，一来我忙，二来我看你也很努力，功课不错。我一直相信你能做到的。"

听妈妈这么说，孩子觉得妈妈在表扬自己，决心一定要自己管好自己，不用妈妈多操心。

这个孩子当时正上初一，成绩中上，平时玩得特别疯。妈妈的这句话，让他心里觉得愧疚不已，但是又让他感受到了一种绝对的信任。他在心里暗暗告诉自己：一定不能辜负妈妈的信任和关心。从此以后，这个孩子也玩，但不疯玩，学习特别认真，表现很好。

可见，家长的信任就是对孩子最好的激励，这是真正触动孩子心灵的动力。从教育效果看，信任是一种富有鼓舞作用的教育方式。因此，父母们应该多给孩子一些信任。

有信任才有教育

张芳是一个长得漂亮、性格活泼的初三学生，她喜欢参加团体活动，在班上乃至年级里人缘都很好，电话自然也多。妈妈担心她和男同学的交往会耽误学习，只要一有男同学打电话来，就捕风捉影，胡乱猜测，怀疑她和男生有亲密关系，然后以“过来人”的口吻软硬兼施，苦口婆心地劝阻，无论她怎么解释妈妈就是不相信，甚至还偷听她电话，仿佛非要找出她早恋的证据不可。几次之后，张芳找到了对付妈妈的法宝：能不说就不说，能少说就少说，反正说了她也不信。

可见，只有父母充分相信孩子，孩子才会相信父母。真正相互平等，有效的沟通也才会开始，真正的教育才会开始。相反，如果父母对孩子不信任，直接导致孩子对父母的不信任，也就加剧了父母与孩子之间的不理解。不论什么原因，如果对孩子不能怀有信任的态度，如果没有让孩子感觉到父母对自己的信任，教育不仅没有正效应，反而会激起孩子强烈的反抗心理，最终使对孩子的教育一败涂地。

相信孩子的能力

拿破仑小时候，母亲就去世了。有一天，父亲宣布再婚，一个陌生的女人走进拿破仑的家，很高兴地问候家里的每一个人。她走到拿破仑面前，拿破仑双手交叉着放在胸前，凝视着她，眼中没有丝毫欢迎的表露。父亲对她说：“这是拿破仑，是兄弟中最坏的一个。”

这时，继母把双手放在拿破仑的两肩上，两眼闪耀着光辉，她说：“这是最坏的孩子吗？完全不是。他恰好是这些孩子中最机灵的一个，而我们所要做的一切，无非是把他的智慧发挥出来。”

继母的信任和鼓励，令拿破仑意识到自己将永远有一个最亲爱的母亲。由于继母的关爱和影响，拿破仑终究成就了一番事业。

对孩子相信，就是要相信孩子潜能无限，有无限的理解力，有无限的想象力，有无限的创造力。相信孩子是个天才，能成才，相信孩子有一颗向上向善的心。即使在孩子遭遇挫折、遭遇失败、犯严重错误时，不管别人怎样看，作为父母这种信念一刻也不能动摇。

第三章

DI SAN ZHANG

不凶不吼，培养孩子良好的道德品质

在培养孩子方面，许多家长总存在误区，更多地注重培养孩子的智力开发，而忽略了品行道德的培养，其实，良好的品德教育对孩子的健康成长是极为重要的。世界著名教育家贝戈尔博士指出："优良品格是个人思想和行动遵守社会道德品质的体现，是一个人人性中利他特性的表现，教孩子从小养成优良的品质，将会使孩子受益终生。"所以，家长们必须时刻注意对孩子进行品格教育，帮孩子养成优良的品格，为孩子未来的成功打下坚实的基础。

让孩子懂得孝敬父母

在中国古代，曾有一个叫“黄香温席”的故事。

黄香小时候，家中生活很艰苦。在他9岁时，母亲就去世了。黄香非常悲伤。他本就非常孝敬父母，在母亲生病期间，他一直不离左右，守护在妈妈的病床前，母亲去世后，他对父亲更加关心、照顾，尽量让父亲少操心。

冬夜里，天气特别寒冷。那时，农户家里又没有任何取暖的设备，确实很难入睡。一天，黄香晚上读书时，感到特别冷，捧着书卷的手一会儿就冰凉冰凉的了。他想，这么冷的天气，爸爸一定很冷，他老人家白天干了一天的活，晚上还不能好好地睡觉。想到这里，小黄香心里很不安。为了让父亲少挨冷受冻，他读完书便悄悄走进父亲的房里，给他铺好被，然后脱了衣服，钻进父亲的被窝里，用自己的体温，温暖了冰冷的被窝之后，才招呼父亲睡下。黄香用自己的孝敬之心，暖了父亲的心。黄香温席的故事，就这样传开了，街坊邻居人人夸奖黄香。

孝敬父母是中华民族的传统美德，也是各种品德形成的前提。《诗经》上有一句“哀哀父母，生我劬劳”，感叹和赞美了父母的养育之恩。唐朝孟郊诗云：“谁言寸草心，报得三春晖。”更是表达了孝敬父母的渴望。而“祭而丰不如养之厚，悔之晚何若谨于前”的古训，则督促后辈履行对父母的赡养和孝敬。可以说，以孝敬长辈为核心的家庭美德，几千年来代代相传，形成了中华民族伦理观念和道德品质的精华部分。然而在现实生活中，相当数量的孩子，全然不懂得孝敬父母、孝敬长辈，全然不懂得孝道的意义。在有些独生子女家庭里，谁孝敬谁甚至出现了颠倒的现象，难怪有人半认真半开玩笑地说：“孝子，孝子，孝敬儿子。”

曾经有一位母亲，每次给孩子做鱼，她都只吃鱼头，而给孩子吃鱼身。一次家里来了客人，孩子在餐桌上主动给妈妈夹了一个鱼头，然后说：“我知道妈妈最喜欢吃鱼头了”，客人面面相觑，妈妈背着人流下了眼泪，觉得自己的教育是失败的，孩子居然会认为她喜欢吃鱼头，而不知道父母是因为照顾孩子的营养把鱼身让给他吃而自己吃鱼头。

尽管每一位为人父母者都希望自己的孩子将来长大成人能够有孝心，满腔赤诚地善待子女，以为能够浇灌出一颗孝心，但结果常常不见发芽，孩子并不领情，更别提回报了，自然让父母心寒不已。忽略“孝心”教育，孩子会形成自私冷漠的性格，对其健康成长危害极大。这是家教的一大失误，也是孩子产生“不孝之举”的最重要根源。所以，家长要培养孩子养成孝敬父母的良好习惯。

曾经听说这样一个故事：

父亲到儿子家去小住了几天，临走的时候，儿子给自己的父亲一些钱，当他把父亲送出门时，他自己的儿子便认真地说：“爸爸，以后不要再给爷爷钱了，你把钱都给了爷爷，我们自己都没有得用了。”看着儿子那认真的样子，这位年轻父亲的心顿时凉了半截：这难道就是自己将来老有所靠的儿子吗？

为了教育孩子，这位父亲将儿子拥在怀里，认真地问他：“谁最关心你？谁对你最好？”“爸爸妈妈呗！”“将来爸爸妈妈老了，挣不到钱了，你给不给爸爸妈妈用？”“当然要给！”“这就对了，爸爸小的时候，爷爷奶奶也像我们关心你一样地关心爱护我，辛辛苦苦地种地挣钱，送爸爸上学念书。现在他们都老了，我该不该报答他们的养育之恩？该不该给他们钱用啊？”“该！”

其实，孝敬父母不是单一的习惯问题，它也体现出一个孩子能否关心他人、设身处地地为他人着想。作为家长应该清楚地认识到，如果一个孩子连最基本的孝敬父母都做不到，以后是不可能做好任何事情的。因此，我们一定要重视培养孩子孝敬父母的好习惯。

教育子女深知父母养育之艰辛

让孩子了解父母给自己的一切是用心血汗水换来的，要百倍珍惜，并要有感激之情。现在不少孩子不知道父母的工作情况，不知道父母的钱是怎样得来的，只知道向父母要钱买这买那，认为父母给孩子吃好、穿好、用好是天经地义的。这样的孩子怎么会从心底里孝敬父母呢？为此，父母应当有意识地经常地把自己在外工作和收入的情况告诉孩子，说得越具体越好，从而让孩子明白父母的钱得来不易。孩子对父母付出的辛劳越了解，才越会从心底里相信和敬重父母，才会真正想着去孝敬父母。

吉林省九台市有一对农民夫妇，养了5个孩子，都考上了大学。老二回忆说，当时家里困难，他们几个只能带点儿玉米面干粮去上学。有一天他走在路上发现自己忘记带东西，就回家去取。到家后看到妈妈正在舔他刚才喝过粥的碗！这时候他突然意识到他带的干粮是家里仅有的吃的，就把干粮拿出来让妈妈吃，他说："我不去上学了，我要在家帮你干活、挣钱。"但妈妈却说："孩子，咱们家砸锅卖铁都要供你们上学！"后来，老二研究生毕业，当了工程师，并且把父母接到长春去安度晚年。

让孩子多做事、多承担家庭责任

教育孩子尽早学会自己能做的事自己做，并参与力所能及的家务劳动。这样不但有利于孩子养成家务劳动的习惯，也可以使孩子从中体验父母的辛苦，减轻父母的负担，增强家庭责任感、义务感，不断增强孝敬父母的观念：父母养育了我，我应为他们多做事。

小倩今年10岁了，爸爸妈妈对她宠爱有加，小倩虽然很喜欢自己的爸爸妈妈，却不知道去心疼他们。每天晚上，爸爸妈妈拖着疲惫的身体回到家里，小倩还硬要父母陪她玩"骑大马"，边玩还边催促着做晚饭。

小倩的爸妈经常为此而感到伤神。他们也明显地意识到，自己对孩子的宠爱让小倩丧失了孝敬父母的意识。

于是，小倩的爸妈决定：从生活小事做起，培养小倩的这种意识。

有一次，小倩来了兴趣，要尝试自己洗碗筷。若放在以前，妈妈是不会答应的，可是，这一次妈妈痛快地答应了小倩。第一次洗碗筷，小倩感到十分费劲，力气大了，怕碗碟破碎，力气小了，怕洗不干净。

小倩这时问起妈妈："妈妈，你平时刷锅洗碗也这么累吗？"妈妈说："虽然我力气要比你大些，不过每次洗那么脏的碗筷，也是很累的。"小倩听完后，想了想说："妈妈，我现在长大了，以后我来洗家里的碗筷吧。"

妈妈听了小倩的话，心里不知有多高兴，并立即夸奖小倩说："女儿懂事了，知道心疼妈妈了。"听了妈妈的夸奖，小倩高兴地笑了。从此以后，小倩变得懂事多了，知道主动帮爸爸妈妈承担一些家务。对于自己的爸爸妈妈，小倩也懂得关心与体贴了。

为孩子树立榜样

孩子的模仿力与观察力都很强，父母对待自己的长辈是什么态度，孩子对父母就是什么态度，这就是最直接的影响，父母就是孩子或好或坏的榜样。

一对夫妻将老母亲装在筐里，准备丢到河里。他们3岁的儿子说："你们丢完奶奶之后，不要把筐也丢了啊。以后我用它也好丢你们！"夫妻听后吓出了一身汗，立刻将老母亲从筐里扶出来，从此好好地伺奉。

可见，父母的榜样对孩子的影响有多大。如果想要自己的孩子有孝心，做父母的首先要尊重和孝敬自己的父母。这样，孩子在耳濡目染、潜移默化中，也会逐步养成尊敬长辈、孝敬父母的好习惯。

感恩与回报，孩子的人生必修课

现如今的孩子多数是独生子女，在家的地位可谓是"位高权重"。全家一切以孩子为中心，而孩子们从小到大都是扮演被爱的角色，久而久之，很多孩子认为从父母那里得到东西是理所当然的，生活中只知道索取，不知道回报，自然不会想着去关心别人、感激他人。所以教育孩子“学会感恩”是一件重要的事情。让孩子学会感恩，其实就是让他学会尊重他人，对他人的帮助时时怀有感激之心。

感恩是中华民族的传统美德，是一种处世哲学，是一个人对自己和他人以及社会关系的正确认识；感恩也是一种责任，知恩图报，有恩必报，它不仅是一种情感，更是一种人生境界的体现。

生活中，我们每一个人都应该用自己真诚的一颗心，去对待曾经帮助过你的另一颗心，这就是感恩。感恩是一个温暖的字眼，每一个人都感恩过和被感恩过，都感受过感恩和被感恩时所得到的快乐。

多年前一个感恩节的早上，有对年轻夫妇却极不愿醒来，他们不知道如何以感恩的心过这一天，因为他们实在是穷得可怜。圣诞节的“大餐”想都别想，能有点简单的食物吃就不错了。

早先若是能跟当地的慈善团体联络，或许就能分得一双火鸡及烹烤的佐料，可是他们没有这么做，为什么呢？就跟其他不少家庭一样，要有骨气，是怎么样就怎么过这个节。

贫贱夫妻百事哀，无可避免的，没多久这对夫妇就争吵起来。随着双方越来越烈的火气和咆哮，看在这个家庭最长的孩子眼里，只觉得自己是那么的无奈和无助。然而命运就在此刻改观了……

轻快的敲门声在耳边响起，男孩前去应门，一个高大男人赫然出现眼前，穿着一身皱巴巴的衣服，满脸的笑容，这个男人手提着一个大篮子，里头满是各种能想到的应节食品：一双火鸡、塞在里面的配料、厚饼、甜薯及各式罐头等，全是感恩节大餐里不可少的。

这家人一时都愣住了，不知道是怎么一回事，门口的那人随之开口道：“这份东西是一位知道你们有需要的人要我送来的，他希望你们晓得还是有人在关怀和爱你们的。”

起初，这个家庭中做爸爸的还极力推辞，不肯接受这份礼，可是那人却这么说："得了，我也只不过是个跑腿的。"带着微笑，他把篮子搁在小男孩的臂弯里转身离去，身后飘来了这句话："感恩节快乐！"

就在那一刻，小男孩的生命从此不一样了。虽然只是那么小小的一个关怀，却让他晓得人生始终存在着希望，随时有人——即使是个"陌生人"——在关怀着他们。在他内心深处，油然兴起一股感恩之情，他发誓日后也要以同样方式去帮助其他有需要的人。

到了十八岁时，他终于有能力来兑现当年的许诺。虽然收入还很微薄，在感恩节里他还是买了不少食物，不是为了自己过节，而是去送给两户极为需要的家庭。

他穿着一条老旧的牛仔裤和一件T恤，假装是个送货员，开着自己那辆破车亲自送去，当他到达第一户破落的住所时，前来应门的是位拉丁妇女，带着提防的眼神望着他。她有六个孩子，数天前丈夫抛下她们不告而别，目前正面临着断炊之苦。

这位年轻人开口说道："我是来送货的，女士。"随之他便回转身子，从车里拿出装满了食物的袋子及盒子，里头有一双火鸡、配料、厚饼、甜薯及各式的罐头。见此，那个女人当场傻了眼，而孩子们也爆发出高兴的欢呼声。

忽然这位年轻妈妈抓起年轻人的手臂，没命地亲吻着，同时操着生硬的英语激动地喊着："你一定是上帝派来的！"年轻人有些腼腆地说："噢，不，我只是个送货的，是一位朋友要我送来这些东西的。"

随之，他便交给妇女一张字条，上头这么写着："我是你们的一位朋友，愿你一家都能过个快乐的感恩节，也希望你们知道有人在默默爱着你们。今后你们若是有能力，就请同样把这样的礼物转送给其他有需要的人。"

年轻人把一袋袋的食物不停地搬进屋子，使得兴奋、快乐和温馨之情达到最高点。当他离去时，那种人与人之间的亲密之情，让他不觉热泪盈眶。回首瞥见那个家庭的张张笑脸，内心油然而生一股感恩之情。

感恩是一种对恩惠心存感激的表示，是每一位不忘他人恩情的人萦绕心间的情感。如果在我们的心中培植一种感恩的思想，则可以沉淀许多的浮躁、不安，消融许多的不满与不幸。只有心怀感恩，我们才会生活得更加美好。

在一个闹饥荒的城市，一个心地善良的面包师把城里最穷的几十个孩子聚集到一块儿，然后拿出一个盛有面包的篮子，对他们说："这个篮子里的面包你们一人一个。在上帝带来好光景前，你们每天都可以来拿一个面包。"

瞬间，这些饥饿的孩子一窝蜂似的涌了上来，他们围着篮子推来挤去大声叫嚷着，谁都想拿到最大的面包。当他们每人都拿到了面包后，竟然没有一个人向这位好心的面包师说声谢谢就走了。

但是有一个叫依娃的小女孩却例外，她既没有同大家一起吵闹，也没有与其他人争抢。她只是谦让地站在一步以外，等别的孩子都拿到以后，才把剩在篮子里最小的一个面包拿起来。她并没有急于离去，她向面包师表示了感谢，并亲吻了面包师的手之后才向家走去。

第二天，面包师又把盛面包的篮子放到了孩子们的面前，其他孩子依旧如昨日一样疯抢着，羞怯、可怜的依娃只得到一个比头一天还小一半的面包。当她回家以后，妈妈切开面包，许多崭新、发亮的银币掉了出来。

妈妈惊奇地叫道："立即把钱送回去，一定是面包师揉面的时候不小心揉进去的。赶快去，孩子，赶快去！"当依娃拿着钱回到面包师那里，并把妈妈的话告诉面包师的时候，面包师慈爱地说："不，我的孩子，这没有错。是我把银币放进小面包里的，我要奖励你。愿你永远保持现在这样一颗感恩的心。回家去吧，告诉你妈妈这些钱是你的了。"她激动地跑回了家，告诉了妈妈这个令人兴奋的消息，这是她的感恩之心得到的回报。

一个人是否有感恩之心，与他所处的环境、所受到的教育是密不可分的。作为一个孩子，从小培养他具有感恩之心是至关重要的，让孩子知道感恩，是每一个家长的重要责任——让孩子感激给予生命并养育他们的父母；感激给予他们各种知识的教师；感激给予他们帮助的同学和朋友；感激生活中一切美好的事物。让孩子真正体会到"我们的生活多么快乐幸福"！让孩子学会关心，学会感恩，这将有利于孩子好的品格的形成，使孩子一生受益无穷。

让孩子学会感恩父母

让孩子学会感恩，首先就是要感念父母的养育之恩。因为父母是孩子的至亲，如果孩子对父母的关心、疼爱不会感恩的话，那么对别人就更加不会懂得感恩。

那天，她跟妈妈又吵架了，一气之下，她转身向外跑去。

她走了很长时间，看到前面有个面摊，香喷喷热腾腾，她这才感觉到肚子饿了。可是，她摸遍了身上的口袋，连一个硬币也没有。

面摊的主人是一个看上去很和蔼的老婆婆，看到她站在那边，就问："孩子，你是不是要吃面？"

"可是，可是我忘了带钱。"她有些不好意思地回答。

"没关系，我请你吃。"

很快，老婆婆端来一碗馄饨和一碟小菜。她满怀感激，刚吃了几口，眼泪忽然就掉下来，纷纷落在碗里。

"你怎么了？"老婆婆关切地问。

"我没事，我只是很感激！"她忙擦着泪水，对老婆婆说，"我们又不认识，你就对我这么好，愿意煮馄饨给我吃。可是我自己的妈妈，我跟她吵架，她竟然把我赶出来，还叫我不要回去！"

老婆婆听了，平静地说道："孩子，你怎么会这么想呢？你想想看，我只不过煮一碗馄饨给你吃，你就这么感激我，那你自己的妈妈煮了十多年的饭给你吃，你怎么不会感激她呢？你怎么还要跟她吵架？"

女孩愣住了。

女孩匆匆吃完馄饨，开始往家里走去。当她走到家附近时，一下就看到疲惫不堪的母亲，正在路口四处张望。这时，她的眼泪又开始掉了下来。

的确，很多人常常会为一个陌生人的帮助而感激涕零，却忽略了父母给予的细小琐碎而又无微不至的关怀。父母是无私的，他们倾尽所有，将全部的爱都给了自己的子女。为人子女，应对父母常怀感恩之心、报答之情。

在日常生活中，父母应该时刻创造条件启发孩子学会用感激、感恩的心态去面对自己的付出，让孩子先从感恩父母开始，比如让孩子知道父母为自己做事后要说谢谢等，通过这种小的事情、小的情绪让孩子熟悉这种感恩的状态，并最终知道如何表示自己的感恩。

让孩子学会感恩他人

人们生活在这个世界上，时时接受着各种“恩赐”：父母的养育、师长的教诲、爱人的关爱、朋友的友情、大自然的慷慨赐予……然而，对于这些恩惠，有很多人都觉得是理所当然的，没有丝毫的感恩意识。这种现象在孩子身上尤为突出。

曾有一位归国的老华侨想资助一些贫困地区的学生，于是，在有关部门的帮助下，给多个有受捐助需要的学生每人寄去一本书，随书将自己的电话号码、联系地址以及邮箱等一同寄出。老华侨的家人很不理解老人的做法：为什么送一本书还要留下联系方式？在家人的不解中，老人一直焦急地等待着什么，或是守在电话旁、或是每天几次去看门口的信报兜、或是上网打开自己的邮箱。直到有一天，一位收到书的学生给老人寄来祝贺节日的卡片（也是唯一与老人联系的一位），老人高兴极了，于当日给这位同学汇出了第一笔可观的助学资金，同时毅然放弃了对那些没有反馈消息的学生的资助。这时家人才明白，老人是在用他特有的方式诠释“不懂得感恩的人不值得资助”的道理。

俗话说：“滴水之恩，当涌泉相报”、“投之以李，报之以桃”……然而现在，我们也不得不承认这样一个事实：知道感恩的人不太多了，尤其是孩子！

我们每个人生活在社会中，都可能受到别人的帮助。家长要让孩子懂得用感恩之心去感受世间的亲情、友情和恩情，在接受他人关爱、支持和援助时，给他人以回报，不要只图索取和享受。教育孩子将他人恩惠铭记在心，增强责任感。只有从小培养孩子感悟他人对自己的好、对自己的帮助，让孩子拥有一颗懂得感恩的心，长大之后才能成为一个懂得感恩的人。

将善良的种子埋在孩子心中

一位哲学家曾问过他的许多学生：“人生在世，最需要的哪一样东西？”

答案有许多。但最后有一位学生说："一颗善心！"正是。哲学家说："在你这善心两字中，包括尽了别人所说的一切。因为有着善心的人，对于自己，则能自安自足，能去做一切适宜的事，对于他人，则是一个良好的伴侣，可亲的朋友。"

可见，心存善意是哲人所推崇的境界和纯净超然的内心情感，是从容而流畅、平实而宽厚的处世风格。只有拥有一颗善良的心，才能更好地微笑面对身边的所有人，才能让生活更美好。

善良是一种高尚的品质，是一种良好的社会风气。只有拥有善良的孩子，才能得到别人的喜欢，才能更好地与人相处，生活得开心快乐。那么善良是什么呢？善良就是对不幸的人怀有同情，对有困难的人要给予帮助。

曾经有幼教专家到一家幼儿园进行心理测试，其中有这样一道题目："一个小妹妹感冒了，她冷得直哆嗦，你愿意借给她外套吗？"结果孩子们都不回答。当老师点名提问时，第一个孩子说："病了会传染的，她穿了我的衣服，那我也该生病了，我妈妈还得花钱。"第二个孩子则说："我妈妈不让，我妈妈会打我的。"结果，半数以上的孩子都找出种种理由，表示不愿意借衣服给生病的小妹妹。

这说明现在的很多孩子都缺乏一颗善良的心，他们大多都是以自我为中心的。身边有人需要帮助，很多孩子第一时间会想到自己的利益会不会受到侵犯。这其实是和父母的教育有直接关系的。对于家长来说，道德教育的缺失是很严重的问题，没有了道德教育，任何教育的实施和开展都是无用的。为人父母者要充分认识到善良的品德对孩子的成长，对孩子一生的幸福是至关重要的。

俗话说得好，"冰冻三尺，非一日之寒"，善良的情感及修养是人道精神的核心，它必须在童年时细心培养，否则难有效果。因此，父母对周围人应表现出真挚的感情，并帮助身边正遭受痛苦和不幸的人。如果父母都能以自己的善良感染和陶冶孩子，在孩子的心中撒播善良的种子，那么孩子就能成长为一个健康、善良和正直的孩子。

曾有一位妈妈，平常的工作很忙，可是为了不让孩子养成吃独食、自私自利、不为他人着想的缺点，她带着女儿一起到孤儿院认领了一个小妹妹。那个小妹妹还是一个眼睛看不见的孩子。这位妈妈不怕麻烦，和自己的女儿一起精心地照顾着那个小妹妹。一转眼，八年过去了。在这八年里，这位妈妈付出了常人难以想象的心血，克服了常人难以想象的困难，收获到的是女儿优秀的品格。她的女儿长大后，不仅心地十分的善良，而且十分善解人意，与同学同事相处很受大家的欢迎。因为她总是以一颗善意的心对待别人。

可见，对孩子从小进行善良教育，可以更好地培养孩子的优良品质，有利于孩子的健康成长和成材。

人以善为本。一个人最重要的是要有一颗善心，以善良之心对待人生，这应该是一个人一生追求的道德规范。所以，家长要把善良的种子撒在孩子们的心中，让孩子成为一个有善心的人。

善良教育从爱护小动物开始

对孩子进行善良教育，可以从指导孩子爱护身边的小鸡、小鸭、小猫、小狗、花草鱼虫开始，让孩子懂得珍惜生命，让孩子在亲自照料小动物的过程中，学会体贴入微地亲近生命。这种“实物教学”往往会收到潜移默化的教育效果。

小明的妈妈是一个非常善良的人，她也会用自己的切身行动教育孩子要善良。有一次，一只受伤的麻雀落到小明家的院子里，身上湿淋淋的、弱弱的，奄奄一息，一副楚楚可怜的样子。妈妈小心地把麻雀用手捧起来，擦干它身上的水，把它放到干燥的阳台上，给它端了一小碗水，撒上一些米粒，让它在温暖的屋里有吃有喝，不挨冻受饿。后来，麻雀有精神了，妈妈就把它放飞了。小明目睹了这一切，他的小小心灵也受到了感染，对善良的理解潜移默化地渗透到他的心里。

加强善良教育应从家庭做起

家庭是孩子的第一所学校，父母是孩子的启蒙老师，在家庭教育中应该将善良教育放在首要位置。有的父母只关心孩子的文化成绩，忽视了孩子的善良教育，只重才不重德，望子成龙培养出来的却是学业优秀但极度自私、让父母蒙羞的孩子。因此，要加强对孩子进行善良教育，家长切不可倒行逆施，否则，等善花结出恶果则悔之晚矣。

教孩子懂得“满招损，谦受益”

谦虚是一种美德，这也是为人处世的一种方式。教育孩子学会谦虚，对孩子的成长很关键。俗话说：谦虚使人进步，骄傲使人落后。这是千年不变的恒言。看看古今中外那些先哲伟人，即使取得了令人瞩目的成绩，也绝少有人因为自己具有足够资本而狂一狂的，相反，他们却是非常自知而又非常谦虚的。

爱因斯坦是20世纪世界上最伟大的科学家之一，他的相对论以及他在物理学界其他方面的研究成果，留给我们的是一笔取之不尽、用之不竭的财富。然而，就是他这样一个人，还是在有生之年中不断地学习、研究，活到老，学到老。

有人去问爱因斯坦，说：“您老可谓是物理学界空前绝后的人物了，何必还要孜孜不倦地学习呢？何不舒舒服服地休息呢？”爱因斯坦并没有立即回答他这个问题，而是找来一支笔、一张纸，在纸上画上一个大圆和一个小圆，对那位年轻人说：“在目前情况下，在物理学这个领域里可能是我比你懂的略多一些。正如你所知的是这个小圆，我所知的是这个大圆，然而整个物理学知识是无边无际的。对于小圆，它的周长小，即与未知领域的接触面小，他感受到自己未知的少；而大圆与外界接触的这一周长，所以更感到自己未知的东西多，会更加努力地去探索。”

1929年3月14日是爱因斯坦50岁生日。全世界的报纸都发表了关于爱因斯坦的文章。在柏林的爱因斯坦住所中，装满了好几篮子从全世界寄来的祝寿的信件。

然而，此时的爱因斯坦却不在自己的住所里，他在几天前就到郊外的一个花匠的农舍里躲了起来。

爱因斯坦9岁的儿子问他："爸爸，您为什么那样有名呢？"

爱因斯坦听了哈哈大笑，他对儿子说："你看，瞎甲虫在球面上爬行的时候，它并不知道它走的路是弯曲的。我呢，正相反，有幸觉察到了这一点。"

爱因斯坦就是这样一个谦虚的人，名声越大，他就越谦虚。

法国资产阶级启蒙思想家孟德斯鸠说过："谦虚是不可缺少的品德。"谦虚的品格，能使一个人面对成功、荣誉时不骄傲，把它视为一种激励自己继续前进的力量，而不会陷在荣誉和成功的喜悦中不能自拔，把荣誉当成包袱背起来，沾沾自喜于一得之功，不再进取。

但在现在的社会家庭环境中，一些独生子女往往不能正确对待荣誉与成绩，他们会因为骄傲自大看不起别人，偶有一点进步就沾沾自喜，而把别人看得一无是处；他们听不进别人的善意批评，总是处于盲目的优越感之中，逐渐放松对自己的要求，导致成绩下降，表现也就不再那么优秀了。对这样的孩子，家长应该及时予以纠正，让他们正确认识问题。

给孩子做出谦虚的表率

父母教育孩子学会谦虚做人，首先就要给孩子做一个谦虚的表率。父母如果骄傲自满，妄自尊大，孩子自然不知谦虚为何物。因此，父母要给孩子做出榜样，孩子看得多了，听得多了，自然就学会了谦虚做人的态度与行为。

一天，居里夫人的一个朋友到她家做客，忽然看见她的小女儿正在玩英国皇家协会刚刚奖给她的一枚金质奖章，不禁大吃一惊，忙问："居里夫人，现在能得到一枚英国皇家协会的奖章是极高的荣誉，你怎么能给孩子玩呢？"居里夫人笑着说："我是想让孩子们从小就知道，荣誉就像玩具，只能玩玩而已，绝不能永远留着它，否则就将一事无成。"

指导孩子谦虚做人

每个人取得良好的成绩之后，都会喜出望外，因此往往在不觉中就显现了骄傲的情绪，孩子更是如此。因此，父母要关注孩子的心理变化，及时指导孩子谦虚做人。

当孩子产生了虚荣和骄傲自大的盲目心理时，父母要找准时机，耐心引导孩子，让孩子知道骄傲自满只能带来失败。

小芳期末考试取得了双百分，她见了谁都炫耀自己的成绩。一开始亲戚朋友还夸奖小芳几句，小朋友对小芳也十分羡慕，后来听小芳说多了，个个都皱起了眉头，说小芳不知道谦虚做人。小芳因此很伤心，妈妈告诉小芳说："做人要谦虚，不能取得一点小成绩就到处炫耀。"同时还告诉她"天外有天，人外有人"的道理。小芳听了妈妈的教诲，慢慢改掉了喜爱炫耀的毛病。

让孩子学会正确对待别人的批评建议

有的孩子只希望得到别人的赞扬，一听到别人的批评就不高兴，甚至骂人。比如说他懒惰、指出他作业中的错误，他就会翻脸不认人。这是不谦虚的表现。谦虚的人敢于承认错误，勇于接受批评。父母要教育孩子懂得谁都会有缺点、都可能犯错误，伟大人物也是这样，要引导孩子努力改正错误。

小军已是学前班的学生了，是个爱学习的男孩，由于学习成绩在班里一直名列前茅，因此非常自负。在家里，小军认为自己已经是个大人了，对于父母说的话越来越不放在心上。在班里，小军也非常清高，不太愿意与成绩不好的同学一起玩，觉得跟他们在一起没什么意思。

有一次，小军愤愤不平地向妈妈告状，说老师批评他了。妈妈对小军说："老师批评你，并不是他看不起你，而是他希望你进步。"在妈妈的引导下，小军慢慢改正了骄傲的毛病。

孩子的胸怀有多大，舞台就有多大

宽容是做人的一种豁达境界。宽容能使人性情温和，消除许多无谓的矛盾，化干戈为玉帛。美国著名的文学家爱默生说过："宽容不仅是一种雅量、文明、胸怀，更是一种人生的境界，宽容了别人就等于宽容了自己，宽容的同时，也创造了生命的美丽。"

宽容是一种品德，也是一种智慧，如果父母教会孩子学会宽容，那么孩子就掌握了一种跟任何人交往的智慧。但遗憾的是，现在的孩子大多是独生子女，以自我为中心，做事很少顾及别人的感受，而且对别人给自己带来的一点伤害总是耿耿于怀，不懂得宽容。

小强是个很听话的孩子，但就是爱告状，一点小事就去找老师，"老师，朋朋欺负我，他刚才把我撞倒了"、"老师，巧巧把水彩墨水撒到我的书上了，我的书都没法看了"等。

一天，同学们正在玩游戏，忽然，彤彤不小心踩了小强一脚。看到刚买的白球鞋上有了一个大大的黑脚印，小强生气地跑到彤彤的身旁，狠狠地踩回她一脚。当老师质问小强为什么要这样做时，他却理直气壮地告诉老师："我妈妈说了，不能受别人的欺负，别人打我，我就要打别人。彤彤踩了我，我当然也要踩她。"

孩子不是生来就满腹仇恨的。歧视、偏见以及陈规是学来的，或是因为缺乏足够的了解而产生的。生活中，许多产生偏执的观念已经渗透进孩子们幼小的心灵，而且对他们宽容品格的发展起着反作用。孩子的父母必须重视这个问题，千万不要忽视对孩子宽容心的培养。

孩子的宽容心是一种非常珍贵的感情，它主要表现为对别人过错的原谅。这种感情对于孩子个性的健康发展，尤其是情感的健康发展，以及对于孩子良好人际关系的建立有着非常重要的意义。富有宽容心的孩子往往心地善良，性情温和，惹人喜爱，受人拥护，而缺乏宽容心的人往往性情怪诞，易走极端，不易为人亲近，因而人际关系往往不好。因此，教孩子学会宽容尤为重要，这不仅仅是为孩子今天能和伙伴处理好关系，更是为孩子将来的人生奠定基础。

有一位母亲，带着她的孩子到度假村去玩，那天去游玩的孩子较多，工作人员一时疏忽，将她的孩子留在了网球场。等工作人员找到孩子后，小孩因为一人在空旷的网球场待着受到惊吓，哭得非常伤心。一位满脸歉意的工作人员，在安慰这个四五岁的小孩。不久，孩子的妈妈来了，看见了自己哭得惨兮兮的孩子，这位妈妈蹲下来安慰自己的女儿，并且很理性地告诉她："已经没事了，那个姐姐因为找不到你而非常紧张，并且十分难过，她不是故意的。现在，你应该亲亲那个姐姐的脸，安慰她一下。"她的孩子踮起脚尖，轻松地亲吻蹲在她身旁的工作人员的脸，并柔声告诉她："不要害怕，已经没事了。"

宽广的胸怀不是天生的，是靠后天的培养和教育形成的。生活中，父母要注意培养孩子拥有一个宽广的胸怀，从日常生活、学习中加以注意，抓住每一件可资教育的事情，不断对孩子进行宽容待人的引导和教育，逐渐使宽容的理念融入他们的品格之中。

为孩子做出宽容的表率

宽容的种子往往需要父母用心去撒播，只有宽容的父母才能培育出宽容的孩子。孩子最初是从父母那里学习待人接物的方式的，所以，只有父母宽容、大度、遇事不斤斤计较，与邻里、同事之间融洽相处，孩子才会学着父母的样子处理同学之间的关系，从而变得宽容、好善、乐与人处。

一位年轻的妈妈带着儿子去拜访他的同学。在公共汽车上，一位背着大包的青年挤进了车厢，妈妈被大包撞到了一边。

儿子关切地问："妈妈，你没事吧？"同时，他恼怒地看了那青年一眼，喊了一句："太可恨了。"

年轻的妈妈看着儿子，说道："可不能这么说，这位叔叔不是故意的。"这时，那位青年也连连向她道歉。儿子听到这些，惭愧地低下了头。

几天以后，妈妈早早地下了班，她骑着车子来到学校，准备接儿子回家，结果发现儿子的手破了皮，血一滴一滴地往下流。妈妈心疼极了，赶快找来一些纱布，将他的伤口包好。然后就去问老师是怎么回事，老师也很纳闷，因为她既没有看到他来报告，也没有听到他哭过。

妈妈不解地问："为什么没有告诉老师呢？"儿子笑着说道："妈妈，小朋友不是有意弄伤我的呀！因为这事，他已经深感不安了，如果再去告诉老师，他会更加自责的。"

妈妈听了非常高兴，他摸着儿子的头说："好孩子，你已经学会了谅解别人。"

故事中的妈妈用自己的实际行动，为孩子树立了正确的榜样，在孩子幼小的心田里播下了一颗宽容的种子，让孩子懂得了一个人怎样去宽容和关心他人。

让孩子学会理解他人

阳阳将一本新买的《海贼王》漫画书带到了学校，他一下课就拿出漫画书高兴地翻阅起来。不巧，同桌起身时不小心把墨水瓶碰翻，墨水洒到了漫画书上，把一本精美的《海贼王》漫画书弄得脏兮兮的，无法继续看下去了。阳阳很生气，不但让同桌赔她新的《海贼王》，还把这件事告诉了班主任老师。结果，阳阳的同桌被老师批评了一顿。

放学回家，当阳阳跟妈妈诉说这件事情的时候，妈妈严肃地对她说："谁都有不小心犯错误的时候，如果你犯了同样的错误，你的同桌大喊大叫，让你赔，还告诉老师批评你，你舒服吗？"

阳阳说："我会很难受的呗。"接着，妈妈又告诉阳阳，要和气、友好地待人，不能斤斤计较，尤其是对待同学，更要大度、宽容，像今天这样的情况，应该说没关系。这样，才能成为受同学欢迎的人，成为快乐的人。这件事给阳阳留下了深刻的印象，在妈妈的启发下，阳阳渐渐理解了宽容的含义，学着去宽容待人了。

父母要让孩子学会以一颗平常心来对待别人，真正理解别人。因为每个人都有这样或那样的缺点，也会犯这样或那样的错误，而只有学会理解别人，才能容忍别人的缺点和错误。

敢担当，培养孩子的责任心

有一个人到瑞士访问的时候，在一个洗手间，听到隔壁小间里一直有一种奇特的响声。由于响声时间过长，在好奇心的驱使下，他通过小门的缝隙向里探望。这一看使他惊叹不已：小间里一个只有七八岁的小男孩正在修理马桶的冲刷装置。他一问才知道，这个小男孩上完厕所以后，因为冲刷装置出了问题，没能把脏东西冲下去，因此他就一个人蹲在那里，千方百计地想修复那个冲刷装置，而他的父母当时并不在他的身边。

这件事令这个人非常感慨。多么了不起的孩子啊！虽然他仅是一个七八岁的孩子，但竟然有如此强烈的责任心。

责任心是一种道德素质和能力要素，它影响孩子的学习和智力的开发，同时，它也是一个人以后能够立足于社会，获得事业成功、家庭幸福的至关重要的人格品质。

现在许多父母注重孩子的智力开发、才艺培养，却往往忽视了对其责任感的关注，这对孩子的成长成才十分不利。

责任心是孩子健全人格的基础，是能力发展的催化剂。在大力提倡素质教育的今天，家长应用自己的爱心、耐心和智慧去培养孩子的责任心。

一位11岁的美国男孩，在踢足球时不小心打碎了邻居家的玻璃，邻居家索赔12.5美元。闯了大祸的男孩向父亲认错后，父亲让他对自己的过失负责，他为难地说："我没钱赔人家。"父亲从口袋里拿出12.5美元递给他说："这些钱先借你，一年后还我。"从此，这个男孩每逢周末、假日便外出辛勤打工，经过半年的努力，他终于挣足了12.5美元并还给了父亲。

这个男孩就是后来成为美国总统的里根，他在回忆这件事时说："通过自己的劳动来承担过失，使我懂得了什么叫责任心。"

责任心是促使孩子向上奋进的内部动力，是孩子赢得成功的催化剂，培养孩子的责任心是孩子成长的必修课。

美国品德教育联合会主席麦克唐纳曾说："能力不足，责任可补；责任不够，能力无法补；能力有限，责任无限。"对孩子进行责任意识和责任感的教育就是让孩子学会对自己负责，对他人负责，从而对社会负责。

一位外国妈妈带着8岁的女儿到一户中国人家做客。女主人对外国友人的到来非常重视，特别学习了西餐的做法。她对外国母女说："今天我做西餐给你们吃，你们尝尝中国人做的西餐味道好不好。"

8岁的女孩听女主人说要给她们做西餐，心想：中国人做西餐肯定不好吃。于是，当女主人问她吃不吃的时候，小女孩坚定地回答："我不吃。"

等女主人把西餐端上来的时候，小女孩一眼就看到了漂亮的冰淇淋。这么好看的冰淇淋味道肯定很好！小女孩有点迫不及待地对妈妈说："妈妈，我要吃冰淇淋。"

女主人很高兴小女孩能够喜欢自己做的冰淇淋，就高兴地把冰淇淋端到小女孩面前，说："来，吃吧！"

谁知，女孩的妈妈严肃地对女主人说："不行，我女儿说过她不吃西餐，她得为自己所说过的话负责，今天她不能吃冰淇淋！"

女儿着急地哭起来："妈妈，我就想吃冰淇淋！"但是，女孩的妈妈根本不为所动，只是对女儿淡淡地说："你得为自己负责。"

女主人看着这个场面，觉得女孩的妈妈也太认真了，就说："给她吃吧，孩子总是这样的。"

女孩的妈妈正色对女主人说："亲爱的，我们要培养孩子的责任心。"结果，无论女孩怎么哭闹，妈妈就是不同意让她吃冰淇淋。

孩子处于成长之中，对一些事情往往没有责任感，因为许多时候他们不知道责任是什么，所以为了培养孩子的责任心，家长可以适当地让孩子品尝一下办事情不负责任的后果，教孩子如何去面对并接受这次失败的教训，从中获得成长。

培养孩子的责任心不是一朝一夕的事，而是一个漫长而反复的过程。父母必须高度重视，从小做起，从小事做起，让孩子在有责任感的氛围下快乐成长，在潜移默化中得到责任心的培养，养成良好的责任意识，从而培养孩子健康的人格。

激励孩子的责任心

当孩子帮家里做了某件事情以后，家长一定要及时给予夸奖和鼓励。简单的一句鼓励可能就在孩子心中种下责任的种子。

有位 10 岁的小女孩，负责倒垃圾已经 5 年了。在她 5 岁时，突然对倒垃圾产生了兴趣，一听到收垃圾的铃声，就提着垃圾桶去倒。她的父母为了维持她参加家务劳动的兴趣，培养她的责任感，对她倒垃圾的事予以表扬，称赞她能干、勤快，还经常当着女孩的面在外人面前称赞她。这样，激发了孩子主动倒垃圾的自豪感，慢慢地形成了习惯，把这项劳动看成一种责任。

父母要为孩子树立良好的榜样

责任心的培养，是在不知不觉的潜移默化中形成的，父母是孩子的第一任教师，父母的责任心水平可以折射出孩子的责任心。一个对家庭、社会毫无责任感的父母，不可能培养出有责任心的孩子。所以说，父母只有在生活中严于律己，给孩子做好表率，才能更好地去影响和教育孩子。

有一天晚饭后，父亲带着儿子去公园散步，忽然发现前面的地上有一个被丢弃的饮料瓶，强烈的责任心使父亲不由自主地捡起来，然后扔进了附近的一个垃圾箱里。儿子问父亲为什么要这样做，父亲说，良好的环境需要大家共同来维护，我们每个人都有责任这么做。听了父亲的话，儿子略有所悟。以后，每当在公共场所见到别人丢弃的废纸或饮料瓶，他都会主动捡起来，扔进垃圾箱内。

让孩子对自己的行为负责

自己的行为就要自己负责。这个观念的树立，对成长中的孩子有重要影响。

在美国，有一个小学生因破坏性行为受到停乘校车一周的处罚，孩子只好每天步行上学。有人问他的母亲为什么不用家里的汽车送他去上学，孩子的母亲坚决地说："不，他应该对自己的行为负责！"

"没有惩罚的教育是不完整的教育，没有惩罚的教育是虚弱的教育、不负责任的教育"。当孩子犯了错误时给以适度的惩罚，让其以自己的行动弥补过失，就会达到"自食其果"的教育目的，使其记住教训，懂得对自己的过失负责，以养成可贵的责任心。

培养孩子的博爱之心

爱是人类世界最珍贵的感情。爱心是人类最美好的品质，它是人性的基础。一个没有爱心的人，就是一个冷漠的人，一个与社会脱节的人。

曾经有人做过这么一项调查：今天的孩子缺什么？调查结果中一致认同的一项就是缺少爱心。很多孩子从一出生开始，就由好几个大人围着他们一个人转。家里所有好吃的、好用的、好玩的，都是他们优先；生活被照顾得尽善尽美；需要的一切都被大人完全包办代替了。长此下去他们就失去了爱心，形成了一种习惯——"人人都要为我"、"唯我独尊"，而且视之为理所当然的事情，最终几乎成了他们的天性。

作为父母，看到这样的结论，不得不感到痛心。痛心之余，我们也应该做一些反思。古人说："人之初，性本善"，其实并不是孩子生来就缺少爱心，而是由于父母对孩子的溺爱、不注意教育方式等，把孩子的爱心在不经意间给剥夺了。所以，我们一定要对孩子进行"爱"的熏陶和教育，培养其懂得"爱"的高尚情操，培养孩子的博爱之心。

鑫鑫是一个很有爱心的小朋友，爸爸经常鼓励她去帮助他人。有一次，鑫鑫跟爸爸一起上街去买东西。在过马路的时候，鑫鑫看见一位行动不便的老奶奶，她看了看爸爸，爸爸正用鼓励的眼光望着鑫鑫。于是，鑫鑫主动走上前去，扶着老奶奶走过了马路。走到马路对面后，老奶奶十分感谢鑫鑫，夸她是个有爱心的好孩子。这时，走在后面的爸爸对鑫鑫说："鑫鑫，你注意了没有？旁边的叔叔都微笑地看着你，后边的阿姨向你投来赞许的目光呢！"果然，鑫鑫朝旁边一看，好多叔叔阿姨都微笑地看着她。鑫鑫高兴地回答道："老奶奶过马路时会很困难，我们每个人都应该帮助老奶奶过马路，是吧，爸爸？"

爸爸赞许地点点头。

"爱"是人类社会一个不可缺少而又举足轻重的因素。对于孩子，父母不但要为他们创设一个被爱的环境，更重要的是要让他们学会如何去爱别人。只有在"爱"与"被爱"的双重环境下，孩子才可能健康地成长起来。因此，父母在给予孩子爱的同时，也要不失时机地对他们进行"爱心教育"，努力让孩子的个性品质得到全面的发展，从而使孩子拥有一个更加光明、辉煌的未来！

以身示教，胜于言传

父母是孩子的镜子，孩子是父母的影子。只有富有爱心的父母，才能培养出富有爱心的孩子。对孩子进行爱心教育时，父母要以身作则，通过自己的言行来对孩子起示范作用，在家庭中营造爱的氛围，感染孩子的心灵。

芳芳生活在一个平凡的家庭里，父母都是普通的劳动者，家庭条件虽算不得很糟，不过因为芳芳的奶奶长年卧病在床，所以生活过得有些平凡和简单。

每天，芳芳的妈妈下班回家后，就先要照顾老人，然后做饭，等芳芳的爸爸回家了，三个人便开始匆匆吃晚饭。饭后爸爸和妈妈又忙着给老人擦身，换洗衣服。耳睹目染，芳芳也尽可能帮父母做一些力所能及的事情。

芳芳一直记得妈妈说的话："一个家里可以没有钱，但一定不能缺少爱。"

母亲节快到了，芳芳很想送妈妈一份礼物，可是她平时没有什么零用钱，没法买份像样的礼物，于是她自己动手制作了一张卡片，打算给妈妈一份惊喜。

母亲节那天，一放学，芳芳就早早回家，把房间打扫得干干净净，喂奶奶吃药，将脏衣服放进洗衣机。

妈妈回到家后，芳芳把卡片交给了妈妈，看到女儿如此懂事，妈妈很是感动。晚饭是芳芳和爸爸妈妈一起准备的，一家四口人开开心心地坐在一起吃饭。饭后，芳芳倒了一盆热水，动手帮妈妈洗脚。

"妈妈，今天是母亲节，我没有办法送多么好的礼物给您，但是我希望能为您洗一次脚。"

看着如此懂事体贴的女儿，不论是芳芳的父母，还是奶奶，都非常欣慰。

通过关爱动植物来培养孩子的爱心

孩子与大自然的花草、植物、动物和谐相处，也是培养孩子爱心不可缺少的内容，是锻炼孩子爱心迁移能力的捷径。在家庭条件允许的情况下，父母可以在家中养一些小动物，让孩子饲养，或者是养一些植物，让孩子来浇灌，在这个过程中，通过培养孩子对生命的尊重，从而间接地培养孩子的爱心。

一天，妈妈带女儿小丽去逛花卉市场。小丽觉得那些花草实在是太美了，便恳求妈妈给她买一盆鲜花。妈妈同意了她的请求，买了一盆小花。妈妈希望小丽看到小花生长的整个过程，并且能够自己照顾它。并和小丽约定，由她负责照顾鲜花，给它浇水和施肥。

最初几天，小丽非常兴奋，每天耐心地给小花浇水，还根据日照的情况，不断给花盆挪动位置，并拿出本子，歪歪扭扭地在上面画出花卉生长的情况。可是，没过多久，妈妈发现，小丽给花浇水的次数越来越少了，甚至好多天都不给小花浇水，也不做记录，似乎她已把养花的事给忘了。结果，小花慢慢枯萎了，叶子也开始泛黄，生长的速度减慢了，再过几天，那盆花就要死了。

这一天吃过晚饭，妈妈把小丽叫到阳台，说："你给花浇水了吗？"小丽低着头说："没有。""为什么没有？""我忘了。""我们在买这盆花的时候，你是怎么说的？由谁负责给这盆花浇水？"小丽沉默不语。"你看，这盆花多么的伤心，它失去了美丽的叶子而变得枯黄，而这都是因为你的疏忽。"以后的日子里，小丽每天坚持给花浇水，小花不久又恢复了以往漂亮的颜色。

表扬孩子的爱心之举

有一次，幼儿园举办了一个亲子活动，要求家长和孩子共同参加。活动结束后，小朋友们拿着盘子排起队，去拿好吃的蛋糕。其中有一个男孩子拿了两个盘子在排队，他的妈妈就问："你想吃两份吗？"

小男孩回答说："我想给莉莉带一份。"妈妈回过头，看见幼儿园新来的小朋友莉莉正孤单地坐在角落里，显得郁郁寡欢。

"是她让你带一份吗？"

"不，莉莉的爸爸妈妈都没有来，她好像不太开心，我想帮帮她。"

妈妈对小男孩的表现感到惊喜，她不失时机地表扬了儿子。

当孩子做出爱心之举后，如果得到了肯定和表扬，那么他还会继续这么做。因此，当孩子帮了别人一些小忙，或者替别人着想时，父母要及时表扬他的这一举动，鼓励他以后多做一些助人为乐的事情。

教育孩子做一个诚实的人

诚实是指个体在社会生活中，对社会、对他人、对周围事物实事求是的态度和行动，它是人类优秀品质的一个重要部分。在人际交往中，人们都不愿意与不诚实、爱说谎的人打交道，因为这种人无法给人一种信任感和安全感。

诚实是我们中华民族的传统美德，是我们做人的第一要素。自古以来，中国就重视孩子的诚实教育。"狼来了"的故事，大家耳熟能详，它告诫我们：一个不诚实爱骗人的孩子，最后会失去他人的援救。不难想象，一个爱说谎愚弄他人的孩子很容易让他人产生厌烦和不信任，甚至是鄙视。这样的孩子必然会跟社会环境格格不入，必然遭到集体和社会的否定。所以，父母教育孩子做一个诚实的人，具有诚实的品质往往能使孩子结交更多的朋友，得到更多的帮助，受到更多的关怀，这对孩子的身心健康发展无疑有着重要作用。

一位国王要选择继承人，于是发给每个孩子一粒花种，约好谁能种出最美丽的花就将谁选为未来的国王。当评选时间到来时，绝大多数孩子都端着美丽的鲜花前来参选，只有一个孩子端着空无一物的花盆前来。最后，这个孩子却被选中了。因为孩子们得到的花种都已经被蒸过，根本不会发芽。这次测试，不是为了发现最好的花匠，而是选出最诚实的孩子。

谎言就像那些争奇斗艳的花朵，它虽然能带给人们暂时的美感，但它终究是要枯萎的；而诚实就像那深埋在泥土里的果实，会在那里生根发芽，最终喜获丰收。

诚实的孩子是受人欢迎、尊重和信任的。在家庭教育中对孩子诚实品质的培养，能使孩子抵御不良品质的侵袭。当孩子一旦形成诚实的品质后，他们就不会在父母、老师、同学面前或弄虚作假，或当面一套背后一套，或挑拨是非等等。因此，培养诚实的品质是使孩子形成优良品质，克服不良品质的重要途径。

在1760年，北美洲是英国的殖民地。有一个七岁的孩子，长大想当一名军人，打算自己做一把木枪。他拿着一把锋利的斧子，在庄园里转来转去。忽然，他发现一块空地边上，有棵青翠挺拔的小树，不高不矮，树干正好做一把木枪。于是，他就叮叮当当干起来，不大工夫，就砍倒了小树，削去枝蔓，准备明天接着做。傍晚，他听见爸爸在院子里发脾气："是谁把我最心爱的这棵樱桃树给砍啦？"他从楼上看见爸爸周围有许多人，他们都说不知道是谁干的。原来，这棵樱桃树是他出生时候，爸爸为做纪念特意为他栽的，还告诉过他。他只顾着做木枪，却把这件事给忘了。现在闯了祸，该怎么办？

他想起春天同爸爸的一次谈话。爸爸说："只有诚实，才能互相信任，才能团结一致战胜敌人，成为勇敢的军人。"想到这里，他鼓足勇气跑下楼去。

爸爸的火气越来越大，手里的皮鞭嘎嘎响，他跑过去，垂下头，轻声说："爸爸，是我砍的！""你闯了祸，没想到要挨揍吗？"爸爸把皮鞭举起来，大声喝道。

他勇敢的回答："爸爸，您告诉过我，要当一名勇敢的军人，首先必须诚实，是吗？现在，我就是按您的要求做的，我做了错事，请您处罚。"

爸爸丢掉皮鞭弯下腰来，一把抱住他说："你承认了错误，爸爸原谅你。我很高兴，因为诚实比一千棵樱桃树还要珍贵。"

这个孩子的名字叫华盛顿，他长大以后，当选为美国的第一任总统。由于父亲的教导，华盛顿一生都把诚实作为做人的准则。

孩子是否有诚实的品德，直接关系到孩子将以一种什么样的态度去对待人生，也关系到他人将对其行为作出何种评价。无论何时，诚实的孩子都是优秀的，他们真诚地对待每个人、每件事，坦坦荡荡，光明磊落，他们一定会在学业与人生的发展道路上越走越稳，越走越好。为此，作为父母，应利用一切可利用的机会以各种形式对孩子进行引导、教育，鼓励孩子养成诚实的品德。

满足孩子合理的需要

有位美国学者，他到监狱里面去访问50个罪犯，研究他们是怎么犯罪的。他发现了一件很有意思的事：有一个罪犯说他是从撒谎走向犯罪的。他为什么要撒谎呢？他小时候，家里面兄弟姐妹好几个，有一次分苹果吃，其中一个苹果又大又红，孩子们都想要那个大红苹果。老大说："妈，大的红苹果给我吃。"妈妈瞪他一眼说："你不懂事，你怎么带头吃大的呢？"

这个犯罪回忆说，当时他观察发现，谁越说要，他妈妈就越不给谁，谁不吱声或说了反话，谁就最有希望得到。这时他就撒谎说："妈妈，我就要最小的苹果。”

妈妈说：“真是个好孩子，就把大苹果给你。”哎呀，好家伙，说假话可以吃到大苹果！啊，越想要就越不说，到时候，你“表现好”就可以得到。孩子为了吃大苹果，所以就说假话，这就是妈妈的失误。

孩子总会有一些愿望和要求，一些合理的要求如果得不到父母的满足，就很容易迫使他们用说谎的方式来达到目的。

父母应该认真分析孩子的需要，尽量满足其合理的部分。而满足孩子的时候应该用孩子的眼光来看待事物。要分析孩子的需要，认真倾听孩子的心里话，而不要以成人的想法推测孩子的心理。当孩子向父母讲述了他的需要后，父母应该跟孩子一起分析，让孩子明白哪些是合理的正确的，然后及时满足孩子合理的需要；对于不合理的需要，则要对孩子讲明道理。千万不要觉得孩子还小，或者觉得事情无关紧要就放纵他们。长此以往，孩子就会不断地强化不良行为，形成不良的品格，最终影响到他的人生。

给孩子做诚实的榜样

有一位家长，自己参加职称考试，回到家和家里人大谈特谈自己考试时是如何如何抄袭的。过了不久，他就被孩子的老师请到了学校，原因是孩子在考试时作弊。当问及孩子时，孩子说你考试能抄，我考试时为什么不能抄呢？家长无言以对。

由此可见，父母的示范作用有多大。生活中，家长应该做孩子诚实的榜样，做到待人诚恳，不说假话，用自己的言行来引导孩子逐渐形成诚实的品质。

表扬诚实的孩子

当孩子如实告诉家长自己犯的错误后，家长应首先表扬孩子承认错误的勇气，然后再对孩子做的错事进行批评，并要相应地减轻对孩子的批评或处罚，使孩子的诚实行为得到及时的肯定、强化。家长应该记住，培养一个好的行为习惯，奖励比惩罚更重要。

有一次，上二年级的女儿考试没有考好，她很诚实地向妈妈承认，因为昨天没有好好复习。“你很诚实，妈妈很高兴，不过更重要的是，你以后不可以再犯，好不好？妈妈晚上和你一起复习。”“不用了啦！反正考过后就不会再考了。”“怎么可以呢？我们学习不是为了应付考试，考试只是让我们知道自己有什么地方不懂而已，所以还是要好好复习才对。”女儿不但没有因考不好被骂，还因诚实受到赞美，而且，她还学到“学习不是为了应付考试”的观念。

引导孩子信守承诺

诚信是一个人立足于社会和事业发展的基石。罗赛尔·赛奇说：“坚守信用是成功的最大关键。”一个人要想赢得他人的信任，一定要守信用。父母要使孩子在未来社会的竞争中立于不败之地，就必须让他们具备诚信的品质。

18世纪英国的一位有钱的绅士，一天深夜他走在回家的路上，被一个蓬头垢面衣衫褴褛的小男孩儿拦住了。“先生，请您买一包火柴吧。”小男孩儿说道。“我不买。”绅士回答说。说着绅士躲开男孩儿继续走，“先生，请您买一包吧，我今天还什么东西也没有吃呢。”小男孩儿追上来说。绅士看到躲不开男孩儿，便说：“可是我没有零钱呀。”“先生，你先拿上火柴，我去给你换零钱。”说完男孩儿拿着绅士给的一个英镑快步跑走了，绅士等了很久，男孩儿仍然没有回来，绅士无奈地回家了。

第二天，绅士正在自己的办公室工作，仆人说来了一个男孩儿要求面见绅士。于是男孩儿被叫了进来，这个男孩儿比卖火柴的男孩儿矮了一些，穿的更破烂。“先生，对不起了，我的哥哥让我给您把零钱送来了。”“你的哥哥呢？”绅士问道。“我的哥哥在换完零钱回来找你的路上被马车撞成重伤了，在家躺着呢。”绅士深深地被小男孩儿的诚信所感动。“走！我们去看你的哥哥！”去了男孩儿的家一看，家里只有两个男孩的继母在照顾受到重伤的男孩儿。一见绅士，男孩连忙说：“对不起，我没有给您按时把零钱送回去，失信了！”绅士却被男孩的诚信深深打动了。当他了解到两个男孩儿的亲生父母都双亡时，毅然决定把他们生活所需要的一切都承担起来。

看来，只有诚信的人才值得信赖。诚信这种品质比其他任何品质更能赢得尊重和尊敬，更能取信于人。诚信是立身之本，是一个人最宝贵的财产，它能让孩子保持正直，挺直脊梁，光明磊落地做人，还能给孩子以力量和耐力。

宋庆龄从小就是个诚实的孩子。有一次，爸爸妈妈要带全家去朋友家做客，其他孩子都穿戴整齐准备出发了，只有宋庆龄仍然坐在钢琴面前不停地弹琴。

母亲喊道：“孩子们，我们快走吧！”

宋庆龄不由自主地站了起来，但很快又坐下去了。父亲问道：“孩子，你怎么了？”

宋庆龄有些着急地说：“今天我不能去伯伯家了。”

“为什么不能去，孩子？”妈妈问道。

“爸爸，妈妈，我昨天答应了小珍，她今天来我们家，我要教她叠花。”宋庆龄说。

“我还以为什么重要的事呢！下次再教她吧！”父亲说。

“不行，小珍来我家会扑空的。”宋庆龄叫了起来。

“要不，你回来后到小珍家去解释一下，向小珍道个歉，明天再教她也没关系。”妈妈出了个主意。

“不行，妈妈！您不是经常教育我要信守诺言吗？我答应了别人的事情，怎么可以随意改变呢？”宋庆龄坚定地摇着头。

“哦，我明白了，我们的庆龄是一个守信用的孩子，”妈妈会心地笑了，“那就让庆龄留下吧！”

于是，爸爸妈妈带着其他孩子去做客了，回家后，却见宋庆龄一个人在家里。“庆龄，你的朋友小珍呢？”父亲问道。

“小珍没有来，可能她临时有什么事吧。”小庆龄平静地回答。

妈妈心疼地问："小珍没有来啊？那我们的庆龄不是很寂寞吗？"

宋庆龄却回答："不，妈妈，虽然小珍没有来，但是我仍然很高兴，因为我信守了诺言。"

诚信是每个人必备的素质。只有从小教育孩子信守承诺，让孩子拥有诚信的品德，才能得到他人的尊重和信任，获得真诚的朋友和友谊，将来在事业上得到更好的合作伙伴和他人的支持。

培养孩子诚信从点滴做起

培养孩子诚信的品质，它既要求家长有长期坚持的耐心，与时俱进的细心，又深深扎根渗透于日常生活的琐碎点滴中，贯穿家庭生活和亲子成长的全过程。

家长应从小就要求孩子说真话，不说假话；做错事时勇于承认自己的错误并能及时改正；不拿别人的东西，借别人的东西要还；做到言必信，行必果。

针对社会上那种坑蒙拐骗的行为，父母要态度鲜明地进行批判，要让孩子坚信，这种弄虚作假的行为是必将受到惩罚的。这样，孩子长大以后才能成为一个光明磊落的人。

与孩子共同阅读一些有关诚信的图书，讨论有关诚信的话题；鼓励孩子多与人交往，在交往中感受诚信，思考诚信。

总之，父母要从点滴做起，从小事做起，塑造孩子的诚信之心。

以身作则，信守承诺，建立互信关系

一个小男孩找到了法官，生气地对法官说，他要告发一个大坏蛋。法官问他：

"你能告诉我这个大坏蛋做什么坏事了吗？他发动了一场核战争？"

"没有。"

"他给别人注射毒品，让一百万人都染上了毒瘾？"

"没有。"

“他推翻了一个政府，然后自立为王？”

“没有。”

“他强暴？抢劫？谋杀？杀人？偷盗？”

“没有。”

“他打了他的妻子和孩子，致使他们每天都恐惧他回家？”

“没有。”

“那么他踢了大街上的流浪狗？”

“也没有。”

“那这个坏蛋犯了什么罪？”

男孩委屈地说：“他答应过孩子一件事，却又说了不算数。他毁坏了一个孩子对他的信任，而这个孩子每天崇拜地喊他‘爸爸’。”

当大人做出许诺的时候，孩子往往都非常信任。假如你答应了孩子一件事，可是你说完又不算数了，孩子就会很生气，以后大人再说什么，孩子也不会再相信。所以，父母不要随意对孩子许诺，除非你保证能做到。假如你信守承诺，孩子才会信任你。

第四章

DI SI ZHANG

不凶不吼，培养孩子的人际交往能力

良好的交往能力是建立良好人际交往关系的基础和前提。生活中，有不少孩子不善交际，不会交际，甚至害怕交际，有的到了成年，还视交际如险滩，迟迟不敢把脚步迈出去。美国心理学家卡耐基认为：一个人的成功 15% 靠专业技术，85% 靠人际关系。人际交往能力是一种驾驭生活、完善自我的能力。那么，怎样让孩子学会与人相处、与人交往，培养孩子的交际能力，这就成为父母很重要的一课。

让孩子学会倾听，这是最佳的交际艺术

倾听是一种技巧，是一种修养，甚至是一门艺术。在人际交往中，，让孩子学会倾听是一件非常重要的事。社会学家兰金指出，在人们日常的语言交往活动中，听的时间占 45%，说的时间占 30%，读的时间占 16%，写的时间占 9%。这说明，听在人们交往中居于非常重要的地位。

良好的倾听习惯是人不可缺少的素质之一，是人与人交往的必要前提，是人进行学习的重要手段。让孩子养成良好的倾听习惯，对其今后的发展相当重要。

玛丽是爱丽丝见到的最受欢迎的女士之一。她总能受到别人的邀请，参加一些聚会或共进晚餐。

一天晚上，爱丽丝碰巧到一个朋友家参加一次小型社交活动。她发现玛丽和一个帅气的男孩坐在一个角落里。出于好奇，爱丽丝远远地注意了一段时间。爱丽丝发现那位年轻男士一直在说，而玛丽好像一句话也没说。她只是有时笑一笑，点一点头，仅此而已。几小时后，她们起身，谢过男女主人，走了。

第二天，爱丽丝见到玛丽时禁不住问道：

“昨天晚上我看见你和一个帅气的男孩在一起。他好像完全被你吸引住了。你怎么抓住她的注意力的？”

“很简单。”玛丽说，“男主人把他介绍给我，我只对他说：‘你的皮肤晒得真漂亮，在冬季也这么漂亮，是怎么做的？你去哪儿呢？阿卡普尔科还是

夏威夷？'"

"夏威夷。"他说，"夏威夷永远都风景如画。"

"你能把一切都告诉我吗？"我说。

"当然。"他回答。我们就找了个安静的角落，接下去的两个小时他一直在谈夏威夷。

"今天早晨，那个男士打电话给我，说他很喜欢我陪他。他说很想再见到我，因为我是最有意思的谈伴。但说实话，我整个晚上没说几句话。"

看出玛丽受欢迎的秘诀了吗？很简单，玛丽只是让那个男士谈自己。她对每个人都这样——对他人说："请告诉我这一切。"这足以让一般人激动好几个小时。人们喜欢玛丽就因为她注意倾听他们的话。

可见，倾听，是人际交往的基础，也是赢得良好关系的金钥匙。孩子要与人融洽相处，流畅地交流，必须要先学会倾听。

学会倾听，也就学会了尊重别人，学会了真诚处事，学会了关心，也学会了理解和沟通。培养孩子的倾听能力，使孩子养成良好的倾听习惯，将有益于孩子的一生。

教孩子不要随意打断别人讲话

刘明是一个思维灵活、心直口快的孩子，在班会上及与别人谈话时，总是抢先发言。当别人说话时，他常常在中间打断，迫不及待说出自己的想法。而且，他不是举手打断，而是直接坐在自己的位置上大声发表言论。

他对自己常常打断别人的讲话这一行为并没有丝毫悔意，反而觉得自己的话能给发言的同学以启发，自己的观点都是正确的，而且一定要说出来。不管这时别的同学是否在陈述个人的观点，都要为他"让路"。

一开始，多数同学不愿意去直接批评刘明的这一做法，对他这种做法并没有过多介意。可时间一长，同学们对他就有看法了，有的甚至不愿意与他过多来往。

随意打断别人的讲话，这是对他人不尊重的表现。一个不知道尊重他人的孩子是不可能有朋友的。所以，父母要让孩子懂得语言交往的基本规则，当别人说话时，要集中注意力耐心去听，不随便插嘴，不打断别人的话，和别人对话时要懂得一问一答。

父母要树立倾听的榜样

很多时候，孩子在陈述事情时，我们首先就打断了孩子的陈述，我们自身没有做到耐心倾听这一点，并不是一个称职的倾听者，这样，孩子就会效仿我们的行为，以为插话是很正常的事情。所以，要想让孩子学会倾听，我们就要率先示范，认真倾听孩子的话。在孩子向我们陈述一件事时，不要急着打断他，不要急着批评他，听孩子说完，听孩子辩解，耐心倾听孩子的心声就是解决问题的最好办法。

微笑的孩子最可爱

微笑是世界上最美丽的表情，是世界上最动听的语言。没有什么东西能比一个微笑更能打动人的了。凡是经常面带微笑的人，往往能将别人吸引住，使人感到愉快。

在美国，曾经发生过这样一个真实的故事。

美国加州一位6岁的小女孩，在一次偶然的机会中，遇到一个陌生的路人，陌生人一下子给了她4万美元的现款。

一个女孩突然得到这么大金额的馈赠，消息一传出，整个加州都为之疯狂骚动起来。

记者纷纷找上门，访问这个小女孩："小妹妹，你在路上遇到的那位陌生人，你真不认识他么？他是你的一位远房亲戚吗？他为什么给你那么多钱？4万美元，那是一笔很大的数目啊！那位给你钱的先生，他是不是脑子有问题……”

小女孩露出甜美的微笑，回答说：“不，我不认识他，他也不是我的什么远房亲戚，我想……他脑子应该也没有问题！为什么给我这么多钱，我也不知道啊……”尽管记者用尽一切方法追问，仍然无法探个究竟。

这位小女孩努力地想了又想，约摸过了十分钟，她若有所悟地告诉父亲：“就在那一天，我刚好在外面玩，在路上碰到那个人，当时我对他笑了笑，就只是这样啊！”

父亲接着问：“那么，对方有没有说什么话呢？”

小女孩想了想，答道：“他好像说了句‘你天使般的微笑，化解了我多年的苦闷！’爸爸，什么是苦闷啊？”

原来那个路人是一个富豪，一个不是很快乐的有钱人。他脸上的表情一直是非常冷酷而严肃的，整个小镇根本没有人敢对他笑。他偶然遇到这个小女孩，对他露出了真诚的微笑，使他心中不自觉地温暖了起来，让他尘封了不知多少年的心扉打开了。

于是，富豪决定给予小女孩 4 万美元，这是他对那时候他所拥有的那种感觉定出的价格。

微笑是人类面孔上最动人的一种表情，是社会生活中美好而无声的语言，它来源于心地的善良、宽容和无私，表现的是一种坦荡和大度。一旦你学会了阳光灿烂的微笑，你就会发现，你的生活从此就会变得更加轻松，而人们也喜欢享受你那阳光灿烂的微笑。

生活是一面镜子，你对着它笑，它也对着你笑。一个微笑面对生活的孩子，总是乐观自信、积极进取的。国外教育学家多罗茜·洛·诺尔特曾说：

“如果一个孩子生活在批评之中，他就学会了谴责；如果一个孩子生活在敌意之中，他就学会了争斗；如果一个孩子生活在鼓励之中，他就学会了自信……”

由此可知，如果一个孩子生活在微笑之中，他自然也就学会了微笑。当孩子学会了微笑，也就懂得了生活的意义。

我们的生活中不能没有微笑。微笑是善良的表现，微笑是真诚的流露，微笑是沟通人们心灵的调和剂。当家长们懂得了微笑的重要性后，就要认真学习微笑，正确使用微笑，用微笑对待孩子，并且教孩子学会微笑，以此来培养孩子健康的心理和健全的人格。

学会对孩子微笑

孩子们需要微笑。他们的心地单纯，就像晶莹剔透的美玉。他们喜欢笑，也希望周围的人们给他们以微笑。在他们的世界里，微笑就是阳光和雨露，是人体中不可或缺的营养。

父母的微笑能够带给孩子力量与信心。无言的微笑传达着一份信任与理解，蕴含着一种真诚与关爱，代表了一份支持与赞许，可谓此时无声胜有声！在耳濡目染中，孩子也会带着微笑面对现实多彩的生活，无论感到愉悦还是失意，无论人生之路平坦还是坎坷，无论学业（事业）成功还是失败，相信孩子们只要心怀微笑，便能平和地直面生活。所以，作为父母，请不要吝啬你的微笑，多用微笑来面对自己的孩子。

教孩子用微笑面对生活

百货店里，有个穷苦的妇人带着一个4岁的男孩在转悠。她们走到一架快速照相机旁，孩子拉着妈妈的手说："妈妈，让我照一张相吧。"妈妈弯下腰，把孩子额前的头发拢在一边，很慈祥地说："不要照了，你的衣服太旧了。"孩子沉默了片刻，抬起头来说："可是，妈妈，我仍然会面带微笑的。"

相信每人读过这个故事的人，都会被小男孩所感动。人生在世，痛苦和挫折在所难免，我们应教会孩子用积极的态度对待生活，用微笑去面对每个人每件事，他们就会看到阳光灿烂，迎接他们的也会是一路的欢声笑语。

教孩子学会与人交往

交往是人的需要，也是社会对人的要求，通过交往，人们能够互相交流信息和感情，协调彼此之间的关系，达到共同活动的目的。卡耐基曾说过，一个成功者，专业知识所起的作用是15%，而交际能力却占85%。人际关系的和谐、交往本领的高强，是未来社会判断成功者的重要标准。

与人交往对孩子的成长有很重要的作用。社会的发展，越来越需要人们具有善于与人交往合作的能力。培养孩子良好的社交能力，不仅是孩子智力发展、健康成长的需要，更是他们日后生存和发展所必备的品质。

交往是让孩子适应社会、进入社会的一个重要途径。孩子只有在与同伴、成人的友好交往过程中，才能尽早学会在平等的基础上协调各种关系，正确地认识和评价自己，形成积极向上的情感。

小强是一名小学二年级的学生。他聪明大胆、活泼又有主见，深得父母的宠爱，在家俨然是个小霸王的模样。在与同伴交往的时候，小强也显得非常霸道、任性，常常为了一点小事就与同伴发生争吵。因此许多孩子都不愿与他交往，家长为此很苦恼。后来，老师积极引导家长转变家教行为，有意识地培养孩子学会自我控制，合理调整和伙伴之间的相互行为关系，使孩子充分体验到与同伴合作游戏的快乐。后来，小强交到了许多朋友，快乐与自信又回到了脸上。

交往是孩子融入社会的重要前提。和亲近的同学、伙伴建立友谊，有利于孩子相互学习社会知识、体验社会情绪，为以后的人际关系奠定基础。通过自由平等的同伴交往，孩子能够发展自己的社会交际能力和社会判断力。

随着社会的发展，人际交往的功能越发显得重要，父母必须重视对孩子交往能力的培养，使孩子更好地适应社会的发展。怎样让孩子学会与人相处，与人交往，培养孩子生存能力，这是父母很重要的一课。

教会孩子与人交往的技能

乔治·华盛顿大学的心理学家莱金·菲利普斯认为，许多孩子不能与他人正常交往的原因，是因为他们没有学会基本的人际交往技能，从而也不能以正常的方式和别人交往。所以，父母要教会孩子与人交往的技能。比如：友好地与同伴交谈，用别人喜欢的名称招呼他人；理解同伴的兴趣和爱好，既能服从别人的兴趣，但又不盲从；乐于帮助遇到困难的同伴；平等地与他人交往，愉快地与同伴合作等。

李华今年8岁了，刚刚上小学一年级，由于某种原因他比同龄的小朋友晚入学一年。入学后，李华没有朋友，就连他的同桌小强也不愿意理他，还经常欺负他。

李华把这些情况告诉了爸爸，爸爸问他："小强为什么不愿意理你呢？"

"他说我很笨，所以晚上一年学，还告诉其他同学不要理我。"李华告诉爸爸。

"那你就好好读书，每门功课都要比他们好，让老师也说你好，他们就不会不理你了。"爸爸说道。

李华听了爸爸的话，非常用心地学习，成绩进步很快，这让同学们都很吃惊。渐渐的，他们都不说李华笨了。

可是，小强还是经常欺负李华，有一次竟然打了他。李华很难过，告诉了爸爸。

"小强是个怎样的孩子？你能和爸爸说说吗？"爸爸问李华。

"他学习不用功，经常在学校里捣乱，上课也不好好听讲，老师让他回答问题，他什么都不会。"李华说道。

"噢，那你想过在学习中帮助小强吗？"爸爸问。

"我为什么要帮他，他总是欺负我！"李华不解地说。

"要想不让他再欺负你，最好的办法就是把他变成你的朋友，你觉得呢？"

李华想了一会儿，对爸爸说："我知道该怎么办了。"

“好，相信你们会成为好朋友的！”爸爸高兴地说。

后来，李华果然主动去帮助小强了。起初小强还有点迟疑，但看到李华是真心想帮助自己，便愉快地接受了帮助。过了一段时间，小强的学习成绩有了很大的进步，李华和小强也成为最好的朋友。

为孩子创造交往的机会

美国前总统肯尼迪的父亲约瑟夫，很注意创造条件让孩子得到多方面的交往机会，他让男孩子们全部到非教会学校读书，使他们能与各种背景的人接触，扩大视野，后来，他的4个儿子全部考进了哈佛大学，成为社会杰出人士。

孩子自己的圈子毕竟是有限的，父母要为孩子多提供交往的机会，以增长孩子的见识，增强孩子的社交能力，为孩子将来步入五彩缤纷的社会奠定必要的基础。生活中，父母可以多带孩子参加一些社会活动，或请邻居的孩子到家中玩，让自己的孩子与别的孩子住在一起，请好友的孩子在自己家住几天等。给孩子创造一些与人交往共处的机会，时间长了，孩子就能增强与人交往的能力。

让孩子学会自己解决冲突

放学回家后，爸爸发现儿子不太高兴，于是问他：“怎么了，在学校里遇到什么不开心的事情了吗？”

“没有什么。”儿子回答说。

“那我怎么发现你不开心呢？是不是有人欺负你了？”爸爸接着问。

“我说过没什么了，爸爸你别管了。”儿子一边说，一边朝爸爸挥了挥手。

这时，爸爸发现儿子的胳膊上有条伤痕，不禁吃了一惊，急忙抓住他的胳膊，问道：“到底是怎么回事，快告诉爸爸。”

儿子一看瞒不过爸爸，就一五一十地告诉了他。原来班上有个同学特别霸道，经常欺负他，有几次还动手打了他。听到这种情况，爸爸十分恼怒，对儿子说："别人老欺负你，你应该还手。"

妈妈听到了爸爸的话，不解地说："还手干什么，打架吗？哪有你这样教育孩子的？打架根本解决不了问题的。"

爸爸说："那你说怎么办？难道就这么老让人欺负？"

妈妈说："我也不知道怎么办，总之不能鼓励孩子动手打架，再说，要是孩子打不过别人，怎么办？"

听着爸爸妈妈的争执，儿子默默地回到了自己房间。

打架、吵架是孩子交往中不可避免的问题，家长不能以自身的好恶、道德观来判断孩子间的是非对错，切忌以"不吃亏"教育孩子，用武力解决问题。

人际交往中遇到矛盾是不可避免的，而善于解决交往矛盾，是高水平的合作与交往能力的标志。所以，当孩子遇到交往矛盾与问题时，应该让孩子迎着问题，自己去主动交涉。然而，有些父母一见孩子之间产生了矛盾，便立即介入去平息"风波"，替孩子处理矛盾，这样很难培养孩子的交往能力。其实，孩子交往中时常会出现矛盾，家长不必急于介入，有了矛盾，孩子们往往能自己解决的。父母要鼓励和启发孩子们动脑筋解决矛盾，这对锻炼孩子明辨是非、解决问题的能力大有好处。

培养孩子的幽默感

幽默感在人际交往中起着举足轻重的作用。它是人与人之间的润滑剂，透过幽默的表达，可以舒缓紧张情绪，更能营造出快乐的气氛。一个幽默风趣的人，往往比不具幽默感的人更受到大家的喜欢。

著名幽默家克瑞格·威尔森曾经说过："在我的成长过程中，幽默是生活中的七彩阳光，没有它，就没有我五彩缤纷的童年，也没有我充满欢声笑语、幸福无限的家庭。"事实确实如此，幽默感是一个人最具智慧的体现。和有幽默感的人相处，你会感到非常轻松而且愉快。

然而，许多父母对孩子的幽默感并没有给予重视。他们认为，幽默是成年人的事，孩子有无幽默感是无所谓的，其实不然。现代医学研究表明：孩子因富有幽默感而经常开怀大笑时，不仅会增强肠胃功能，提高机体免疫力，而且会使孩子心胸开阔、富有朝气、思维活跃、头脑敏捷，帮助孩子更好地应对生活中的压力和痛苦，更开心地生活。

有位9岁的小女孩没有被邀请参加学校举办的圣诞节舞会，当妈妈问她是否心情不好时，她故作风趣轻松地说："噢，天哪！太可怜了！我不得不退掉特别设计的衣服，回掉预约的高级轿车！"

幽默感能让孩子自如地应对生活中遭遇的烦恼，可以使他们在尴尬的处境中不失面子，可以使他们对付愤怒情绪、委婉地表达难以出口的意思。具有幽默感的孩子通常很乐观，在生活中不断地制造欢笑，让周围的人感到轻松愉快，自己也会富有成就感和自信。这样的孩子，也容易获得友谊。

列宁说："幽默，是人的一种优美的品质。"孩子们是最富有幽默天赋的，他们的幽默是最自然、最纯真、最坦率、最美好的人类语言。只是这种天赋需要细心的父母们用心去发现、体会，并激发孩子幽默的潜质。因此，父母要在点滴的生活中给予孩子幽默的熏陶，注重培养孩子的幽默感。教会孩子幽默，也就教会了他快乐的本领和与人相处的能力。

做有幽默感的父母

父母首先应该是幽默的人。幽默感有先天的成分，不过后天的培养更加重要。孩子是父母生命的延续，是父母最真实的镜子，潜移默化中，父母的许多特点在孩子身上都会得到再现。

晚饭后，母亲和女儿一块儿洗碗盘，父亲和儿子在客厅看电视。突然，厨房里传来打破盘子的响声，然后一片沉寂。儿子望着他父亲，说道："一定是妈妈打破的。""你怎么知道？""她没有骂人。"

如果类似这样的对话在你的家中经常出现，那么，你家庭的气氛就比较活跃、轻松，孩子也变得更加幽默了。

父母的幽默，能起到说教无法比拟的作用，能潜移默化地影响孩子成为一个乐观的人，增加他在人际交往中受欢迎的指数。比如父母夸张的笑脸和动作，和孩子捉迷藏时突然伸出躲在门后的脑袋，或是对孩子的“杰作”发出夸张的叫喊和表情，都会令孩子兴奋不已。

多给孩子讲一些幽默故事

在家庭生活中，父母可以经常给孩子讲一些幽默故事，让孩子在不断的熏陶中逐渐培养起幽默感，孩子听多了幽默故事，自然能够模仿、吸收幽默故事中的幽默因子，也会逐渐变得幽默起来。

有位母亲常常给儿子讲一些有趣的故事。一天，丈夫因单位加班，夜里很晚才回来。丈夫问她儿子几点睡的，她说：“晚上9点就睡了。睡前我给他讲了一个笑话：馒头和面条打仗，馒头被面条狠狠地打了一顿，打得遍体鳞伤。馒头心想，有朝一日，我一定要报仇。一天馒头看见方便面了，不分青红皂白地把方便面一顿痛打，方便面带着哭腔说：‘我俩无冤无仇，你干吗要打我呀？’馒头气呼呼地说：‘你以为你烫了发，我就不认识你了？’”

丈夫听到这儿，哈哈大笑，把儿子笑醒了。只见他穿着小内裤从他的房间跑来，爸爸说：“臭小子，你以为你不穿外衣我就不认识你了？”儿子睁着睡意朦胧的眼睛，看着刚涂上生眉液的爸爸说：“您以为您涂了生眉液我就不认识您了？”

事实确实如此，孩子听多了幽默故事，自然能够模仿、吸收幽默故事中的幽默因子，也会逐渐变得幽默起来。

让孩子热爱生活，感悟生活

生活无处没有幽默，只是缺乏发现幽默的眼睛。引导孩子用心去观察、感悟生活，培养对事物的洞察力，用自己的视角去看世界，不因循守旧，是提高幽默感的一个重要方面。只有迅速地捕捉事物的本质，辅以恰当的比喻、诙谐的语言，才能使人们产生幽默轻松的感觉。

让孩子懂得基本的文明礼貌

我国历来有“礼仪之邦”的美誉，礼貌待人是中华民族的传统美德，礼貌代表一个人的文明程度。尤其在当今社会，当你具备了很好的礼貌习惯，掌握了相应的礼仪知识后，你做事就很顺利，就能享受到生活的快乐和成功的喜悦；如果你没有很好的礼貌习惯，你就会被别人视为缺乏修养而排斥，甚至惹出不愉快的事情来，自己也得不到丝毫的好处。

某高校的一批应届毕业生，被导师带到北京某实验室里参观实习。他们坐在会议室里，等待实验室王科长的到来。这时，有位实验室的服务人员来给大家倒水，同学们表情漠然地看着她忙活，其中一个还问：“有矿泉水吗？天太热了。”

服务人员回答说：“真抱歉，刚刚用完。”

学生们顿时怨声一片。

只有轮到一个叫潘杰的学生时，他轻声地说：“谢谢，大热天的，辛苦了。”

这个服务人员抬头看了他一眼，满含着惊奇，因为这是她当时听到的唯一的一句感谢话。

这时候，王科长走进来和大家打招呼，可能大家已经等得不耐烦了，竟没有一个人回应，王科长也感到有点尴尬。潘杰左右看了看，犹犹豫豫地鼓了几下掌，同学们这才稀稀落落地跟着拍起手来，由于掌声不齐，显得有些零乱。

王科长挥了挥手说：“欢迎同学们到这里来参观。平时这些事一般都是由办公室负责接待，因为我和你们的导师是老同学，非常要好，所以这次我亲自来给大家讲一些有关的情况。我看同学们好像都没有带笔记本。这样吧，秘书，请你去拿一些我们实验室印的纪念手册，送给同学们作个纪念。”

接下来，更尴尬的事情发生了，大家都坐在那里，一个个很随意地用一只手接过王科长双手递过来的纪念手册。

王科长的脸色越来越难看，走到潘杰面前时，已经快要没有耐心了。

就在这时，潘杰礼貌地站起来，身体微倾，双手接过纪念手册，恭恭敬敬地说了一声：“谢谢您！”

王科长闻听此言，不觉眼前一亮，用手拍了拍潘杰的肩膀：“你叫什么名字？”

潘杰很礼貌地回答了自己的姓名，王科长点头微笑回到自己的座位上。

早已汗颜的导师看到此情景，才微微松了一口气。

两个月后，在毕业生的去向表上，潘杰的去向栏里赫然写着这个实验室的名字。有几位颇感不满的同学找到导师问：“潘杰的学习成绩最多算是中等，凭什么选他而没选我们？”

导师看了看这几张因为年轻而趾高气扬的脸，笑道：“潘杰是人家实验室点名来要的。其实，你们的机会不仅是完全一样的，而且你们的成绩还比潘杰好，但是除了学习之外，你们需要学的东西还有很多，礼貌便是重要的一课。”

礼貌是人们的道德准则，是人与人相处的规矩。心理学家认为，礼貌归根到底是习惯的问题。一个不懂礼貌的孩子很可能会成长为一个不懂礼貌的大人，而不懂礼貌会使他在社会竞争中处于劣势，在工作中很难获得同事的尊重和友好协作，在生活中也不易获得友谊和自信。所以说，要想使孩子成长为有所作为的人，父母就应教孩子从小懂礼貌、讲文明。

教育孩子文明礼貌是做人处事的起点。孔子说：“不学礼，无以立。”英国著名教育家洛克认为，礼貌是儿童与青年应特别小心养成习惯的第一件大事。可见，无论是东方人还是西方人，都把文明礼貌看得很重。但现实生活中，有些家长却认为，现代社会是个自由的社会，懂不懂文明礼仪没关系，只要学习好、有真本事就行了；也有些家长认为，小孩子天真无邪，长大了就会懂得文明礼仪的。其实，这些都是误解。

文明礼貌是孩子做人的“身份证”，是孩子随身携带的“教养名片”。孩子的文明礼仪必须从小培养，否则就会形成坏习惯，一旦形成坏习惯，再改就很难了。只要家长们从思想上认识到这个问题的重要性，并在生活中给孩子以正确的引导，就一定能够培养出讲文明、懂礼貌的孩子。

父母要以身作则

父母是孩子的榜样，父母良好的行为举止是对孩子最生动、最有效的教育。

小薇是个有礼貌的小女孩，总是把“您好”、“谢谢”、“请”、“对不起”等礼貌用语挂在嘴边。邻居都夸她是个好孩子，在学校她还获得了“文明礼貌小标兵”的荣誉称号。小薇之所以如此懂文明礼貌，跟妈妈的教育是分不开的。小薇的妈妈是商场的售货员，自身的文明素质比较高，所以从小对小薇文明礼貌方面的要求也十分严格。在妈妈的影响下，小薇才成了一个人见人夸的讲文明的小姑娘。

孩子的礼貌是后天培养出来的，而孩子天生喜欢模仿别人，家长要特别注意自己的言行举止，做到对待别人要有礼貌。

教孩子待客之道

生活中，有些父母为了不让孩子打扰来访的客人，一般都会把孩了打发到一边，让他们自己去玩。这样做也许能够获得一时的安静，但是却可能会影响到孩子的社交能力。而这一不经意的举动，也伤害了孩子幼小的自尊心。久而久之，家里一来客人，他就会自动躲到旁边去。所以，父母要试着让孩子学会以主人身份招待客人，注重礼貌待客。如亲友来访时，听到敲门声要说“请进”；见了亲友按称谓主动亲切问好；拿出点心、水果等热情地请客人吃，不应显出不高兴的样子或独自去吃；当大人谈话时，小孩不应随便插话；小客人来，应主动拿出玩具与小客人玩；共同进餐的人未完全入席前不得动餐具自己先吃；客人离开时要说“再见”，并欢迎客人再来。

丰子恺是我国近代著名的画家、文学家，同时也是一位好父亲。他有个儿子叫丰陈宝。丰陈宝小时候特别怕生人，在客人面前显得不太礼貌。有一次，丰子恺先生到上海为开明书店赶一项编辑工作，把十三四岁的小陈宝也带了去，想让小陈宝帮着抄抄写写。有一天，来了一个小陈宝不认识的客人，这位客人同丰子恺先生谈了好长时间，小陈宝一直没有与客人去打招呼。客人与丰子恺先生谈完后，就过来与小陈宝打招呼、告别。这下小陈宝可愣住了，他一时不知道如何是好。

丰子恺先生送走客人后，语重心长地对小陈宝说：“客人向你打招呼告别，你怎么可以不理睬人家呢？”后来，丰子恺先生一直非常注重小陈宝的礼貌教育。他告诉小陈宝，客人来了，应该为客人端茶、盛饭，而且一定要用双手捧上，这样表示恭敬。他还风趣地打比方说：“如果用一只手端茶送饭，就好像皇上对臣子赏赐，更像是对乞丐布施，又好像是父母给孩子喝水、吃饭。这是非常不恭敬的。”

丰子恺先生还教育小陈宝说：“客人送你什么东西的时候，你一定要躬身双手去接。躬身表示谢意，双手表示敬意。”这些话都深深地印在了小陈宝的心中，后来，小陈宝果然成为一个彬彬有礼的孩子。

教孩子尊重他人

人与人之间的交往，应建立在真诚与尊重的基础上，孩子也是一样。哲学家威廉·詹姆士说过：“潜藏在人们内心深处的最深层次的动力，是想被人承认、想受人尊重的欲望。”渴望受人喜爱、受人尊敬、受人崇拜，这是人类天生的本性。但是，有取必有予，我们希望获得些什么，也就必须首先付出些什么。

在人们的交往中，自己待人的态度往往决定了别人对我们的态度，就像一个人站在镜子前，你笑时，镜子里的人也笑；你皱眉，镜子里的人也皱眉；人对着镜子大喊大叫，镜子里的人也冲你大喊大叫。所以，我们要获取他人的好感和尊重，首先必须尊重他人。只有做到尊重他人，自己才会受到他人的好评和尊重。一个不尊重别人的人，是绝不会得到别人的尊重的。

一个颇有名望的美国富商在路边散步时，遇到一个衣衫褴褛、形同瘦骨的摆地摊卖旧书的年轻人，在寒风中啃着发霉的面包。有着同样苦难经历的富商顿生一股怜悯之情，便不假思索地将 8 美元塞到年轻人的手中，然后头也不回地走开了。没走多远，富商忽然觉得这样做不妥，于是连忙返回来，从地摊上捡了两本旧书，并抱歉地解释说自己忘了取书，希望年轻人不要介意。最后，富商郑重其事地告诉年轻人说："其实，您和我一样也是商人。"

富商为什么又从地摊上捡了两本旧书？因为富商明白，这个年轻人更需要自尊，而不是施舍。

两年之后，富商应邀参加一个商贾云集的慈善募捐会议时，一位西装革履的年轻书商迎了上来，紧握着他的手不无感激地说："先生，您可能早忘记我了，但我永远也不会忘记你。我一直认为，我这一生只有摆摊乞讨的命运，直到你亲口对我说，我和你一样都是商人，这才使我树立了自尊和自信，从而创造了今天的业绩……"

富商万万也没有想到，两年前一句普通的话竟能使一个自卑的人树立了自尊心，一个穷困潦倒的人找回了自信心，一个自以为一无是处的人看到了自己的优势和价值，终于通过自强不息的努力获得了成功。

不难想象，这位富商当初即使给年轻人很多钱，如果没有那一句尊重鼓励的话，年轻人也断不会出现人生的剧变，这就是尊重的力量。

任何人都有自尊和被人尊重的需要。如果你不能满足他人的这种最基本、最简单的需要，那么他人肯定不愿意与你相处。一句古语说得好："君子敬而无失，与人恭而有礼。"只有尊敬别人才能换来别人对你的尊敬，只有互相尊敬才能互相受益。

有位妈妈是高级工程师，她经常在小区里碰到一位收废品的外地人，每次她都微笑着跟这位外地人打招呼。外地人有些受宠若惊，因为小区里住的都是这个城市的精英人群，很多人对他视而不见，而这位女士是唯一一个主动跟他打招呼的人。孩子问妈妈："妈妈，为什么其他人都不理这位收废品的叔叔呢？"妈妈说："因为有些人认为自己的身份比他高贵。"孩子接着问："那妈妈认为自己的身份不比叔叔高贵吗？"妈妈说："是的，我们都是平等的。这位叔叔收废品是在工作，妈妈做工程师也是在工作，我们都是工作者，所以我们是平等的。"妈妈接着说："如果我们的条件比别人好，那么我们要尊重别人，不能瞧不起他们；如果我们的条件比别人差，那么我们要尊重自己，不能自己瞧不起自己。你明白吗？"孩子点点头。

尊重是人的高层次的心理需要。一个孩子如果生活在尊重之中，他就学会了自尊和尊重别人。"人不如己，尊重别人；己不如人，尊重自己。"无论身处何位，尊重别人与自我尊重一样重要。所以，与人交往，不论对方的地位高低、身份如何、相貌怎样，都要尊重他人的人格，使人感到他在你的心目中是受欢迎的，从而得到一种心理上的满足，进而产生愉悦。

尊重别人这种品德，并不是天生获得的，它是良好的教育的结果。生活中，不少孩子不懂得尊重别人，可能是没有学会尊重，也可能没有体验过被尊重，这是家庭教育的缺陷，所以，父母要从小培养孩子尊重他人的良好品德，只要认真培养，你的孩子也一定能学会尊重别人。

父母要尊重孩子

尊重孩子要从关心孩子入手，只有受到尊重、关心、爱护的孩子才能尊重、关心、爱护周围的人。父母在与孩子交往中，要把孩子当人看，尊重他，不能任意摆布或训斥。在家庭教育中，家长应像尊重成人一样尊重孩子，把自己放在与孩子平等位置上，遇到问题换个角度去想想，寻求与孩子心理上的沟通。当孩子从父母的尊重、爱护中找到自信、自身价值的时候，他们会自然而然地学会尊重父母、尊重他人。

为孩子树立榜样

英国著名教育家斯宾塞说过：“野蛮产生野蛮，仁爱产生仁爱。”父母本身的态度，对孩子的影响十分重要。生活中，父母与他人交往中的行为、态度和方法，或多或少会渗透到孩子的言行中去。父母身体力行地尊重别人，替别人设想，孩子看在眼里，自然会学习。例如在家庭中，父母对自己的长辈是否尊重，是否孝敬；对长辈是否使用尊称；与人谈话时，是否放下手中的活，微笑地注视着对方，认真聆听对方说话而不随意打断别人的发言；是否背后议论别人的短处或给人起绰号等等，如果父母时时注意，处处作表率，这种无声的教育就会影响孩子养成尊重他人的好习惯。

曾经有一个男孩，满口脏话，经常欺负女生，甚至对女老师也不恭，他的母亲也多次来校向老师哭诉，这孩子如何对她无礼。虽经老师教育，但收效甚微。看他的样子，瘦瘦弱弱，并不是那种天生一副野蛮相的孩子。原因究竟在哪里？直到有一天老师去家访才恍然明白。那天开门迎接老师的是他的父亲，老师便随口问了声孩子的母亲在哪里，他的父亲则轻蔑地说：“还瘫在床上呢，死猪婆！”父亲如此当着孩子的面而且不顾有外人在场侮辱自己的妻子，怎么可能在孩子心中树起母亲崇高神圣的形象呢？孩子又怎么能很好地去尊重他周围的女性呢？老师愤怒至极，当着孩子，批评了他的父亲，这位父亲也意识到自己的行为对孩子的不利影响，感到惭愧和后悔，向妻子道歉，后来学会了尊重妻子。这个孩子的毛病也慢慢改掉了。

引导孩子尊重他人

生活中，我们常会看到这样的现象：不少孩子喜欢叫别人的外号，见到别人陷入困境会加以嘲笑，看到别人倒霉会幸灾乐祸。孩子这样做，有时是因为想看热闹、好奇，有时是想开个玩笑，有时则只是盲目地跟着别的孩子做。他们并没有理解这样做是不尊重别人，没有意识到他们这样做会伤害别人的心灵。

当出现这种情况时，家长要平静地与孩子谈谈，然后有针对性地指出孩子这样做的坏处，要让孩子设身处地体会到不受别人尊重时的感觉，要让孩子知道，有教养的孩子应该同情别人，帮助别人，尊重别人。尊重别人的人才会受到尊重，尊重别人就是尊重自己。

激发孩子的同情心

同情心，是指真心诚意理解他人，设身处地体谅他人，对不幸者持关心、爱护态度的一种情感。心理学认为：同情别人的行为，不仅是一种良好的品德、高尚的情操，而且是人必备的一种最基本的素质。

现在的孩子大多数都是独生子女，由于家庭教育中或多或少地都存在着娇生惯养的现象，孩子习惯了以自我为中心，习惯了养尊处优，因而往往缺乏应有的同情心。

有一个幼教专家到某家幼儿园进行心理测试，有这样一个题目："一个小妹妹发烧了，她冷得直哆嗦，你愿意借给她外套穿吗？"结果孩子们半天都不回答。当老师点名时，第一个孩子说："病了要传染的，她穿了我的衣服，那我也该生病了，我妈妈还得花钱。"第二个孩子则说："我妈妈不让，我妈妈会打我的。"第三个孩子说："给我弄脏了怎么办？"第四个孩子说："怕弄丢了。"结果半数以上的孩子都找出种种理由，表示不愿意借衣服给生病的小妹妹。

听到孩子们让人心寒的回答，一位幼儿园老师实在不甘心这样的结果，叫来自己4岁的儿子问道："一个小朋友没吃早点，饿得直哭，你正在吃早点，你该怎么做呢？"见儿子不回答她又引导："你给他吃吗？""……不给！"儿子回答得十分干脆。妈妈又劝："可是，那个小朋友都饿哭了呀！"儿子竟答："他活该！"

现在的孩子为什么会有这样的表现呢？其实，这正和家长自身的行为有着密切的关系。家长如果希望孩子更加关心和爱护别人，长大后具有爱心和责任心，正确的家庭教育和父母的品德行为至关重要。

在法兰克福，有一个孩子粗暴地将一位上门乞食的流浪者驱赶出了自己的家门，父母看到孩子的这种行为，特意为此召开了家庭会议。大人严肃、耐心地启发这个孩子："对于流浪者来说，他们尽管穿着邋遢，然而同样享有人的尊严。"父母的教育使孩子明白了一个道理：仰慕强者可能是人之常情，而同情弱者更是美好情感的一种体现。后来，孩子建议邀请那位受自己侮辱的流浪者来家中做客，大人们则毫无保留地支持。

同情是人类一种美好的感情，也是人际交往过程中应该具备的，人与人之间只有相互同情、相互关心，家庭才会充满温馨和关爱，社会才能融合成为一个和谐的大集体。

曾经有一位哲学家说过：对于一切有生命之物的同情，是对品行端正的最牢固和最可靠的保证。同情心是一种重要的人格品质，具有同情心的孩子会更能够体会他人的情感，更容易融入社会。

有一个下雨天，爸爸去接儿子放学，碰见一个小同学没打雨伞，在雨中淋着。于是爸爸对儿子说："你看，这个同学没带雨伞，如果是你，此时你最希望怎样？"儿子想了想二话没说跑过去，和这个小同学一起打雨伞往前走去。过了一会儿，这个同学的妈妈来接他。看到孩子没淋在雨中，非常感谢地和男孩打招呼："你们是一个班的吗？"她的孩子带有感激地抢先回答说："不是，我们不认识。"她的妈妈对男孩说："谢谢你！小朋友。"同时，对乐于助人的父子俩报以感激的一笑！回家后，爸爸问孩子："今天做了件好事，感觉如何？"儿子用稚嫩的语言说："我很快乐！我以后在别人需要帮助时，还要继续去做。"

孩子的同情心是一种非常珍贵的感情，它主要表现为对别人痛苦的关心和安慰。这种感情对于孩子个性的健康发展尤其是情感的发展，以及良好人际关系的建立有着非常重要的意义。前苏联教育学家苏霍姆林斯基认为："同情心的培养需要从童年开始，因为如果在童年时代没有受到善良情感的教育，以后就再也不能在他们身上培养起这种情感。儿童一旦失去这样的时机和教育，其童心就可能走向邪恶。”因此，家长要重视孩子同情心的培养。

培养孩子与人分享的习惯

所谓分享，就是指个体与别人共同享受欢乐、幸福、好处等。它是与独占和争抢行为相对立的，不仅包括对物质和金钱等有形东西的分享，还包括对思想、情绪、情感等精神产品的分享，甚至还有对义务和责任的分担。分享是人在社会交往中的需要获得的一种意识，一种能力，一种品质，也是每个人需要具备的一种美德。

有句话是这样说的：把痛苦向一万个人诉说，那就只剩下万分之一的痛苦；把快乐与一万个人分享，那就将得到一万份的快乐。这句话看似简单，却揭示了学会分享的重要性。

有一位犹太教的长老，酷爱打高尔夫球。

在一个安息日，他觉得手痒，很想去挥杆，但犹太教规定，信徒在安息日必须休息，什么事都不能做。这位长老却终于忍不住，决定偷偷去高尔夫球场，想着打九个洞就好了。

由于安息日犹太教徒都不会出门，球场上一个人也没有，因此长老觉得不会有人知道他违反规定。

然而，当长老在打第二洞时，却被天使发现了，天使生气地到上帝面前告状，说某某长老不守教义，居然在安息日出门打高尔夫球。上帝听了，就跟天使说，会好好惩罚这个长老。

第三个洞开始，长老打出超完美的成绩，几乎都是一杆进洞。

长老兴奋莫名，到打第七个洞时，天使又跑去找上帝：“上帝呀，你不是要惩罚长老吗？为何还不见有惩罚？”

上帝说：“我已经在惩罚他了。”

直到打完第九个洞，长老都是一杆进洞。因为打得太神乎其技了，于是长老决定再打九个洞。

天使又去找上帝了："到底惩罚在哪里？"

上帝只是笑而不答。

打完十八洞，成绩比任何一位世界级的高尔夫球手都优秀，把长老乐坏了。

天使生气地问上帝："这就是您对长老的惩罚吗？"

上帝笑着说："你想想，他有这么惊人的成绩，以及兴奋的心情，却不能跟任何人说，这不是最好的惩罚吗？"

天使恍然大悟。

分享是人生的一种乐趣。生命中总有很多东西是需要有人来一同分享的。只有学会分享，才能得到快乐；只有学会分享，才能得到幸福。所以，从小培养孩子学会与他人分享的意识很重要。

学会分享是孩子成长发展中的一个重要的里程碑。然而，现在的孩子大多是独生子女，在家庭中拥有相对特殊的地位。从小在相对封闭的、受到严密保护的环境中成长，缺乏对他人的关心和尊重，无形中形成了自私、专横、独占等不良的情感。他们习惯了家长的呵护，往往以自我为中心，不知道如何去关心别人，体会不到与人分享的快乐。显然，分享不是一件易事。因为孩子的分享行为并非天生，而是通过后天的教育和引导逐渐形成的。正因如此，在孩子的成长过程中，家长有义不容辞的责任培养孩子的分享品质。

周建国和刘明是同一学校的同班同学，同时他们又是邻居。最近，刘明的妈妈发现每次孩子回家都闷闷不乐，妈妈就问刘明怎么了？刘明说班上的同学都不和我玩，大家都喜欢和周建国玩。

妈妈问刘明："那为什么大家都喜欢和周建国玩呢？"

刘明想了想说："周建国让大家一起和他玩新买的玩具。"

"那妈妈给你买的玩具你和大家一起玩了吗？"妈妈又问道。

刘明说："我怕别人把玩具弄坏了。"

妈妈耐心地说："孩子，妈妈给你买的玩具你自己玩也会坏啊，但是如果你和大家一起玩不是更有意思吗？"

刘明眨了眨眼睛，心有所悟地说："知道了，妈妈，我以后会和别人一起玩的。"

刘明妈妈称赞道："明白就好，有玩具大家一起分享才有更多的快乐啊！"

果然，刘明听了妈妈的话后，朋友越来越多，自己再也不感到寂寞和不快乐了。

分享是孩子获取快乐的途径。一个乐于分享的孩子，很自然地能够交到更多的朋友，更加受欢迎。孩子可以从分享中真切感受到分享带来的快乐，这对他们正确理解分享以及将来形成健全人格都具有十分重要的意义。

学会分享是孩子社会化发展的一个重要内容，直接影响着孩子将来能否很好地在社会上立足。孩子从小就有分享的意识，经常有分享的行为，体会到分享带来的快乐和满足，看到了分享给别人带来的愉悦，孩子慢慢地就能理解分享的真正含义，学会发自内心的分享，成为一个乐于分享、习惯分享的人。

让孩子明白分享不是失去是互利

孩子的心理之所以不愿与人分享，是因为他觉得，分享就是失去。家长要让孩子明白分享是互利。分享体现了自己对别人的关心和帮助，别人也会回报自己同样的关心和帮助，这样彼此关心、爱护、体贴，大家都会很快乐。

吴迪的班级开设了"图书角"，老师号召同学把自己的书拿出来和同学们交换阅读，分享图书资源。可是放学回家后，吴迪却一脸的不高兴。爸爸问他为什么，他说他看到有个同学拿了一本《格林童话》，他很想看，可他又怕交换图书后，同学将他的书弄坏，所以就没有换到。爸爸知道原因后，和蔼地对吴迪说："交换的图书几天后就换回来了，即使损坏了也没关系，可以再买。但是自己不付出，不与他人分享，自己也得不到分享的乐趣。"在爸爸的鼓励下，吴迪决定明天就把自己的《小王子》拿去交换，换他喜欢的图书。第二天放学后，吴迪高高兴兴地把他喜欢的图书换回来了。

让孩子体会到分享的快乐

家长对孩子的爱无可厚非，但这种爱如果不予以正确的引导，会导致孩子认为好的东西都理所当然地属于自己，同时容易产生自私的心理。因此，让孩子体验分享的快乐，是给孩子从小培养良好的道德素质。

小艾最爱吃鸡翅。每当家里做鸡翅的时候，奶奶总是习惯性地把一盘鸡翅放在她的跟前。时间久了，小艾就自认为那盘菜是为她一个人准备的，竟然把菜盘放到了自己的眼皮底下，并且不让别人动。

妈妈将这一切看在眼里，就假装对女儿说："那个菜肯定很难吃，是吧？"小艾一听，着急了，"不是的，很好吃。"

妈妈摇摇头说："我们都不相信啊。我们又没有吃，肯定是很难吃的。"

小艾连忙把盘子推到大家面前，说："你们都尝尝看，很好吃的。"

看到全家人都吃了后，小艾就问："很好吃是不是？"

这时候，妈妈就告诉女儿："好东西要大家一起分享，才能知道好吃还是不好吃，是不是？"

小艾点了点头，主动把盘子端到每个人面前，让大家一起吃。

全家人都纷纷竖起拇指说："小艾真是个懂事的孩子！"

后来，小艾吃饭的时候，再也没有发生过把菜盘抢走的事情。

第五章

DI WU ZHANG

不凶不吼，培养孩子的自我管理能力

每一个家长都希望自己的孩子能够成才成器。要想将孩子雕琢成器，培养其良好的自我管理能力是一个至关重要的条件。但培养孩子的自我管理能力是一个漫长的过程，需要父母有技巧、有耐心地付出心血栽培训练。因此，父母应该顺应孩子的愿望和需要，适时放手，让孩子做他能够做、应该做的事，从点滴小事入手，逐渐树立孩子自我管理的意识。

孩子的好习惯要从小养成

常言道：习惯成自然。习惯一旦形成，就会成为一种定型性的行为，就会变成人的一种自觉需要。它不需要别人的提醒，不需要别人的督促，也不需要自己意志力的支持，已经变成了一种自动化的动作和行为。

北京某外资企业招工，报酬丰厚，要求严格。一些高学历的年轻人过五关斩六将，几乎就要如愿以偿了。最后一关是总经理面试。总经理说："我有点急事，你们等我 10 分钟。"总经理走后，踌躇满志的年轻人们围着总经理的大办公桌，你翻看文件，我看来信，没一人闲着。10 分钟后，总经理回来了，宣布说："面试已经结束，很遗憾，你们都没有被录取。"年轻人大惊大惑："面试还没开始呢！"总经理说："我不在的时间你们的表现，就是面试。本公司不能录取随便翻阅领导人文件的人。"年轻人全傻了。因为从小到大，没有人告诉他们这一常识，更谈不上养成习惯。

由此可见，习惯的力量多大，人一旦养成了习惯，就会不自觉地在这个轨道上运行。可以毫不夸张地说：习惯决定一个人的命运。正如美国成功学大师拿破仑·希尔说："习惯能够成就一个人，也能够摧毁一个人。"

俄国教育家乌申斯基对习惯做了一个形象的比喻，他认为："好习惯是人在神经系统中存放的资本，这个资本会不断地增长，一个人毕生都可以享用它的利息。而坏习惯是道德上无法还清的债务，这种债务能以不断增长的利息折磨人，使他最好的创举失败，并把他引到道德破产的地步。"概括地说：一个人如果养成了好的习惯，就会一辈子享受不尽它的利息；要是养成了坏习惯，就会一辈子都偿还不完它的债务。这就是习惯！

1998年，世界巨富比尔·盖茨和巴菲特应邀到华盛顿大学演讲，当学生们问“你们怎么变得比上帝还要富有”时，巴菲特的回答是：“非常简单，原因不在于智商。为什么聪明人会做一些阻碍自己发挥全部功效的事情呢？原因在于习惯、性格和心态。”比尔。盖茨听后也表示十分赞同。

由此可见，良好的行为习惯对人一生的发展具有至关重要的作用。习惯是一种惯性，也是一种能量的储蓄，只有养成了良好的习惯，才能发挥出巨大的潜能。

世界著名心理学家威廉·詹姆士说：“播下一个行动，收获一个习惯；播下一个习惯，收获一种性格；播下一种性格，收获一种命运。”习惯对于孩子的生活、学习以至事业上的成功都至关重要。为了孩子的健康成长和终身的幸福，每一个父母都需要高度重视孩子的习惯培养。

一次，有人问一位诺贝尔奖获得者：“您在哪所大学、哪个实验室学到了使您获得成功的东西呢？”

这位白发苍苍的获奖者回答：“是在幼儿园。”

问的人感到很奇怪：“您在幼儿园学了些什么呢？”

诺贝尔奖获得者便语重心长地回答：“把自己所拥有的分一半给小伙伴们；不是自己的东西不要拿；东西要放整齐；饭前要洗手；做错了事情要向他人道歉；午饭后要休息；要仔细观察周围的大自然。总之，我所学到的全部东西很多都是从幼儿园学到的。”

在幼儿时所学到的东西，即使老年还记忆犹新。这只能诠释一个道理：从小养成的良好习惯会伴随人的一生。

俗话说：“五岁成习，六十亦然。”这句话虽有点夸张，但也说明了从小养成良好的习惯对人的一生影响巨大。一旦养成良好的习惯，确实能让孩子终生受益。

著名的教育家叶圣陶曾说过：“什么是教育？简单一句话，就是养成良好的习惯。”培养孩子良好的习惯，是家长赠予孩子一生最好的礼物。好的习惯会陪伴孩子一生，对于孩子今后的生活、学习、事业的成败关系重大，也是孩子全面发展的重要基础。所以，每位父母都要把培养孩子良好的习惯当成一件关系孩子健康成长的大事来抓。

营造良好的家庭环境

家庭环境对孩子的成长有着决定性的影响。孩子的心灵是洁白无瑕、天真淳朴的，生活在什么环境中就会被培养成什么样的人。家长处事的态度和作风，会父传子，兄传弟，夫妻影响，相互助长，形成一种家风。受什么样的家风熏陶，久而久之，孩子就会形成什么样的思想意识和行为规范。是好学上进，还是懒惰拖拉；是待人热情诚恳，还是圆滑世故；是做事认真负责，还是敷衍了事等等。

布莱克夫妇有三个可爱的孩子，都乖巧伶俐，学习很是自觉，布莱克夫妇因此深得邻居羡慕。

其实，孩子们良好的学习习惯是在布莱克夫妇的用心教育下逐渐养成的。布莱克夫妇很注重培养孩子的良好习惯。大儿子还很小的时候，布莱克夫妇就经常和儿子围坐在一张桌子上，教孩子画画儿和识字，养成一起愉快游戏并学习的习惯。

在他们有了第二个孩子以后，一起学习的好习惯仍然保持着，哥哥读书时，弟弟就在旁边学画画儿，爸爸妈妈一有空就围在桌边跟他们一起学习。

之后，又一个小妹妹出生了，妹妹渐渐长大，也跟着哥哥们开始自觉地学习。当妹妹开始在桌上学画画儿时，大哥哥就到另一张桌子上去独自学习。

看到哥哥每天独自一人学习，弟弟妹妹们也跟样学样。没过多久，老二也自己找了一张专用的桌子，每天主动地学习。之后，最小的妹妹也在两个哥哥的榜样作用下，找了一张自己的桌子，开始独自学习起来。

日本教育家福泽谕吉说："家庭是习惯的学校，父母是习惯的老师。"事实正是如此，孩子习惯的养成主要在家里。家长是孩子的第一任老师，家庭教育的好坏对孩子的成长起着至关重要的作用。作为家长，我们要切实负担起孩子教育的责任来。为孩子营造良好的家庭环境，培养孩子良好的习惯。

父母要给孩子提出具体、明确的要求

无论是哪方面的养成教育，都需要父母给孩子的行为规定一个目标或者是要求，这个要求要尽量具体一点，使孩子能够看得见，摸得着，这样才能有利于孩子理解、掌握和执行。如果父母只告诉孩子要认真学习、孝敬父母、抓紧时间，而不告诉孩子怎样才算认真学习、怎样去孝敬父母、抓紧时间的窍门是什么，那么孩子可能就不知道从何处做起。

有一个男孩子刚开始上小学，还不能很好地适应，存在着贪玩、自觉性较差、晚上不能按时睡觉等缺点，时间利用得也不好，她总觉得时间不够用……为此，他的父亲根据孩子做不好的几件事情，设计一个周考核表。表上共有 5 项内容，都是每天要做的事情，执行时间是周一到周五。包括：早晨起床、完成家庭作业、练琴情况、在家情况、晚上上床睡觉情况。

每一项都有具体的规定，早晨起床这一项，对他的要求是：按时起床，不能晚，也不能太早；起床后穿衣服动作要快，洗漱及吃早饭动作要快；晚上按时上床，上床后不说话，尽快入睡等等。按照每天表现情况打分，每个项目满分为 5 分，一周满分为 125 分。一周得 100 分以上，给一种奖励；112 分以上，给两种奖励。奖励内容包括出去玩、讲故事等等。

一个月过去后，这个男孩子的坏习惯都得到了明显的改善。

这位父亲对孩子的要求很具体，而且他用考核表的形式来对孩子进行习惯培养，结果收到了良好的效果。

节俭不是小气，从小培养孩子节俭的习惯

节俭是中华民族的传统美德，也是人们赖以生存和发展的前提，从小培养

孩子的节俭美德，养成勤俭节约的好习惯，对社会及对孩子一生都是有益的。

比尔·盖茨是微软的创始人，目前，他的身价高达610亿美元。据说他每秒赚250美元，每天赚2000万美元，一年赚78亿美元。如果他掉了一张1000美元的钞票，他没有必要弯腰捡起来，因为四秒钟之后他就能把掉的钱赚回来。美国国债约为5620亿美元，如果让比尔·盖茨来还，他10年之内就能搞定。这么一个会赚钱的有钱人，更是懂得勤俭节约的道理。“我有钱，但不意味着可以乱花”是他的心态，“只买对的，不买贵的”是他的原则。

有一次，比尔·盖茨和一位朋友同车前往希尔顿饭店开会，由于去迟了，以至找不到车位。他的朋友建议把车停在饭店的贵客车位，“噢，这可要花12美元，可不是个好价钱。”比尔·盖茨不同意。“我来付。”他的朋友说。“那可不是好主意，”比尔·盖茨坚持道，“他们超值收费。”由于比尔·盖茨的固执，汽车最终没停放在贵客车位上。

在物质极大丰富的今天，即使是大富豪比尔·盖茨，也仍然懂得节俭的重要性。他戒奢以俭，不靡费财物，是值得我们崇尚的美德。

节俭作为一种生活方式，体现了一个人的生活态度、理想信念、价值观念和作风形象。节俭不是吝啬，而是美德，有助于一个人修身养性、陶冶情操，也是一个人事业有成和发展的重要因素。

我国有句老话：成由勤俭败由奢。随着人们生活水平的提高，现在的孩子生来无忧虑，他们消费观念较强，用起钱来大手大脚，生活上追求享受，物质上随便浪费，毫无节俭意识，这不由得让人担心。这些孩子不知道父母每天在忙些什么，不知道自己吃的穿的用的东西是哪来的，反而觉得自己吃好穿好用好是天经地义的。孩子们大手大脚花钱，奢侈浪费的情况已达到非常严重的程度，如果不好好教育引导，难以成才，更难于成人。

孩子手中的钱来源于父母，从根本上来看，孩子的浪费是父母约束不力造成的。因此，家长要从小培养孩子勤俭节约的良好品质。让孩子从小懂得钱来之不易，应把钱用在刀刃上，而不应花在贪图享受上；过度的挥霍，只会培养浪荡分子和败家子，再大的家产也会坐吃山空，金山铜山也有吃光的一天。

在美国，一对非常年轻的父母经常带着自己刚上学的女儿去逛街。一天，在一个繁华的街市交叉口，一位老爷爷正在卖报纸。这时，小女孩的父亲从口袋里掏出 5 美元交给女儿，让她去买 10 份报纸。女儿买回报纸，父母跟她商量，按原价把报纸再卖出去，看看是否可以很快卖完。女儿在父母的支持与帮助下，费了不少时间才把 10 份报纸卖出去。然后，父母让小女儿去问卖报的老爷爷，一份报纸能赚多少钱。孩子从老爷爷那里得知，卖一份报纸只赚几美分。她算了一笔账，花了这么长时间才能挣几十美分，而且费了很多口舌。“爸爸妈妈，我以后可不能随便花钱了，挣钱太不容易了。”父母为孩子有这样的想法而感到高兴。后来，这个女孩变成了一个懂得节俭的孩子。

节约既是一种良好的习惯，也是一种美德。从小培养孩子的节约美德，养成勤俭节约的好习惯，必将使孩子终生受益。要培养孩子勤俭节约的好习惯，既要强化孩子的节约意识，也要帮助孩子积累一定的节约经验、手段和方法，最后让节约成为孩子们的自觉行为。

帮孩子树立节俭的意识

让孩子树立“节约为荣、浪费可耻”的观念，让节俭的思想观念在每一个孩子身上生根发芽，使节俭成为每个孩子的自觉行动。

王琦从小花钱就没有计划也不节约，一切随着性子来，想怎么消费就怎么消费。转眼间，王琦上大学了，爸爸为了限制王琦花钱的速度，跟他约定每月的 1 号给他寄 1000 元的生活费。

然而，多年的习惯不是那么容易就能改掉的，王琦照旧花钱如流水，毫不节制。有时，他跟朋友出去到餐馆或娱乐场所挥霍，请一次客就能把一个月的生活费都花光。所以，每月不到 15 号，王琦就囊中羞涩了。

每当王琦身无分文时，就会立刻打电话给爸爸，要求父亲提前寄下个月的生活费过来。父亲总是心疼儿子，容忍了孩子的错误行为。这也使王琦更加肆无忌惮，他花钱无度的毛病也越来越严重了。

这天，王琦又出现“金融危机”了，他联络父亲说：“爸爸，我饿坏了。”若是以往，爸爸隔天就会寄钱过来。然而，这次王琦没有看到汇款，他收到了来自父亲的简短回复：“孩子，饿着吧。”

接下来的日子就难熬了。王琦想尽办法节衣缩食、精打细算，对每一分都作好计划安排。然而，事情也确实很奇妙，身上只剩100元钱的王琦居然撑了足足一个月。体验到吃苦受罪滋味的王琦，学会了有计划地花钱。

以后的每个月，王琦居然还能省下几百元存起来。这样，王琦的生活变得丰富也有意义了。王琦用这些钱买了自己喜欢的书、唱片。他的大学生活，也因为学会了勤俭节约而比以前过得更加充实了。

用节俭的行为影响孩子

家长是孩子的一面镜子，也是孩子的第一任老师，因此，家长要以身作则。如果家长在生活中就不懂得勤俭节约，让孩子自己学习勤俭节约则是不可能的。所以，家长要以自己的节俭行为影响孩子，用自己艰苦朴素的作风感染孩子。

某小学以前是在学期初统一派发新的作业本给学生用的。新学年开始了，同学们都把刚做作业的新本交到老师处，但有一个学生所交的本有点特别，亦新亦旧。说它新，是由于这个学生刚做的作业也是从本的第一页做起，说它旧，原因是这个本与其他同学的不一样，是个制作不很精良的旧本，封面写着的年级、班别还是上一学年的哩！原来，这个学生的作业本是自己亲手制作的，封面来自上学年的旧作业本，内页是从以前还未用完的作业本上撕下的空白页。由于他每年都这样做，现在，他省下了读到初中也几乎用不完的新本。这个孩子之所以会这样做，完全是因为受父母平时的影响。小孩的家虽然有高大的楼房，拥有汽车，但他的父母在生活中依然非常俭朴：五六年前的衣服，只要仍未破烂，在平时还经常穿，只有在外出的时候，才换上像样一点的衣服；家里虽然有汽车，但总是在外出而且距离目的地远的时候，或虽然距离目的地近但当时天气恶劣的情况下才使用，平时就喜欢开摩托车或骑自行车；周末周日，邻居们都带着孩子去饭店大快朵颐，整条巷经常就他们一家人在家中吃饭；撕下的旧日历纸是孩子父亲的草稿纸，淘米水是蔬菜的农家肥……所有这些生活的点点滴滴，无不潜移默化地影响着那个孩子幼小的心灵。所以，大家都没有怀疑他能有制作出这种亦新亦旧的作业本的创意。

珍惜时间的孩子才能创造辉煌

在快节奏的生活年代，谁能够把握、利用时间，谁就最能够接近成功的终点。所有希望孩子成才的家长，要培养孩子做时间的主人，这会使他们终身受益。

深夜，一个危重病人迎来了他生命中的最后一分钟，死神如期来到了他的身边。在此之前，死神的形象在他脑海中几次闪过。他对死神说："再给我一分钟好么？"死神回答："你要一分钟干什么？"他说："我想利用这一分钟看一看天，看一看地。我想利用这一分钟想一想我的朋友和我的亲人。如果运气好的话，我还可以看到一朵绽开的花。"

死神说："你的想法不错，但我不能答应。这一切都留了足够的时间让你去欣赏，你却没有像现在这样去珍惜，我把你的时间明细账罗列如下：做事拖延的时间从青年到老年共耗去了36500个小时，折合1520天。做事有头无尾、马马虎虎，使得事情不断地要重做，浪费了大约300天。因为无所事事，你经常发呆；你经常埋怨、责怪别人，找借口、找理由、推卸责任；你利用工作时间和同事侃大山，把工作丢到了一旁毫无顾忌；工作时间呼呼大睡，还和无聊的人煲电话粥；你参加了无数次无所用心、懒散昏睡的会议，这使你睡眠远远超出了20年；你也组织了许多类似的无聊会议，使更多的人和你一样睡眠超标；还有……"

还没说完，这个危重病人就断了气。死神叹了口气说："如果你活着的时候能节约一分钟的话，你就能听完我给你记下的账单了。哎，真可惜，世人怎么都是这样，还等不到我动手就后悔死了。”

善用时间就是善用自己的生命。莎士比亚说：“放弃时间的人，时间也会放弃他。”如果你从手上放走时间，你就是放走自己的生命；你把时间掌握在手中，你就掌握着自己的生命。

时间是组成生命的因子，生命只不过是一条在时间中流动的河。一个人的生命价值，取决于这个人对时间利用的多少。生命每一段、每一分、每一秒都是值得珍惜的，应把每一分钟都当成最后一分钟来对待，让每分钟都过得有价值、有意义。

法国思想家伏尔泰在中篇小说《查第格》中，讲了这样一则既有趣又颇发人深省的故事：“世界上哪样东西最长又是最短的，最快又是最慢的，最能分割又是最广大的，最不受重视又是最值得惋惜的？没有它，什么事情都做不成；它使一切渺小的东西归于消灭，使一切伟大的东西生命不绝。”这是什么？众说纷纭，捉摸不透。

后来，有一个叫查第格的智者猜中了。他说：“最长的莫过于时间，因为它永远无穷无尽；最短的也莫过于时间，因为它使许多人的计划都来不及完成；对于在等待的人，时间最慢；对于在作乐的人，时间最快；它可以无穷无尽地扩展，也可以无限地分割；当时谁都不加重视，过后谁都表示惋惜；没有时间，世界上什么事都不可能做成；对于一切不值得后世纪念的，会随着时间的推移使人淡忘；而对于一切堪称伟大的，时间能使其永垂不朽。”

一个人的生命是有限的，如何教育孩子珍惜时间、有效地利用人的短暂的一生，去成就他辉煌的事业，这是家长们应该认真思考的问题。

现实生活中，许多家长都抱怨孩子松松散散、拖拖拉拉，“一点时间观念都没有”。我们常常看到这样的情况：有的孩子作业不能按时完成，考试不能按时交卷，上课总是迟到，一天到晚匆匆忙忙却徒劳无功，放学的路上边走边玩儿，几分钟的路程可以走上一个小时等等，这都属于孩子缺乏时间管理理念的表现。孩子成了时间的奴隶，而不是时间的主人。这不但不利于孩子良好学习生活习惯的形成，而且对孩子的身体和智力发展都存在较为严重的不良影响。因此，教孩子如何珍惜时间、有效地利用人的短暂的一生，去成就辉煌的学业和事业，这是每一位家长应该认真思考的人生课题。

通过讲故事引导孩子珍惜时间

孩子往往对故事书很着迷，不如找一些有关名人守时的儿童读物，让他自己看，或者亲自给他讲一讲；有时也可以讲一些因为不遵守时间而造成重大损失的故事。生动的故事能让孩子从中受到教育，下面两个故事可作参考。

在富兰克林报社前面的书店里，有一天来了一位男士。这位男士犹豫了近一个小时，终于开口问店员："这本书多少钱？""1美元！"店员回答。"1美元？"这人又问，"你能不能少要点？""它的价值就是1美元。"店员回答。这位顾客又看了一会儿，问道："富兰克林先生在吗？""在，他在印刷室忙着呢。""那好，我要见见他。"在顾客的坚持下，富兰克林被找来了。"富兰克林先生，这本书您能出的最低价格是多少？"这个顾客问道。"1美元25美分。"富兰克林不假思索地回答。"1美元25美分？你的店员刚才还说1美元1本呢！""这没错，"富兰克林说，"但是我情愿给你1美元也不愿意离开自己的工作。"这位顾客惊异了，他心想，算了，结束这场自己引起的谈判吧，便说："好，这样吧，你说这本书最少要多少钱？""1美元50美分。""又变成1美元50美分啦？你刚才不还说1美元25美分吗？""对，"富兰克林冷冷地说，"我现在能出的最低价格就是1美元50美分。"那位客人再也说不出话来，他默默地拿出钱放在了柜台上，拿起书离开了书店。这位著名的物理学家及政治家给他上了终身难忘的一课：对于有志者，时间就是金钱。

有一次，爱迪生在实验室里工作，他递给助手一个没上灯口的空玻璃灯泡，说："你量量灯泡的容量。"便又低头工作了。

过了好半天，他问："容量多少？"他没听见回答，转头看见助手拿着软尺在测量灯泡的周长、斜度，并拿了测得的数字伏在桌上计算。他说："时间，时间，怎么费那么多的时间呢？”爱迪生走过来，拿起那个空灯泡，向里面斟满了水，交给助手，说：“里面的水倒在量杯里，马上告诉我它的容量。”

助手立刻读出了数字。

爱迪生说：“这是多么容易的测量方法啊，它即准确，又节省时间，你怎么想不到呢？还去算，那岂不是白白地浪费时间吗？”

家长可以通过类似的故事，使孩子逐步认识到珍惜时间的重要性，逐步树立时间观念，增强时间意识，从而在学习、生活中养成珍惜时间的习惯。

帮孩子养成良好的作息习惯

孩子没有养成良好的作息习惯，就不会具备合理把握时间的能力。时间资源利用得好，对孩子的生活和学习就会产生很大的帮助。孩子的随意心理比较严重，但是父母要让孩子养成有规律的作息习惯，这是让孩子养成时间观念的最好途径。

父母可以和孩子一起制定一个作息时间表，让孩子感觉到时间的流逝以及时间与自己某些活动的联系。如起床、吃早饭、上学、放学回家、午睡、下午上学、放学回家、做家庭作业、上床睡觉等，该从什么时间开始干，最多花多少时间干完等。

另外，家长不应该将自己的想法和规则强加在孩子身上，而应把孩子看作独立的个体，和他一起商量制定适合的计划表，这是父母尊重孩子的表现。因为只有这样，孩子才能在平等民主的氛围下有一种参与感，体验到父母对他的尊重。而且，这样的时间计划表是真正意义上孩子自己制定的时间规则，孩子比较乐意接受。

教孩子利用零碎的时间

每个人一天的时间都一样，但是善于利用零碎时间的人，就能得到更多的益处。

所谓零碎时间，是指不构成连续的时间或一个事务与另一个事务衔接时的空余时间。这样的时间往往被人们毫不在乎地忽略过去。在日常生活中，有许多零星、片断的时间，如：车站候车或吃饭排队的三五分钟，睡前或医院候诊的半个小时等等。教孩子珍惜这些零碎的时间，把它们合理地安排到自己的学习和生活中，积少成多，就会成为一个惊人的数字。

肖丽是一位钢琴教师。有一天，她给学生上课的时候，忽然问大家，每天要花多少时间练琴。

有一个叫林超的学生说："大约三四个小时。"

"你每次练习，时间都这么长吗？"肖丽老师又问。

"我想这样才好。"林超说。

"不，不要这样。"她说，"你将来长大以后，每天不会有长时间的空闲。你可以养成习惯，一有空闲就几分钟几分钟地练习。比如在你上学以前，或在午饭以后，或在休息余暇，5分钟、10分钟地去练习。把练习的时间分散在一天里面，如此弹钢琴就成了你日常生活的一部分了。"

那时林超大约只有14岁，年幼疏忽，对于肖丽老师所说的道理未加注意，但后来回想起来真是至理名言，尔后他从中得到了不可估量的益处。

当林超在师范大学教书的时候，他想兼职从事创作。可是上课、看卷子、开会等事情把他白天晚上的时间完全占满了。差不多有两个年头他一字未动，他的理由是没有时间，这时，他才想起了肖丽老师告诉他的话。

到了下一个星期，他就把老师的话实践起来。只要有5分钟的空闲时间，他便坐下来写作100字或短短几行。

出乎他意料的是，在那个周末，他竟写出相当数量的稿子了。

后来，林超用同样的方法积少成多，创作长篇小说。他的授课工作虽然十分繁重，但是每天仍有许多可利用的短短余闲。他同时还练习钢琴，他发现每天小小的间歇时间，足够他从事创作与弹琴两项工作。

其实，每个人都有很多的零散时间，就算把生活安排得再怎么井然有序，难免还是会在无意中多出一些零碎时间。很多人往往浪费了这些零散的时间，没有能够将这些零散的时间一点一滴地积累起来做其他事情。父母可以教孩子学会利用每一点零散时间，譬如让孩子在排队等车的时候背背英语单词，那么积少成多，相信孩子的英语词汇量会不断地增加。

“自我激励”对孩子很重要

在生活中，我们需要受到别人的鼓励，更要学会自己鼓励自己，也就是进行自我激励。自我激励是人生中一笔弥足珍贵的财富，在人生前进中能产生无穷的动力。

所谓自我激励，就是通过激发人的行为动机的心理，使人处于一种兴奋状态。这是一种积极的自我心理暗示，常能使处于不利地位的人打消自卑感，增强自信心和进取心。

1968年，在墨西哥奥运会马拉松比赛中，出现了一个感人的场面：坦桑尼亚选手阿赫瓦里在左膝盖受伤的情况下，凭着坚强的意志力跑完了全程。当他到达终点时，比赛的名次早已排满了记录板。事实上，对他来说，他跑不跑到终点，都已经没有名次了。但是，他还是坚持跑完全程。当他跑到终点的时候，一位记者问他：“什么力量让你坚持一定要跑到终点？”他回答：“我只是不断告诉自己，一定要跑完！”

这种自我激励的精神让他赢得了全场最热烈的掌声。

学会自我激励，是一个人成功的必备素质。一个善于自我激励的人，总是能够发挥自身的潜能，创造出超越自己能力的神话；而一个不会自我激励的人，就算拥有良好的天赋，也无法开发出自己的潜力，甚至会走上绝路。

对于孩子来说，通过进行自我激励，可以激发他们的潜能，从而使他们有更好的表现，而良好的表现，又会促使孩子做出进一步的自我激励。在生活中，父母要注意引导孩子学会自我激励，让孩子在自我激励的基础上发挥自己的潜能，走向成功。

教孩子积极的心理暗示

人的一生不可能一帆风顺，父母帮助孩子的最好办法，就是让孩子学会自我激励，给自己喝彩。积极的心理暗示，为孩子提供了充沛的原动力，使他可以冲破重重障碍，成为一个自强不息的人生斗士。

孙老师的女儿孙冉考大学前的第一次模拟考试考得很不理想，孙冉心里很不好受。考完后的孙冉给爸爸打电话的时候是哭着打的，回到家后，孙冉依然挂着泪水，神色黯然。这时，孙老师对女儿说："没事，你考得不错，你现在这个成绩上大专够了，又不是不上线，没问题。现在离高考还有两个月，只要你努力，是有可能发生奇迹的。"

然后，孙老师让孩子做了一件自我激励的事情。他从复旦大学买了一本报考手册，手册上面印着这样几句话："相信自己！相信自己的选择！相信自己选择的成功的人生！"孙老师让女儿每天早晨起来在阳台上把这几句话大声地喊三遍。第一天，女儿喊的时候声音非常小，只有她自己一个人听得见。孙老师对她说："你这样是不行的。你这样就是不相信自己，要大声地喊，使劲地喊。"

后来，女儿真的放开嗓子喊了，结果，女儿发现自己的心态非常好，精神抖擞。这种自我激励一直坚持到高考。结果，孙冉的高考成绩比第一次模拟考试的成绩提高了100分！

帮助孩子确立自我激励的目标

目标就是前进的方向，它是人们迷茫时的召唤，在困难时毅然奋起的信心，是受挫时永不屈服的勇气，是失败时永不放弃的追求。

善于自我激励的人必然有自己的目标，他会朝着自己的目标不断前进，所以，父母要鼓励孩子树立自己的目标，并引导孩子向着自己的目标去努力。在制定目标时，应从孩子的实际出发，不可过大过高，最好先制定那些容易达到的目标，然后再逐渐增加目标的难度。

王可很喜欢打羽毛球，可是他的技术很一般，为此他对自己很失望，爸爸经常见他在打球的时候摇头，然后就会收起球拍，爸爸从他的动作中发现他的情绪变化，想到通过为他制定目标的方法，来帮助他学会自我激励。

爸爸首先让他选择同学中几个打球打得比较好的人，将他们作为孩子的学习和竞争的对象，王可观看了几次他们的比赛，还向他们取经。

最开始，王可看得出他们有些看不起自己，正是这样，王可暗自鼓励自己一定要争气，苦练羽毛球，后来终于超越了他们。

这时候，爸爸又向他提出了更高的目标，让他向市里打羽毛球比较优秀的孩子学习，王可在爸爸的指导下，确立了向这些孩子学习的目标，不断鼓励自己，最终在市里的羽毛球赛中，也取得了不错的成绩。

为孩子树立良好的榜样

父母是孩子最直接的榜样。如果家长遇到困难时，能够不断地鼓励自己，增强信心，进而克服困难，孩子自然能够受到感染，从家长身上学习到责任心和价值感，实现他的人生理想。

一个父亲是一个很成功的企业家，他总是用这样一段话来激励自己："世上没有绝望的处境，只有对处境绝望的人。"一次，他投资失败，陷入了困境。他的儿子很想知道父亲在失败的时候是什么样子的。他偷偷地观察父亲的生活，父亲每天仍然坚持跑步，每天都在书房看书。直到有一天他看到父亲在健身房，一边满头大汗地锻炼，一边说："坚持！坚持！相信自己！我一定可以挽回失败的。"后来，这位父亲真的把这次失败的损失减少到最小。这样的父亲给孩子的榜样作用是显而易见的。俗话说，有其父必有其子，后来，儿子也成为一个很了不起的实干家。

父母要给孩子选择一个好榜样

物理学家赫兹的母亲在赫兹很小的时候就把他送到了叔父那里学习。赫兹的叔父是19世纪有名的电磁学家。每天叔父在繁忙的研究工作外，总是抽半个小时时间对小赫兹进行教育。小赫兹从小就把叔父当成了自己心中的榜样。

在赫兹8岁那年，不幸的事情发生了，年仅37岁的叔父英年早逝了！

出殡那天，许多著名的学者和科学家不远千里前来吊唁，甚至连国王和王后也来了。母亲拉着赫兹的手，指着长长的送殡队伍对赫兹说："你叔父献身科学事业，受到了全世界人们的无限敬仰，你一定要向你的叔父学习呀！"

赫兹深深地铭记住了母亲的话。后来，赫兹拜读了叔父遗留下来的全部书籍和日记。每当遇到了挫折和困难，他总是用叔父的日记来鼓励自己。后来，赫兹真的成功了！

在生活和学习中，当孩子有了自己的榜样之后，会模仿他们的言行，朝着他们的榜样努力，在这个学习的过程中，孩子会不断地激励自己，给自己加油打气。父母可以为孩子选择身边比较熟悉的人作为学习的榜样，也可以选择在孩子比较感兴趣的领域里有突出贡献的人作为他们的榜样。

鼓励孩子学会自我反省

有这样一个寓言故事：

一天，一只鸭子跑到国王面前控诉："国王陛下，法令曾宣布森林里的动物之间要相互友爱、和平相处，但现在却有人违背了这原则。"

"谁这么大胆，竟敢打破和谐的秩序？"国王急切地问道。

鸭子抹了抹眼泪，委屈地说道："今天上午，我潜到水底之前，把我的孩子托付给老马照顾，它非但不好好照管，还踩伤了我的孩子，现在，我要来讨回公道！"

于是，国王在森林里召开了公开的审判大会，他把老马叫来，问道："你受人之托，应当忠人之事，你为什么不好好地照看鸭子的孩子？"

老马委屈地回答："是的，我本应好好照看，但是，我的确不是故意的，更不是有什么邪恶的目的，我听见啄木鸟用长嘴敲出鼓一样的声音，我以为战争降临了，惊慌失措地急于逃避战争，不慎踩到了鸭子的孩子，我发誓，我绝对不是有意的。"

国王叫来了啄木鸟问："是你敲出鼓声宣告战争要降临了吗？"

啄木鸟回答道："是我，国王，但我这么做是因为看到蝎子在磨它的匕首。"

国王叫来蝎子问："你为什么磨你的匕首？"

蝎子回答说："因为我看见乌龟在擦它的盔甲。"

国王叫来乌龟问："你为什么擦你的盔甲？"

乌龟辩解说："因为我看见螃蟹在磨它的刀。"

国王叫来螃蟹问："你为什么磨刀？"

螃蟹回答说："我看见虾在练标枪。"

国王叫来虾问："你为什么练标枪？"

虾辩解说："因为我看见鸭子在水底吃掉了我的孩子！"

听完了上面的回答，国王看着鸭子说："现在，你明白孩子不幸的根源了吧！主要责任不在老马身上，而应该算在你自己的头上，这就是种瓜得瓜，种豆得豆。"

发现别人的错误容易，认识自己的错误很难，其实，人们经常犯下类似鸭子的错误，看不到自己的过错，总是把责任推给别人，不懂得反省自己的行为。

自省是一个人得以认识自己、分析自己，并有效提高自己的最佳途径。自省，是对自己的行为及思想做深刻检查和思考、修正人生道路的一种方法。懂得自省，人格才能不断趋于完善，人才能慢慢走向成熟。通过自省，做人才会越来越成功，生活才会越来越幸福。

俗话说："金无足赤，人无完人。"人活在世上，谁都难免有这样或那样的缺点和错误，谁都难免有丑陋的一面。就连爱因斯坦都宣称，他的错误占90%，那么普通人身上的错误就更不用说了。所以，每个人都要经常跳出自身反省自己，取出自己的心，一再地检视它，这样才能真正了解自己。对于孩子来说更是如此，孩子的年龄小，心志不成熟，很容易犯错误，家长有必要引导孩子进行自我反省。

著名作家李奥·巴斯卡力，写了大量关于爱与人际关系方面的书籍，影响了许多人的生活。据说，他之所以有这样卓越的成就完全得益于小时候父亲对他的教育，因为每当吃完饭时，他父亲就会问他："李奥，你今天学了些什么？"这时李奥就会把在学校学到的东西告诉父亲。如果实在没什么好说的，他就会跑进书房拿出百科全书学一点东西告诉父亲后才上床睡觉。这个习惯一直到今天还坚持着，每天晚上他都会拿十年前父亲问他的那句话来问自己，若当天没学到什么新知识，他是不会上床睡觉的。这个习惯时时刺激他不断地吸取新的知识，产生心得思想，不断进步。

事实证明，自我反省能力能够促使孩子更快地成长。他们通过反省及时修正错误，不断地调整自己的心态和做事方法，所以孩子掌握了自我反省的能力，就等于掌握了自我完善和健康成长的秘方。

自我反省是孩子成长的一个秘诀。家长们不妨在每天结束时，让孩子好好问问自己下面的问题：今天我到底学到些什么？我有什么样的改进？我是否对所做的一切感到满意？如果孩子每天都能改进自己的能力并且过得很快乐，必然能获得意想不到的丰富人生。真诚地面对这些提出的问题就是反省，其目的就是让孩子不断地突破自我的局限，省察自己，开创成功的人生。

引导孩子进行自我反省

叔叔送给洋洋两条美丽的小金鱼。洋洋十分喜欢，把鱼儿放在玻璃缸里，看它们在水中自由地畅游。有一天，洋洋突发奇想，把金鱼从水中捞出来，丢在地板上。看到金鱼不停甩动尾巴，洋洋觉得很好玩。

"洋洋，你怎么这么残忍！鱼会干死的，赶快把它们放回水里去。"爸爸看到这一情景，大声呵斥洋洋。洋洋无动于衷，对爸爸的呵斥置若罔闻。这时，妈妈走过来说："洋洋，如果你口渴时不给你水喝，你会怎样呢？"

"我会很难受。"洋洋有过口渴难耐的经历，便不假思索地说。

“是啊，没水喝很难受，可你把鱼从水里抓出来丢到地上，让它们没水喝，你说它们难不难受啊？而且，鱼是水生动物，比人类更需要水，一旦离开水，会很快死的。它们拼命甩动尾巴，是因为它们太难受了。”妈妈开导洋洋。

洋洋不作声了。沉思了片刻，洋洋对妈妈说：“我错了，我以后再不把金鱼丢到地上玩了。”

孩子的成长是一个不断犯错、不断改正的过程。当孩子犯有过错时，有些家长往往不能容忍，一味责备孩子，甚至打孩子，结果往往事与愿违。如果家长能心平气和地启发孩子，不直接批评他的过失，孩子会很快明白家长的用意，愿意接受家长的批评和教育，而且这样做也可让孩子进行自我反省，明辨自己的过失。上例中的洋洋在母亲的引导下，对自己的行为进行了反省，最终认识到了错误。

让孩子自己承担犯错的后果

孩子做错了事，许多家长常常替孩子去承担犯错的后果，使孩子觉得做错了也没关系，从而丧失了责任心，不利于培养其自我反省的能力，使他以后容易再犯类似的错误。所以，家长应该让孩子自己去承担犯错的后果，让孩子明白，一旦犯错，将会造成不良甚至严重的后果。

有一位爸爸发现自己的儿子在犯错后总是推卸责任，于是想找机会好好教育一下儿子。

有一次，儿子要在周六去参加学校的奥林匹克数学比赛。平时，儿子的数学成绩非常好，而且又善于动脑筋，在这个比赛中取胜的可能性太大了。

周五晚上，儿子像平常一样，放学回家后就去跟同学踢球了，然后看电视、读课外书一直到11点才睡。每个周六早上，儿子都要睡到9点多才起床。这天，爸爸硬着心肠不叫他，结果，儿子果然9点才睡醒。等儿子赶到学校的时候，考试已经开始了。由于儿子迟到了快一个小时，考试成绩可想而知。

儿子回家后非常沮丧，责怪爸爸没有叫他早点起床，使他在这次考试中失败了。

爸爸却对儿子说："儿子，你明明知道周六要去参赛，为什么不早睡？爸爸周六要去加班的时候，有没有要求你来叫醒我？你总习惯别人提醒你做你自己的事，但是，别人是不可能一辈子提醒你的，你要学会自己提醒自己，做错事后自己反省自己的错误！"

从此以后，这个孩子做错事就会自我反省，只要他错了一次，就很少犯同样的错误。

启发孩子思考事情的后果

孩子的意志力较差，容易受他人语言、行为的影响，而且孩子容易情绪激动、做事冲动，容易不计后果地做事情。因此父母应该适当地启发孩子思考事情的后果，让孩子进行自我反省。

有一次，爸爸带小明去逛街。小明看到了一双带皮毛的漂亮鞋子，非常喜欢，就吵着要爸爸买下来。爸爸不同意，因为这是一双木头做的鞋子，不适合孩子穿。

小明哭闹着执意要买。爸爸想了想，就对小明说："我可以答应给你买这双鞋子，但是，你要承诺，买了以后你必须穿这双鞋子，否则我就不给你买。"

小明想着可以买自己心爱的鞋子，高兴地答应了。

谁知，鞋子买回来后，小明才发现穿起来会"咔嗒咔嗒"作响，非常不舒服。如果长时间穿这双鞋子，脚会很累。现在他才知道父亲之所以不让自己买这双鞋子的原因，自己确实太虚荣了。

聪明的父亲看出了小明的想法，他对小明说："孩子，我并不强迫你去穿这双鞋子，但是，你要学会反省自己，不要让自己陷入不良思想的陷阱。"

虽然父亲没有强迫小明再穿这双鞋子，但是，小明觉得应该给自己一个警示。于是，他把这双鞋子挂在自己房间里容易看到的地方，让它时刻提醒自己不要任性，不要贪图虚荣。

让孩子学会管理自己的情绪

情绪是指人们对客观事物所持态度产生的内心体验，在面对一些烦琐的事情时，人都容易产生焦躁不安，或者悲观，或者焦虑，或者沮丧，或者愤怒……这些都是情绪的一种表现。

我们每个人都生活在情绪的海洋中。情绪这东西十分微妙，难以言传，它看不见，摸不着，对我们的影响往往超乎想象。控制自己情绪和行为的能力是衡量一个人心理健康的重要标志。

余威是一名大三的学生，好多年幼时的经历他都已经忘记了，但在他9岁那年发生的一件事却一直令他记忆犹新。那一年的一个周末，他和朋友约好去郊外远足，但父母却说什么也不同意他去。余威感到十分愤怒，他跑回自己的房间，捏紧拳头在墙壁上猛击。他一面哭一面打，双拳血肉模糊都没感觉到。任何人的劝说他都听不进去，最后，父亲气得揍了他一顿。后来，母亲一声不吭地进来给他涂止痛药，并包扎好，但是，母亲始终也没有说一句话安慰他。于是，又恨又怒的余威又倒在床上大哭了半个多小时。直到他心态平和后，母亲才进来对他说："能控制自己情绪的人就能掌握自己的命运。发怒本身就是一种自我伤害，而且对事情的解决是于事无补的，需要好好克服。"

就这样，母亲所说的话深深地印在了余威的心中。虽然现在他已经成年了，懂得了许多道理，但只要一回想起那件事情，他就觉得母亲那次对自己的谈话是这一辈子最值得珍惜的谈话。

看来，学会控制自己的情绪，对于每个人而言都是相当重要的，它是我们成功的前提，更是我们身心健康的保证。

情绪控制是一个人人都必须掌握的很重要的能力，孩子随着年龄的增长，应该对自己的情绪学会收放自如，情绪控制不好会影响孩子的注意力、人际交往能力、适应能力和性格，最终影响孩子的生活质量。有研究表明，儿童时期具有的情绪调节能力，而不是他们的智力，是他们以后生活中能否成功、是否快乐的最好预示。

情绪愉悦的孩子，身体健康，充满活力，能更冷静更客观地对待困难和挫折，并寻找办法战胜它们。而情绪低落的孩子，其前进的动力、决心和成功的欲望更容易受到压抑和摧毁，这将阻碍他们从经验中学习的能力。可以说，积极的情绪虽然不能保证孩子将来一定成功，但至少能奠定成功的基础。所以，教导孩子妥善管理情绪，是给孩子一把开启成功之门的钥匙，家长不可等闲视之。

父母应对自己的情绪表达方式进行反省

要使孩子养成良好的情绪表达习惯，父母首先应对自己的情绪表达方式进行反省，因为父母的榜样作用会在很大程度上影响孩子。生活中，有些家长心情好，就对孩子溺爱得要命；而一旦心情糟糕，看见孩子就觉得不顺眼，少不了训斥打骂。这样一紧一松的家庭教养方式实在有些糟糕。

父母情绪的起伏变化直接作用于孩子，这会使孩子也不能很好地控制自己的情绪，在成人之后，情绪也会起伏不定，忽冷忽热，也有可能最终学会粗暴待人等不良习惯，这会对孩子的未来造成消极影响，不利于孩子以后的生活和事业。因此，父母要对自己的情绪表达方式进行反省。

教孩子一些调节情绪的方法

从前，有一个脾气很坏的男孩。他的爸爸给了他一袋钉子，告诉他，每次发脾气或者跟人吵架的时候，就在院子的篱笆上钉一根。第一天，男孩钉了 37 根钉子。后面的几天他学会了控制自己的脾气，每天钉的钉子也逐渐减少了。他发现，控制自己的脾气，实际上比钉钉子要容易得多。终于有一天，他一根钉子都没有钉，他高兴地把这件事告诉了爸爸。

爸爸说："从今以后，如果你一天都没有发脾气，就可以在这天拔掉一根钉子。”日子一天一天过去，最后，钉子被拔光了。爸爸的方法让这个小男孩学会了控制自己的情绪。

孩子是正在成长中的人，他的心智还没有完全成熟，他没有那么多心力来承担成人的喜乐哀愁。父母要以安慰的言辞和关爱对孩子施与同情心，帮助孩子发泄他们的情绪，辅导孩子进行情绪调整。如冷处理、设法转移孩子注意力等等。同时家长也应帮助孩子学习主动自觉地控制其情绪。例如，在盛怒时，不妨赶快跑到其他地方，或找个体力活来干，或者干脆跑一圈，这样就能把因盛怒激发出来的能量释放出来。

让孩子学会乐观地面对生活

积极的情绪体验能够激发人体的潜能，使其保持旺盛的体力和精力，维护心理健康；消极的情绪体验只能使人意志消沉，有害身心健康。为此，学会保持乐观的生活态度与情绪，对孩子来说是十分重要的。作为父母，要教育孩子乐观地面对人生，帮助孩子进取，克服一些他现在克服不了的困难，只有这样，才能教会孩子以正确的态度和方法保持乐观。

晓霞是一个多愁善感的小女孩。一次，她不小心把姑姑送给她的手表弄丢了，那是她最心爱的手表，因此她非常伤心。丢表后，晓霞几天都无精打采、情绪不佳，看谁都有点儿不顺眼，因此总是乱发脾气，结果没几天就病倒了。

后来，姑姑来看望晓霞。得知她生病的原因后，姑姑拉着晓霞的手，亲切地对她说："傻丫头，如果你损失了一百元钱，那你还会损失两百元吗？"晓霞有气无力地说："当然不会了。"她不解地看着姑姑，不明白姑姑为什么会问她这样的问题。

"这就对了。你看，你只不过丢失了一块手表，可是你一连好几天都不开心，结果卧病在床。你丢的不仅仅是手表，还有快乐的心情以及健康的身体。"姑姑心疼地对晓霞说。听了姑姑的话，晓霞如醍醐灌顶，她终于明白了，面对无法挽回的局面，应该调整情绪、积极面对，不能让消极的情绪左右自己。

于是，晓霞不再为那只丢失的手表伤心了，她调整情绪，努力学习，又拥有了快乐的心情。

对孩子进行劳动教育

劳动，是人区别于其他动物的基本条件，人类能够繁衍生存下去，是离不开劳动的。不管社会怎样进步、科学怎样发展，劳动永远是人们创造美好幸福生活的根源。现代社会的每一位家长，都应重视对孩子的劳动教育。在家庭教育中，劳动教育是必不可少的。因为劳动观念的培养、劳动技能的掌握，是孩子成材的必要条件。

劳动是孩子认识世界的主要手段之一。孩子爱劳动，就能尊重劳动人民，爱护别人的劳动成果，爱惜公共财物；能懂得幸福生活要靠劳动创造，要靠集体的智慧和力量来创造，从而养成勤俭朴实、热爱集体、谦虚谨慎的良好品质。

随着时代的发展，人民生活水平的提高，不少孩子从小生活在较为优越的家庭环境中，家长习惯于包揽孩子的一切，他们过着衣来伸手、饭来张口的生活，很少有劳动锻炼的机会，这使他们缺乏劳动意识，更不懂得珍惜劳动成果。

中国孩子与国外孩子在独立意识、自主能力和吃苦耐劳精神等方面表现出较大差异，这不由得让人担心，如果我们培养出来的未来一代是轻视劳动、缺乏劳动技术能力的一代，那么将来他们靠什么去生存立足，又怎么能担当起建设国家的重任呢?

因此，父母应该从小注意对孩子进行劳动意识的教育，进行对劳动实践的培养，让孩子在劳动中体验快乐和喜悦，这对孩子的成长十分有利。

希尔顿是美国希尔顿饭店的创始人，在他很小的时候，父亲就注重培养他劳动实践的能力。

有一天，天刚亮，父亲就把希尔顿叫起来，把一个大约两米长的草耙交给他，并用愉快的声调说："你可以到畜栏里工作了。"小希尔顿接过这个比他的个头高两倍的草耙，开始了他人生中的第一次劳动。就这样，希尔顿少年时代便在父亲的带动下，边读书边干活，养成了勤勉和善于经营的本领。

希尔顿上学后，父亲专门开辟了一块地给他，让他自食其力，学会耕种赚钱。他在地里种上青菜，每天放学后就跑去松土、浇灌和施肥。等青菜收获了，他便拿到市场上去卖。这时，他的第一个顾客往往是他母亲。当他接过母亲手中的钱时，他总是深深地感受到收获的喜悦和成功的快乐，同时也对自己的劳动成果倍加珍惜。

学校放假时，小希尔顿就跑到父亲的商店里去打工，跟父亲学做生意。父亲教会他如何处理各种各样的业务，如何衡量信用，如何与顾客讨价还价，如何揣摩顾客的心理需求，如何进货退货，以及如何在紧要场合保持心平气和。有一次，父亲让他帮助进货，他一个人跑到离家几百里的地方，一去就是十几天。在这样的磨炼中，他得到了许多经验，胆子也越练越大，迅速地成为一个出色的小生意人。而正是这些必要的训练和宝贵的经验，促成了他日后的成功。

由此可见，从小培养孩子的劳动习惯，对于孩子的成长是极有好处的。劳动不仅能够造就一个人，而且能够给人以快乐和幸福。

我国现代著名教育家蔡元培先生曾说："劳动是人生一桩最紧要的事情。"法国著名作家法朗士也说："人类的劳动是唯一真正的财富。"所以劳动对每个人都是很重要的一件事，孩子当然也不例外。从小就培养孩子热爱劳动的习惯，是对孩子自主能力的一个很好锻炼，对其以后的成长和发展具有决定性的作用。所以，让孩子参加力所能及的体力劳动，对孩子进行劳动教育是所有父母应尽的职责。

舍得让孩子劳动

我们常常会看到这样的现象：当孩子对劳动产生兴趣时，家长却对其百般阻止。殊不知，家长对孩子的“不舍得”，在孩子眼中却是“不信任”的表现，这是对孩子劳动潜意识的扼杀，也是对孩子劳动积极性的打击。

有个中学生回老家看望80岁高龄的外婆，想为老人做点事，但老人不让干。一清早，孩子去喂鸡。老人见了，一把夺过饲料说：“大清早的，谁让你干这活儿，回屋去。”下午，孩子去扫院子，老人又说：“天这么热，毒日头底下晒不得，快进屋看书去。”

许多孩子的无能和懒惰，就是这样逐渐形成的。所以，家长遇到这种情况时，一定不要拒绝孩子，应该抓住这个引导、教育孩子劳动的大好机会，不仅要耐心地手把手去教孩子，而且要告诉孩子劳动的正确方法和技巧，还要提醒孩子注意安全以及在劳动中保护自已。只有这样循循善诱，家长才能让孩子始终保持对劳动的热情，从而更好地培养孩子的劳动能力。

让孩子学会做家务

做家务是培养孩子劳动能力的好办法。父母适当地交给孩子一些工作，让孩子学着做些简单的家务，不仅能减轻父母的负担，更是一种教育和引导孩子的好办法。孩子也可以充分体会到父母平时的辛苦，也能够使他们学会自我负责、生活自理。

美国第34任总统艾森豪威尔在很小的时候，就在母亲的指导下学会了做家务。在学习之余，艾森豪威尔不仅要砍柴、做饭、打扫卫生，还要在自家的空地里学种蔬菜，参加家庭劳动。

有一年，艾森豪威尔的弟弟染上了猩红热，家里顿时紧张起来，猩红热是一种传染病，病人必须和家里人隔离开。于是，父亲便和几个孩子挤着住在楼下，由母亲来照看弟弟。由于父亲每天要工作，两个哥哥又在外地打工，其他的几个孩子年龄尚小，所以母亲就把烧水做饭的事情交代给艾森豪威尔去做。小艾森豪威尔此前根本不会做饭，但是在这种情况下，他也只有下定决心把饭做好。

刚开始，母亲手把手地教他生火、切菜、做饭的一整套程序，每天把要做的饭菜都准备好，小艾森豪威尔便开始一个人在厨房里忙活起来。凡事都是被逼出来的，他虽然从来没有做过饭，但对做饭还是感到很新鲜有趣，所以就做得很认真仔细。刚开始的时候厨艺不精，做出来的饭菜常常让家里人难以下咽，但母亲每次都吃得很起劲，还鼓励他说做得很好吃，让他继续努力。经过一段时间的磨炼，艾森豪威尔的厨艺有了很大的提高，还练就了几个拿手好菜，看到家里人每天吃饭狼吞虎咽的样子，他高兴极了。

从此以后，艾森豪威尔便承担起了家里做饭的任务。上中学的时候，有一次学校组织郊游，由他来负责给大家烧饭。凭着母亲教给自己的手艺，他做了一顿丰富的野餐，令同学们赞不绝口。这也使他深深地体会到，只有依靠艰苦的劳动，才能改变和创造生活，赢得他人的赞赏。

直到晚年，艾森豪威尔还常常津津乐道地向别人讲述自己少年时期做饭的经历。

教给孩子一些劳动技能

有一次，艳红在帮助妈妈洗碗的时候，由于碗碟没有摆放好，最后斜着倒地，那些碗变成了碎片。艳红惊慌失措，胆怯地望着妈妈，不知如何是好。妈妈笑着安慰艳红说：“没关系的，你能帮妈妈洗碗，妈妈已经很高兴了，打碎几个碗没什么大不了，以后小心点儿就是了。”在妈妈的安慰下，艳红悬着的心终于放了下来。接着，妈妈又给艳红示范洗碗时的注意事项，告诉艳红放碗和碟子时，一定要摆放稳当，洗碗的水龙头不要开得过大……在母亲的鼓励和教导下，艳红很快成了家里的劳动能手。

可见，劳动需要一定的技能，干什么活都有一定的干法，这就要求父母教给孩子一些劳动的程序、劳动的操作要领、方法及劳动的技巧。

做任何事情都需要一个学习的过程，父母应该耐心地讲解劳动的各种步骤、方法、要求和注意事项。父母在教孩子学会劳动技能的时候不要急于求成，而应该根据孩子的年龄特点，循序渐进，逐渐提高劳动的难度和强度。在孩子取得进步的时候，哪怕这个进步是非常微小的，父母也要鼓励孩子，让孩子从劳动中体验到快乐和幸福。

让孩子从小学会理财

理财是人生的重要一环，它不仅是成人必备的，也是孩子不可或缺的课程。正确的金钱观和理财方法，会成为孩子未来事业、生活的好帮手。

当社会变得越来越商业化的时候，许多家长害怕自己的孩子“有了钱就变坏”，于是严格控制孩子的零花钱，以为这样就能端正孩子的消费观和金钱观。其实，这种观念是落后的，这种做法也没有什么好处。

一个在金融界打拼多年的父亲，去世后留给未满二十岁的儿子上亿元的财产。结果在他过世后，儿子即大肆买房、买跑车、出国旅游，恣意享受人生，结果不出三年，上亿元的遗产挥霍一空。

可见，若没有尽早培养孩子的理财能力、理财智商，留给他们再多的财富，终究会挥霍一空。

儿童心理学家指出：孩子对金钱的兴趣可以说是与生俱来的，早期的金钱教育对儿童树立一个正确积极的金钱观，形成良好的理财习惯与技巧有着不可估量的潜在作用。

一项对2000余名未成年犯和1000余名普通未成年人的调查显示，未成年犯的零花钱明显多于普通未成年人，而且在所有犯罪类型中，因为抢劫、盗窃等与“钱”有关的罪名而入狱的孩子占到全部未成年犯的70%以上。未成年人因钱迷途的教训，反映出对孩子的理财教育的缺失。没有受过理财教育的孩子只知道花钱，缺乏正确的消费观念和创造财富的能力，所以我们要对孩子进行理财教育。

从小就有意识地培养孩子的理财能力，指导孩子熟悉、掌握基本的金融知识与工具，从短期效果看是养成孩子不乱花钱的习惯，从长远来看，将有利于孩子及早形成独立的生活能力，使其在高度发达、快速发展的时代中，具有可靠的立身之本。

鼓励和引导孩子学会储蓄

家长都不希望孩子乱花钱，而且最好是能把一部分的零钱或压岁钱存起来。但是，孩子大多数是立即享乐主义者，除非有很好的理由，否则很难让他们存下钱来。父母可以利用孩子要求买一些价格较贵的东西，如他想买一套音响或一辆自行车，建议他开始存钱。为了鼓励孩子，建议父母提供给孩子那部分的补助的比例要相对提高。例如，6 岁大的孩子想买一件价格 200 元的模型汽车，父母可以告诉他："只要你存了 40 元，我出其他的 160 元。"而如果父母告诉他的是各出一半钱，孩子一想那要存多少才能得到，就可能放弃了存钱的念头。此外，父母可以告诉孩子存钱是为了将来买到真正需要的东西，因此有时得忍痛放弃一些眼前想买的东西。通常，买的东西虽然孩子只出了一元钱，孩子也会比较爱惜的。

当孩子还小的时候，父母常会代管孩子的礼金或压岁钱做储蓄，这并没有什么不好，但得账目清楚，最好的方式是准备一本账簿，清楚地记下每一笔进出金额的数字和日期，其意义并不是与孩子锱铢必较，而是兼具互信和鼓励的表现。

孩子上小学以后，父母可以陪孩子到银行办理账户的申请，也可趁机教导一些存取款的手续和知识。当孩子拥有自己的一本存款簿，知道其中的数字意义，他会愉快地看着日渐增加的存款，进而养成良好的储蓄习惯。如果存款簿的数字很少，而又有想买的东西时，孩子自然得加紧储蓄的努力了。

劳动是最好的赚钱方式

现在，大多数孩子只管伸手要钱，似乎永远是理所当然的消费者，从来没有通过自己劳动挣钱的体验。他们不是靠自己的付出得到等价的报酬，却有着强烈的消费需求和欲望，使他们对钱没有一个正确的认识，这是很多家长对孩子教育中的一个盲点。所以，家长要多培养孩子的劳动能力，让孩子理解金钱是通过劳动取得的，让孩子懂得勤劳致富光荣、好逸恶劳可耻。父母还可引导孩子适当参加劳动，以获得劳动报酬，体验用劳动换取金钱的快乐。

李丽的妈妈很注重对孩子理财方面的教育，每次给孩子零花钱，她都会告诉孩子这些钱是父母通过劳动挣来的，而且还告诉孩子，自己通过劳动挣来的钱花起来才会开心，并且鼓励孩子也用自己的劳动去挣钱。

这样，李丽不但很早就知道金钱是通过劳动换来的，而且开始做家务的时间也比较早。她根据父母的吩咐，把“义务劳动”做完之后，又做了父母给他安排的有报酬劳动。李丽的许多零花钱都是通过自己的额外劳动挣来的，她为此很自豪。

李丽的父母看着孩子知道通过劳动挣钱，而且能够把这些劳动和义务分开，感到十分欣慰。

鼓励孩子自己挣钱，是以培养孩子富有开拓精神、能够成为一个自食其力的人为出发点的。只有体会到了挣钱的不易，孩子才会改正大手大脚、挥霍浪费的坏习惯，而开始精心地计划自己的财务收支，这样就逐渐提高了他的理财能力。孩子在体验中也学会了理财的方法。

引导孩子合理消费

家长可以协助孩子拟定一个消费计划并正确执行。让孩子通过亲身的消费体验，学会精打细算，不乱花钱，不浪费钱财。

暑假到了，爸爸妈妈要带 11 岁的小明从北京家中出发到青岛旅游，小明没想到妈妈竟把这次一家三口的旅途开支任务交给了自己。计划是在青岛玩五天，开支不得超出 5000 元，而且剩下的归自己。

小明事先设计了一个简易账本，其中分总额、支出、备注三大项，在支出栏中，小明将每天的花费情况都逐一对应地记录在账本上，而且每天都搞预算，原则上是：只许结余，不准超支。五天下来共花费4700元，其中：车费1500元，景点门票费1200元，食宿费1000元，购物费1000元，这样回到家中还结余300元，作为一项父母对自己的奖励。

小明通过一次亲身消费体验，树立了节俭、节省的观念，学会了如何用较少的钱去办较多的事。

第六章

DI LU ZHANG

不凶不吼，激发孩子的学习热情

孩子的学习兴趣和热情，需要家长耐心地引导和培养。只有激发孩子的学习热情，孩子才能更好地学习相关知识。所以，家长只有树立正确的教育观念，掌握科学的教育方法，通过逐步关心孩子的学习情况，了解孩子的学习心理，适当地进行引导，才能够大大提高孩子学习的信心和兴趣，让孩子学会掌握有效的学习方法。

从兴趣出发，激发孩子的好学心

“知之者不如好之者，好之者不如乐之者。”如何让孩子对学习产生兴趣，这是教育孩子的一个根本观点。

美国心理学家布鲁纳说：“学习的最好动机，乃是对所学教材本身的兴趣。”这就是说，浓厚的学习兴趣可激起强大的学习动力，使孩子自强不息，奋发向上。兴趣是人对客观事物的一种带有情绪色彩的认识倾向。一旦孩子对某事物产生兴趣，强烈的求知欲就会促使孩子主动学习，取得事半功倍的效果。

有一个旅美华人，对孩子的作业大加感慨。

他的儿子刚上小学六年级，但是有一次，当他查看孩子的作业时，却发现老师给儿子留了这样一份作业：

“你认为谁应该对第二次世界大战负有责任？”

“你认为纳粹德国失败的原因是什么？”

“如果你是杜鲁门总统的高级顾问，你将对美国投放原子弹持什么意见？”

“你是否认为当时只有投放原子弹一个办法结束战争？”

“你认为今天避免战争的最好办法是什么？”

这位父亲感到惊奇：“这哪是给小学六年级学生的作业，分明是竞选参议员的前期训练！”但是，这位父亲并没有对孩子说出自己的想法，而是静下心来思考美国老师布置这项作业的道理。最后，他发现，美国老师正是在这一连串提问之中，引导孩子把视野拓宽，让孩子学习从高处思考和把握重大问题的能力，同时，在这些提问中，向孩子们传输一种人道主义的价值观。

实际上，这些问题在课堂上没有标准答案，答案需要让孩子们自己去寻找。

当这位父亲看着12岁的儿子为了完成这项伟大的作业而兴致勃勃地看书查资料时，感到非常欣慰，因为他根本不用担心孩子做作业时会磨蹭，注意力会不集中，也不用为孩子的学习操心受累。因此，这位父亲不由得发出这样的感慨："在孩子追求知识的过程中，激发孩子的兴趣，让孩子主动、快乐地学习，孩子才能有自己的思考，才会不用父母提醒也能专心于自己的学习。"

兴趣是最好的老师。一个孩子如果做他感兴趣的事，他的主动性将会得到充分发挥。即使是十分疲倦和辛劳，他也总是兴致勃勃、心情愉快；即使困难重重也绝不灰心丧气，而是去想办法，百折不挠地去克服它。如果让孩子去学他感兴趣的知识，学习的时间也许很长，但他丝毫不觉得苦，反倒像是在游戏。

兴趣是打开潜能的钥匙。父母教育孩子的目的，就是要把孩子培养成为一个有能力的人和一个有能力创造成就的人。兴趣能为孩子打开能力之门，父母所要做的就是去发现孩子的兴趣，让兴趣引领出孩子无限的潜能。

尊重孩子的个人兴趣

李明是个小学四年级的学生，非常喜欢弹琴，而且在音乐方面也很有天赋，小小年纪就可以作简单的曲子，这本是一件令人高兴的事，但是父亲却坚决不允许李明学琴，非让他学画画不可。音乐老师开导李明父亲："李明在音乐方面很有天赋，好好培养会有所成，我们应该尊重孩子的兴趣和爱好。"李明父亲满不在乎地说："什么兴趣、爱好？孩子懂什么，大人叫他学什么就学什么！只要刻苦训练，做什么都可以出成绩。"

孩子是独立的个体，有自己的喜怒哀乐，自然也有自己的兴趣爱好，但很多家长并不将此当回事，认为孩子的生活道路应该由家长来安排。这种看法显然是不对的，如果孩子不以兴趣为出发点，那他对什么事物都反应平淡，很难有所成就，而如果违背孩子的意愿，那更会伤及孩子的自尊心。

因此，父母要尊重孩子的爱好兴趣。即使孩子的这种兴趣爱好可能与父母的期望有差距，但只要是正当的嗜好，就应该尊重孩子。因为孩子在做自已喜欢的事情时，他的创造力和潜力才有可能得到充分的发挥，他的专注、认真、持之以恒的习惯和意志品质也可以得到锻炼，有利于孩子的成长。

给孩子的兴趣以引导和鼓励

一位教育家曾经说过："天才之所以是天才，并不是由于他们生来具有很高的天赋，更重要的是他们在幼年时期的兴趣和热情的幼芽没有被踩掉，并且得到了保护和顺利发展。"所以，家长在发现孩子的兴趣后，最重要的是给孩子以引导、帮助和鼓励。

一位爸爸，当他发现孩子在洁白的墙上随意画画时，并没有训斥孩子。反而，面对孩子画的太阳、树木和河流时，对她大加赞赏。之后又耐心地对她说，如果画在墙上的话，只能画一次，但是如果画在纸上的话，她就可以想画多少就画多少。为了激励孩子的兴趣，这位爸爸还特意做了一个张贴栏，只要她画好一张就往上面张贴一张。结果使这个孩子的兴趣大增。

研究表明，孩子的天赋能否得到发展，决定性因素在于父母能否为孩子提供足够的支持和帮助。作为孩子的指导者，父母有一个非常特殊的功能，一旦孩子感兴趣的事情得到了父母的支持和鼓励，他就有很大的信心坚持下去，如果不鼓励孩子，甚至批评孩子，那么就会如昙花一现迅速枯萎。

鼓励孩子的兴趣，父母不仅要花费时间、心思、金钱，最重要的是要善于听取孩子的想法，了解孩子的困惑，多给孩子创造尝试和实践的机会。

让孩子自由选择兴趣爱好

在现代社会中，很多家长盲目地培养孩子的兴趣和特长，因此在培养孩子的过程中出现了很多的问题，有的孩子就在家长的逼迫下在心理上埋下了"厌学"的种子，不但没有取得预期的目的，反而适得其反。

有一对夫妇观看了一场由丹麦12岁的音乐“神童”演奏的钢琴音乐会，除了羡慕不已，他们还下了决心，也要将儿子培养成为一名钢琴“神童”。

他们省吃俭用两年多，终于攒下一笔钱，为儿子抬回了一架钢琴。他们的儿子一生下来就对音乐不感兴趣，乐感也非常差，但是父母逼着他必须培养弹琴的兴趣。

妈妈每周两次陪着儿子到钢琴教师家去学两个小时。为了对儿子练钢琴能起到监督作用，只有一点点简谱底子的父亲还去“加强班”进修了两个月的五线谱。

然而，纵使父母费尽了心机，但一看到钢琴就头大的儿子练琴如上油锅。为了让儿子坐到钢琴凳上，用他妈妈的话说就是“不打一顿，也得数落10分钟”。即使是这样，儿子对钢琴仍然没有丝毫的感情。他天天都在梦想和小伙伴们去绿茵场上痛痛快快地踢上一整天的足球。

因此，对父母整日强迫着他学钢琴、练钢琴，儿子的逆反情绪越来越强烈。终于有一天，这种逆反的情绪像一座“小火山”一样爆发了——他从厨房里拿出一把菜刀，“咣咣咣”将那架钢琴劈了个“伤痕累累”！

这则失败的家教案例警示父母们：把自己的意志强加给孩子，压抑孩子真正的兴趣会引发严重的后果！

其实我们应该尊重孩子的意愿，从孩子的兴趣出发，让他们自由选择学习方向，勇于对自己的选择负责。否则，非但不能为孩子创造健康的成长空间，反倒会让孩子遭到亲情的“摧残”。

培养孩子广泛的阅读兴趣

阅读是人类进步的最好途径。在当今信息时代，知识的更新频率越来越快，阅读是人们了解社会的重要方式，也是孩子认识社会和自然界的重要方式！

书是知识的源泉，书是孩子的良师益友。读书对一个人一生的发展非常重要，它不仅使人知识广博，更重要的是它能陶冶人的品德，使人的精神内涵更加丰富。正如莎士比亚所说的："生活中没有书籍，就像没有阳光；智慧中没有书籍，就像鸟儿没有翅膀。"

北宋大科学家沈括，其父母文化底蕴深厚，在父母的早期教育下，他很早就开始读书。十四岁时已把家中的很多藏书都读过了，以后又各处借书读，青年时期就已成为当地知名人物。后来随父亲工作调动到福建、江苏、四川和京城等地，有机会又读了很多书，学识更加充实。二十四岁时他步入仕途，任东海（江苏）、宁国（安徽）、宛丘（河南）等县县令，政务之外仍勤奋读书不辍，三十三岁考中进士，三年后被聘为皇家昭文馆编校。这让他有机会读了更多的皇室藏书，学识更加渊博。他对文学、史学、军事、农事、天文、地理、物理、化学、数学、生物、水利、医药、书法、音乐……都有很深造诣，是当时深受人们尊敬的学者。他一生著述有几十种，最著名的是《梦溪笔谈》，被誉为"中国科学史上的坐标"，他成为当时世界上最优秀而伟大的科学家之一。

引导孩子爱读书是每个父母的责任，孩子一旦对读书产生了浓厚的兴趣，就会燃起求知的智慧之火，这样，你就为孩子的成功铺设了一条道路。

中国一代文学巨匠巴金先生小的时候，他的母亲就很注意培养他的阅读能力。

母亲经常教巴金背诵古代诗词。"多少恨，昨夜梦魂中。还似旧时游上苑，车如流水马如龙，花月正春风。……"母亲把这样文字优美、意境深刻的诗词，像念儿歌一样念给儿子听。小巴金也像学儿歌似的跟着母亲读，尽管还不明白这些诗词的意思，但他却十分用心地学。

母亲似乎有永远也教不完的东西，她常常用一些白纸订成好几本小册子，每天从诗集中抄写一首诗词在小册子上，然后发给巴金和其他儿女。那一行行隽秀的文字，整齐地排列在小册子上面，让孩子们有了舒服的感觉。每天晚上，母亲都要把孩子们叫到身边，让他们站着排成一排，手里捧着小册子。在昏暗的灯光下，母亲用温柔的声音给他们读着这些词句。母亲先是一个字一个字地教，然后，再把一整句诗词连起来教，并为孩子们讲解其中的含义。等他们全读懂后，母亲就拿出印泥让孩子们在学过的那首诗词上做标记。第二天晚上，母亲又会把孩子们召集到一起，温习前一天学过的诗词，然后再开始教新的诗词。这就是巴金最早接触到的文学，他至今还记得那白纸上一个个隽秀的小字。

母亲的教育方法毫不死板，而且和颜悦色，很少发脾气。这使巴金从来没有感觉到学习的压力和苦楚，而是非常轻松愉快地和母亲共同徜徉在文学的海洋之中，从此以读书为乐，他说："我们从没有一个时候觉得读书是件苦的事情。"

母亲用自己的一言一行影响着巴金，使得巴金从小就接受了文化的熏陶。也许正是童年时代的这种美好的读书经历，让巴金喜欢上了读书，渐渐走上了文学之路，成为享誉海内外的文学大师。

阅读，是一种使孩子终身受益的好习惯。"授之以鱼不如授之以渔"，为人父母者，要从小重视培养孩子阅读的兴趣。

阅读能力是一种综合能力，它不是一朝一夕可以形成的，而是循序渐进的一个过程。孩子由于受年龄、知识和生活环境所限，不论在阅读习惯、方法和材料等方面都会遇上很多困难。而父母作为孩子的第一任教师，就成为孩子阅读的启蒙者。因此，父母要担负起阅读教育的职能，培养孩子广泛的阅读兴趣。

激发孩子的阅读兴趣

兴趣是最好的老师，有了兴趣，做任何事情，你都会主动去做。没有兴趣，想做好一件事情是很难的。培养孩子读书也是这样，只有培养了孩子的读书兴趣，孩子才能主动去读书，从丰富的书籍中去吸取营养，丰富自己，充实自己，不断提升自己的素质。

19 世纪德国著名的思想家、诗人歌德，在他幼年时，母亲就常常给他讲故事。每天讲到"且听下回分解"的地方就停住，以后的故事情节让歌德去想象。幼年的歌德为此做了各种猜想，有时还同他奶奶商量，等待着第二天故事情节的发展。第二天，母亲在讲故事前，先让孩子说他是怎么想的，然后自己讲。当歌德猜中的时候，他就高兴得叫起来。歌德的记忆力和想象力就是这样培养起来的，当然，歌德的读书兴趣因此也被调动起来了，这为他后来创作剧本和小说带来了很大的益处。

引导孩子阅读经典文化名著

经典文化名著是世界历代文人和学者的绝世之作，经过几千年的大浪淘沙留下来的脍炙人口的作品。如果我们的孩子经常阅读这些经典名著，让孩子们的心灵与大师们交流、碰撞，让他们深切地感受到文字里所蕴藏着的瑰宝，高起点、高标准地迈开人生的第一步。所以，家长要引导孩子读一点经典名著。

为孩子创造和谐的阅读环境

读书需要有一个良好的氛围，如此才能保证孩子心情愉悦、注意力集中地读书。所以父母要尽可能为孩子创造有趣、轻松、自在的阅读环境。正所谓书香门第多才子，一个最重要的原因就是他们家庭读书的氛围好。如果父母本身都有阅读习惯，言传身教，自然能给孩子良好的影响。

美国第54届总统乔治·布什很喜欢读书，他小的时候，母亲便常在睡前读书给他听。

为了鼓励布什读书，母亲还在家里摆放了许多图书，目的就是让书籍可以触手可及，当孩子想看书的时候随时都能拿到手。这些图书的种类很多，大都是母亲为小布什买来的，也有跟别的家庭交换各自己经读熟了的书。每逢节日或小布什生日的时候，母亲都不忘记送给他最好的礼物——书。

不仅如此，母亲还动员全家都来参加读书，组织“家庭朗读”活动。不同的人讲故事会使孩子有新鲜感，所以母亲动员小布什的父亲、爷爷、奶奶等人要读故事给他听，这样互动的交流让小布什受益匪浅。

教孩子学会自学，提升他的学习力

所谓自学能力，就是自我学习的能力，是指不依赖教师、家长，通过独立学习、钻研而获取知识的能力。这是一种十分重要的能力。孩子有了一定的自学能力才能获得广泛的知识，才能学得更灵活、更扎实。

自学是最有效的学习方式，而我们现在的孩子，大多数都不具备自学意识，懒于自学，再加上父母也习惯于什么都教给孩子，孩子一有什么难题，就请父母教。长此以往，孩子不习惯于自己去寻找答案，导致孩子一直处于一种被动的状态，惰性越来越顽固，越来越依赖父母和老师，这对孩子将来的发展是很不利的。

张芳是个初中一年纪的学生，她是个典型的乖乖女，一切都顺从妈妈的指令，妈妈让她做什么她就去做什么。生活上如此，学习上更是如此。在家里，她严格按照妈妈给她制订的时间表来完成学习任务。

有一次，妈妈生重病住院一个多月，没有办法再像往常一样时刻指导她的学习。离开了妈妈的点滴指导，张芳根本不知道什么时候该做什么事情，也不懂得如何提高自己比较差的科目。慢慢地，她的学习成绩出现了很大的退步。

俗话说："授人以鱼，不如授人以渔。"孩子的学习也是一样，教给孩子知识，不如教给孩子学习知识的能力——自学能力。学习本来就是孩子自己的事情，可以说，只有学会自我学习，才能够学得好、学得多。

纵观古今中外有作为的青年，他们中许多人并未进过正规的学校，更没有上过大学，然而，他们却通过自学取得了卓越的成就。伟大的自然哲学家、数学家、物理学家笛卡尔，没有上过大学，但他凭借自学，23 岁就创立了解析几何。英国的道尔顿只在乡村学校读了几年书，全靠自学成为近代化学的奠基者、原子学说的创始人。美国的大发明家爱迪生，只上过三个月的小学，但他一生中却取得了一千多项发明的成功。我国的华罗庚，早年在杂货店当学徒时，数学底子并不好，他完全靠自学，成为举世闻名的大数学家。由此可见，培养孩子的自学能力是非常重要的。

自学能力是每个孩子都必须掌握的一种能力。培养孩子的自学能力，不仅能促使孩子主动地学习，独立思考钻研问题，提高学习效率，而且对他胜任未来所从事的工作也极有帮助。为此家长要培养孩子的自学兴趣，帮助他们掌握自学方法，培养自学习惯，使孩子愿意学，并且会学，这是至关重要的。

帮孩子掌握学习方法

学习方法与学习过程、阶段、心理素质等有着密切的联系，它不但蕴含了对学习规律的认识，而且也反映了对学习内容理解的程度，同时，它还是一种带有个性特征的学习风格。因此，家长应结合孩子的年龄及学习特征，逐步培养孩子掌握适合自己特点的、富有成效的学习方法。

小丽是个初中生，她的自学能力非常强。她的爸爸一直很注重培养她基础的学习技巧，因为他认为孩子只有掌握了一定的学习技巧，才能真正学会自学。

小丽刚上小学的时候，爸爸就指导她运用多感官学习法来集中自己的注意力，提高学习效率。小丽利用这种学习技巧学习起来特别轻松、愉快，她慢慢喜欢上了学习，自学能力也得到了很大的提高。

指导孩子使用工具书

小强10岁的时候，妈妈给他买了一本《新华字典》，并认真地对他说：“以后，遇到没学过的字或者词，先在这本字典里找。如果找不到，再来问爸爸妈妈，知道吗？”

小强点了点头。随后，妈妈又开始告诉他如何使用字典。

妈妈翻开字典，说：“你可以通过两种途径来查找你需要的字，第一种是通过拼音，第二种就是通过部首检字表。如果你想知道一个字怎么读，那么就可以用第二种方法；如果你想知道一个字的含义而你已经知道了它的拼音，那么两种方法都可以用。”

从那以后，小强再也没有拿着书本跑到厨房去问妈妈这样的问题：“这个字怎么组词啊？这个字怎么读啊？”显然，他已经拥有了一定的自学能力。

工具书是孩子学习的好帮手。字典和词典等工具书，能帮助孩子扫除阅读障碍，提高阅读能力。孩子学会查字典和词典的方法，并能独立运用，就等于掌握了一种自学的方法，有利于他们提高学习成绩，开阔知识视野，使他们变得更加聪明。

陪孩子多去逛书店

要提高孩子的自学意识，一个重要的途径是家长多陪孩子去图书馆或书店，不仅可以帮助孩子增长知识，还可以增进感情。孩子的自学意识是家长引导出来的，家长只要给孩子创造良好的氛围，引导孩子培养自学意识就可以了。

不要仅仅用成绩单评判孩子的好坏

现今社会，很多家长都走进了这样的误区——让分数成为衡量孩子成绩的唯一标准，把分数当成智力发展水平的唯一尺度，也当成孩子学习能力强弱的尺度。

某家庭教育组织曾做过一项家庭教育的调查，问当父母者“您考虑孩子前途时最为关心的问题是什么？”前三项回答依人数比例的高低为：“学到知识”占 82.6%，“良好行为习惯”占 41.9%，“身体健康”占 37.3%。又问及“您认为好孩子的主要标准是什么？”前三项回答依次为：“学习成绩好”占 84.8%，“道德品质好”占 38.2%，“身体好”占 27.8%。这项调查表明，当今父母关注孩子的重心是智力的开发，评价孩子的首要标准是学习成绩。其实，这种观念是片面的。

一般来说，考试成绩能反映孩子的一些情况，父母关心孩子的分数也是应该的。但是，有的父母望子成龙心切，把对孩子基本生活需要的满足、对孩子的亲疏宠责都与考试分数挂钩，逼着孩子去为分数而学习，结果影响了孩子的身心健康发展。

一位初二年级的学生萌萌说："很小的时候，我第一次考了第一名，爸爸妈妈都很高兴，带我去了我很想去的儿童乐园。后来我懂得了只有好成绩才能换来父母的奖赏。再大一些，我做了班干部，成绩一直不错，我逐渐发现成绩能给父母带来最大的满足。"

"后来有一次，我考砸了，拿着考得很差的试卷回到家里，父母看着试卷上的红叉叉没有了笑脸。"

"又有一次，我拿着让父母一样失望的试卷问妈妈：'你还喜欢我吗？'妈妈一脸怒气地给我一记重重的耳光。"

"我终于发现，原来'分数才是妈妈的最爱'，原来父母对自己的爱和笑都是依据自己分数而来的。从此，在父母面前，我失去了往日的欢笑，我变得越来越消沉。"

父母对孩子不能简单地只是以一个硬邦邦的分数作为评价的标准，否则就会让孩子受到伤害。美国教育家斯宾塞曾经说过："身为父母，千万不能太看重孩子的考试分数，而应该注重孩子思维能力、学习方法的培养，尽量留住孩子最宝贵的兴趣与好奇心。绝对不能用考试分数去判断一个孩子的优劣，更不能让孩子有以此为荣辱的意识。"

如今的社会是一个多元化的社会，同样，成功的标准和渠道也是千条万条，学习成绩不再是判断一个孩子的唯一标准。考试，只是检验孩子学习情况的一种手段，它是一项比较单一的检测，只是对孩子学到的书本知识的抽查。

分数永远只是个形式，是一个非常抽象的东西。它不能证明孩子真正学到了多少知识，也不能证明一个孩子的品格与所有才能如何。它不是衡量孩子聪明与否的唯一标准。

许多事实都证明，那些有成就的人，并不一定是那些考高分的人。也有不少人虽然小的时候学习成绩优异，长大以后却一事无成。因此，家长不应把目光停留在孩子的成绩单上，也不应该把成绩单作为衡量孩子以后能否成功的标准，只有这样才能把孩子培养成真正的人才。

大发明家爱迪生出生的时候体质很差，脑袋出奇的大，医生怀疑他患有先天性脑炎。爱迪生上学了，可是老师讲课的时候，他总爱问“为什么1加1等于2呢”一类的问题。这些怪问题激怒了老师，以为他存心捣蛋，于是他被认为是坏学生。爱迪生的自尊心受到了伤害，由此而产生了厌学情绪。不久，爱迪生考了倒数第一，终于被学校开除了。幸运的是，爱迪生的母亲没有因为孩子的学习成绩不好而生气，更没有丝毫责备儿子的意思。作为母亲，她决心挑起教育的重担。母子俩一起，边晒太阳边上课，从自然科学到政治历史，科学家的故事和实验深深吸引着这个被学校遗弃的孩子。爱迪生对什么都好奇，对于书本中关于科学实验的事例，他照着琢磨，亲手实验。12岁的时候，他就在火车上自己卖报纸开始赚钱，并利用空余的时间做实验。没想到一次不慎失火，他被赶下了火车。但母亲依然理解和原谅他，这为爱迪生增添了无穷的力量，母子俩共同努力，建立了相对“安全”的实验室。正是因为有母亲的支持，爱迪生才在科学的道路上越走越远，终于成为著名的发明家。

可见，分数并不是衡量孩子能力的唯一标准。人的能力是多方面的，如人际沟通能力、领导管理能力、创造力、协调力等。这些能力都是在考试成绩中无法体现出来的，而这些综合能力对一个人的事业成功来说却是非常重要的。也就是说，考试第一名的孩子，综合能力并不一定是最强的。因此，家长切勿过分看重孩子的考试成绩，而忽视了对孩子其他能力的培养。

用平常心对待孩子的分数

考试成绩是对孩子某一个阶段学习成果的检测，当孩子分数差时，家长不妨以学习成绩为依据，了解孩子的学习状况，帮助孩子找到进步的方向，切不可整天埋怨和唠叨，更不可打骂孩子。如果孩子考得非常好，也要及时对孩子提出表扬和适当奖励，让孩子体会到学习好的愉悦，会更努力地学习。

给孩子宽容和鼓励

现在的中国父母对子女的教育大部分属于分数教育，而事实上，并非每个人都能在考试中取得第一名，总有孩子会落在后面。当孩子在考试中没有得到预期的成绩时，他已经很难过了。这个时候，父母千万不能只顾自己撒气，而不顾孩子的感受，更不要刺激孩子，而要拿出自己的宽容和安慰，一定不要在孩子的伤口上撒盐。

有一次考试后，家长看到孩子低着头钻到自己的小房间去了，心想，孩子考分不理想，心里一定很难受，再雪上加霜可不好，于是两口子商量好，站到孩子屋门口对话。当父亲的说："今天咱们的孩子没考好，咱们今儿个说的话可别让孩子听见。"其实声音正好能让孩子听见。孩子在屋里想，越不让我听我越听。爸爸接着说："孩子心里难受，咱们今儿个别批评他了。"孩子心想我爸不批评我了，听得更认真了。这时妈妈说："别看咱们孩子没考好，可咱们孩子有志气，肯定能吸取教训，咱们孩子正在那儿偷偷下决心哪！"爸爸又说："孩子没考好，也不全怨孩子，咱们也有责任，要检查咱们俩得先做检查。"妈妈又说："咱们孩子听话，他会努力的，他不会让咱们伤心……"孩子听到这儿眼泪不觉地流出来，冲出屋子扑到妈妈怀里说："妈，您放心吧，这次我让你们失望了，下次我一定努力，决不让您伤心……"

让孩子养成专注的学习习惯

专注是孩子需要培养的一种学习习惯，它是一个人能高度集中于某一件事情的能力，是一项非常重要的心理素质。正所谓："书痴者文必工，艺痴者技必良。”每个家长都应该培养孩子较强的专注力，因为专注力可以帮助孩子的学习，使孩子更聪明伶俐。

许多孩子学习成绩不好，实际上大多不是智力原因，而是孩子学习时不能专注，不能投入，总是在分心，因此精力分散，使学习达不到预期的效果。

有关专家做过调查，人与人相比，聪明的程度相差不是很大，但如果专心的程度不同，取得的成绩却大不一样。凡是做事专心投入的人，往往成绩卓著，而时时分心的人终究得不到满意的结果。

有两个学生拜奕秋为师学习下棋。其中一个学生每次听课都全神贯注，一心一意地听奕秋讲解棋道；而另一个学生上课时总是心不在焉，三心二意，极易被外界事物纷扰乱了心神。一次上课时，有一群天鹅从他们头上飞过，那位专心的学生连头都没有抬一下，浑然不觉。而心不在焉的学生虽然看着好像也在那里听，但心里却想着拿了箭去射天鹅。若干年后，那位专心致志的学生也成了一名出色的棋手，而另一位呢，却一事无成。

这个小故事告诉我们，一个人的精力毕竟是有限的，不能一心二用。我们要想做好一件事情，就必须全身心地投入，决不能心猿意马。正如作家西塞罗所说：“任凭怎么脆弱的人，只要把全部的精力倾注在唯一的目的上，必能有所成就。”因此，专注力的培养，对于孩子来说，是极其重要的，从小训练孩子的专注力可以让孩子养成集中注意力的习惯。

一家公司在招聘员工时，特别注重考察应聘者的专心致志的工作作风。通常在最后一关时，都由董事长亲自考核。现任经理要职的约翰逊在回忆当时应聘时的情景时说：“那是我一生中最重要的一个转折点，一个人如果没有专注工作的精神，那么他就无法抓住成功的机会。”

那天面试时，公司董事长找出一篇文章给约翰逊说：“请你把这篇文章一字不漏地读一遍，最好能一刻不停地读完。”说完，董事长就走出了办公室。

约翰逊想：不就读一遍文章吗？这太简单了。他深呼吸一口气，开始认真地读起来。过了一会儿，一位漂亮的金发女郎走过来，“先生，休息一会吧，请用茶。”她把茶杯放在桌几上，冲着约翰逊微笑着。约翰逊好像没有听见也没有看见似的，还在不停地读。

又过了一会儿，一只可爱的小猫伏在了他的脚边，用舌头舔他的脚踝，他只是本能地移动了一下他的脚，丝毫没有影响他的阅读，他似乎也不知道有只小猫在他脚下。

那位漂亮的金发女郎又飘然而至，要他帮她抱起小猫。约翰逊还在大声地读，根本没有理会金发女郎的话。

终于读完了，约翰逊松了一口气。这时董事长走了进来问："你注意到那位美丽的小姐和她的小猫了吗？"

"没有，先生。"

董事长又说道："那位小姐可是我的秘书，她请求了你几次，你都没有理她。"

约翰逊很认真地说："你要我一刻不停地读完那篇文章，我只想如何集中精力去读好它，这是考试，关系到我的前途，我不能不专注，别的什么事我就不太清楚了。"

董事长听了，满意地点了点头，笑着说："小伙子，你表现不错，你被录取了！在你之前，已经有50人参加考试，可没有一个人及格。"他接着说："现在，像你这样有专业技能的人很多，但像你这样专注工作的人太少了！你会很有前途的。"

果然，约翰逊进入公司后，靠自己的业务能力和对工作的专注和热情，很快就被董事长提拔为经理。

可见，专注于你所做的事就是成功的第一要素。一个专注的人，往往能够把自己的时间、精力和智慧凝聚到所要干的事情上，从而最大限度地发挥积极性、主动性和创造性，努力实现自己的目标。对孩子来说更是如此，只有善于克制自己，把精力投入到学习中去，完成自己的职责，才有成功的希望。因此，在家庭教育中，父母要十分注重孩子专注力的培养。

要求孩子在规定的时间内完成作业

在孩子学习的过程中，规定一个固定的时间段让孩子自己独立专心完成，不能边学边玩，形成丢三落四的习惯。只有保证专心做一件事情，才能在专注中保证学习质量。

小丽是小学三年级的学生。有一次，她和妈妈在路上遇见了班主任老师。班主任老师向妈妈抱怨小丽在上课时总不能和其他人一同按时完成课堂作业，好像跟不上似的。妈妈回来并没有批评她，而是同爸爸一起，仔细地观察她的学习习惯，分析原因。最终发现，出现这种情况的根本原因是由于她的不专心。于是，妈妈非但没有强迫她学习，反而叫她放学后尽情去玩，作业等妈妈下班回家后再写，但条件是必须在规定的时间内完成。由于要在妈妈规定的时间内完成，她就必须专心致志。于是从那以后，她做功课不再东张西望，写字的速度也快了许多。而且直到现在，她在听课或者自习时都极少走神，做作业的效率也比较高。

结合孩子的兴趣培养专注力

兴趣是最好的老师，不管谁在做自己感兴趣的事情时，总会很投入、很专心，孩子也是如此。孩子对事物的兴趣越浓，其稳定、集中的注意力越容易形成。生活中我们会发现，小孩子在做某些事情时总是心不在焉，而在做另一些事情时却能全神贯注、专心致志。因此，父母可以利用孩子的兴趣和爱好，培养孩子的专注能力。

给孩子创造良好的学习环境

环境对孩子专注力的培养有重要的帮助，并且直接作用于孩子的心理状态。孩子常会因各样的刺激物的干扰而出现专注力分散的现象，声音嘈杂的环境、杂乱无章的屋子、不正常的家庭生活，所有的这一切都严重地影响着孩子的专注力。所以，家长要给孩子营造安静舒适的学习环境，给孩子专注做事的空间，给孩子独力做事的自由性。家长要控制好自己的嘴巴，不要去打断孩子，否则孩子的注意力就会转移或受影响，注意力就会大大的分散。

让孩子掌握正确的记忆方法

对于孩子来说，在学习过程中遇到的最大障碍莫过于记忆力差。其实人的记忆潜能从理论上讲是无限的，但为什么有些人记忆力好得出奇，而有些人却很差呢？那是因为记忆力好的人掌握了正确的记忆方法，正确的记忆方法，可以起到事半功倍的效果。

美国哥伦比亚大学心理学教授伍德沃斯曾进行过一项实验，他将记忆力相仿的人分成两组，第一组依靠简单的背诵方式完成一项记忆任务，而第二组先接受记忆方法的训练，再完成与第一组同样的记忆任务。结果，掌握正确记忆方法的一组，记忆效果远比另一组好得多。这个实验说明，人的记忆能力的差距，在很大程度上取决于人的记忆方法，好的记忆方法，可以提高人的能力。

明朝时期，有个著名的文学家张涛。他小时候的学习是很不理想的，因为他的记忆力连一般的小孩子都不如，常常是过目即忘。

有一天上课，先生叫张涛起来背诵文章。可张涛没能背下来，结果先生很气愤，就让他回去把文章抄十遍。

张涛回到家后，就在书房里抄了起来。第二天先生又让他接着背昨天的文章。结果他一字不错地背了下来。后来，他想自己昨天并没有背书，可为什么就能脱口而出呢？难道是因为抄了十遍书的缘故？于是和昨天一样，他先把文章诵读一遍，然后再开始抄。当他抄到第七遍的时候，他不仅已经领略了文章的意思，而且还能够熟练地背诵了。这样，他终于找到了适合自己的提高记忆力的办法。

可见，学习是一个记忆的过程，而好的记忆方法能让学习变得简单而快乐。父母如果有意识地教给孩子一些科学的记忆方法，会使孩子达到事半功倍的记忆效果。所以，家长应结合孩子的具体情况加以总结和归纳，找到最有效的记忆方法。这样，才能最大限度地运用记忆力辅助孩子的学习，提高学习效率。

下面，为大家简单介绍一些记忆法。

联想记忆法

联想记忆法即在记忆时，发挥想象，根据材料的特点，形成记忆的组织。如：接近联想，即把时间、空间、状态、特点等比较接近的事物联系在一起进行记忆；对比联想，即把具有相反特点的事物联系在一起记忆。

辽宁黑山北关实验学校和北京景山学校在小学低年级试验一种集中识字的方法，可使学生在两年内认字2500个，阅读一般书籍报纸。这种识字法就运用了类似联想记忆法的道理，把字形、字音相近，能互相引起联想的字编成一组一组的，像把“扬、肠、场、畅、汤”放在一起记，把“情、清、请、晴、睛”放在一起记。每组汉字的右边都是相同的，每组字的汉语拼音也有共性，前一组的汉语拼音的韵母都是“ang”，后一组的汉语拼音的韵母都是“ing”，这样就可以学得快、记得住。

谐音记忆法

谐音记忆法是利用谐音来帮助记忆的一种记忆方法。有意义的东西容易记忆，没有意义的东西不好记。从某种意义讲，谐音记忆法就是给没有意义的内容硬加上某些意义，越有趣的内容越容易记忆。

有一先生，喜爱喝酒，常常为学生安排好学业，然后上山中寺庙饮酒，一日，先生又要上山饮酒，临走时布置学生背诵圆周率到小数点后22位即3.1415926535897932384626。学生们淘气惯了，哪里能静下心来，但知道若是背不下来，先生回来必借着酒醉严罚他们，于是灵机一动，联想到先生每天在山上喝酒的事，顺着数字的谐音，编写了一套顺口溜，大家觉得有趣，都背熟了。先生喝酒回来，学生们异口同声地念到：“山巅一寺一壶酒（3.14159），尔乐苦煞吾（26535），把酒吃（897），酒杀尔（932），杀不死（384），乐尔乐（626）。”先生听了，无可奈何，羞愧不已！

分类记忆法

若将必须记忆的内容按一定要求进行分类，那么，记忆就要容易得多。实际上，分类过程是一个理解的过程，本身就已经具有记忆的功能，孩子一边在分类，一边在理解，一边就已经在记忆了。

例如，要记忆下列十种物品：猪、衣服、马、裤子、电视、鸭子、洗衣机、猫、鞋子和电冰箱。为了便于记忆，我们可以让孩子把上述的十种物品先加以分类，比如：猪、马、鸭子、猫是动物，电视、洗衣机、电冰箱是家用电器，衣服、裤子、鞋子则是服装。把这些物品一一加以分类之后，就容易记忆了。

培养孩子独立思考的习惯

有这样一个笑话：

在一所国际学校里，老师给各国的学生出了一道题："有谁思考过世界上其他国家粮食紧缺的问题吗？"学生都说"不知道"。非洲学生不知道什么叫"粮食"，欧洲学生不知道什么叫"紧缺"，美国学生不知道什么叫"其他国家"，中国学生不知道什么叫"思考"。

这则让人笑不起来的"笑话"，的确发人深省。现实生活中，有的父母把一切事物都安排得十分妥帖周到，从来就没有想到什么是需要孩子自己去考虑、去想办法、去解决、去处理的。当孩子遇上困难时，父母常常不假思索就帮孩子把困难解决了。慢慢地，当孩子再遇到困难时，自己也不愿意思考，就指望父母的帮助。长此以往，扼杀了孩子的独立思考能力，更谈不上解决问题的能力了。

独立思考的习惯对孩子的一生有着重大影响。如果孩子拥有独立思考的能力，就会善于发现问题，能够通过思考、分析找到答案，才会取得好的学习成绩。而孩子长大后，因为有独立思考的习惯和品质，他的视角会比别人宽广，思维也会更加缜密。因此，具有独立思考能力的人，将比其他人有更多的机遇，更容易拥有成功的生活和事业。

世界首富比尔·盖茨从小显露的最大特点就是不停地思考。当母亲叫他吃饭时，盖茨置若罔闻，甚至整日躺在他的卧室里不出来。当母亲问他在干什么的时候，比尔·盖茨总是说："我正在思考！"有时他还责问家人："难道你们从不思考吗？"比尔·盖茨的头脑似乎时刻都在高速地运转。直到现在，微软公司还流传着这样一种说法："和大多数人谈话就像从喷泉中饮水，而和盖茨谈话却像从救火的水龙头中饮水，让人根本应付不过来，他会提出无穷无尽的问题。"

比尔·盖茨之所以有今天的巨大成就，与他从小养成的善于思考的习惯是密不可分的。

爱因斯坦说过："学会独立思考和独立判断比获得知识更重要。不下决心培养思考习惯的人，将失去生活的最大乐趣。"独立思考是积极主动地思考，具有新颖性、创新性的特点。它是任何创作、发明、发现的源泉，要想有一番作为的人都离不开独立思考。所以，培养孩子独立思考的习惯是每一位父母必须牢牢把握的家教关键，是诸多教子课题的"重中之重"。

引导孩子自己寻求答案

北宋著名哲学家邵康节在和儿子相处时，特别注意对儿子独立思考能力的培养。有一天，邵康节与12岁的儿子邵伯温在院子里乘凉。这时，院墙外边突然伸出一个人头，朝院子中瞅了一圈，又缩了回去。

邵康节问儿子："你说这个人在瞅什么？"

儿子说："八成是个小偷，想偷点东西，看见有人就走了。"

邵康节说："不对。"接着，他启发道："如果这个人是小偷，他见到院子里有人，肯定会立刻缩回头去。但是，他明明看到院子里有人，却还是瞅了一圈，这说明什么呢？"

儿子想了一会儿说："哦，他可能是在找东西吧。"

邵康节说："是的，但是他只瞅了一圈，那是在找大东西，还是找小东西。"

儿子回答："是在找大东西。"

邵康节接着问："那么，什么大东西会跑到我们院子里来呢？那个人又是农民打扮，他会来找什么东西呢？"

这回，儿子坚定地回答："他肯定是来找牛的。"

邵康节满意地点头道："说得对，他是来找牛的。以后，你要自己多动脑筋才是。"

独立思考要求孩子积极主动地去思考。对孩子学习中遇到的问题，家长不要直接告诉孩子答案，而是要引导孩子自己去寻找答案，多在"点拨"上下功夫，或教给他思考的方法，或在关键处适当地提醒一下，让孩子去观察和动手验证，给孩子留有思考的余地，这样孩子便会逐渐养成良好的习惯，有利于提高孩子独立思考的能力。

允许孩子异想天开

标新立异是培养思维能力的重要表现。当孩子有新奇的想法时，父母不要否定孩子，更不要"泼冷水"、嘲笑和责备，要允许孩子标新立异、异想天开。不仅如此，父母还应该为孩子无拘无束、漫无边际的"异想天开"架起一座通往现实的"桥梁"。

史丰收速算法的发明人史丰收小时候最大的特点是爱"异想天开"。他曾把死兔子放在炕上，想把它烤热救活，他缠着大人问人死了为什么不能再活……上幼儿园时，老师教孩子们写"大小"二字，史丰收却按照自己的理解将"小"字写成"十"字。老师给他纠正，说他写得不对，但小丰收不服气地辩解说："'大'字两条腿向外伸得大大的，'小'字两条腿应该向中间缩得小小的，所以小应该写成'十'。"

上小学学四则运算的时候，史丰收提出一个"离经叛道"的问题："运算时能不能从高位算起呢？"老师一听他这个荒唐的问题，气得鼻子都歪了：

“你简直是成心捣乱！”是啊，自古至今，中国外国，算术都是从低位算起，而一个乳臭未干的小毛孩竟然想颠倒几千年来的传统算法，岂不是“异想天开”、“胡言乱语”呀？

幸运的是史丰收的父母对儿子的“异想天开”没有报以嘲笑和否定，而是给予全力支持和鼓励，使史丰收能有一个自由驰骋其“异想天开”想法的独立而宽容的空间。这种“异想天开”创造了奇迹：史丰收创立了“快速计算法”，使小时候受到责备的“胡言乱语”变成了真理。

鼓励孩子表达自己的意见

孩子在任何情况下都应当被允许表达意见，这对孩子思考能力的发展起着至关重要的作用。

生活中，有些孩子往往不敢发表自己的意见，父母要鼓励这些孩子敢于发表自己的看法，在孩子发表自己的意见时，即使孩子说错了，家长也不要责怪孩子，要从另一个角度肯定孩子，然后给予孩子正确解决问题的提示。

对于孩子的正确意见，我们要先肯定、表扬，让孩子增强发表意见的信心。孩子受到了鼓励，以后就会积极主动地去进行思考了，这样也就达到了父母培养孩子思维能力的目的。

小倩的爸爸是个很民主的人，在家里，他允许小倩大胆说出自己的想法，即使她说得没有道理，爸爸也不会批评她。

周末，爸爸带小倩去参观一个书画展，事先爸爸没有告诉小倩里面的画全部是一个人的作品。小倩在仔细地看完每幅画后，对爸爸说：“爸爸，这个画家的画真好。”

爸爸觉得很纳闷，孩子怎么会知道这些是一个人的作品，他问小倩：“是吗？你觉得好在哪里啊？”小倩回答道：“这些画的颜色搭配很好看，笔法也很大胆。”爸爸听了孩子的话，满意地笑了。

第七章

DI QI ZHANG

不凶不吼，让孩子拥有健康的心理

生活中，许多家长对孩子的身体健康都很重视，却常常忽视孩子的心理健康。其实，在孩子的生长发育过程中，除了生理需要外，其心理需要也极其重要。近年来，发生心理问题的孩子渐趋低龄化，甚至两三岁的孩子也有了“心病”。所以，作为父母，在生活中既要顾及孩子的生理需要，适当提高他们的生活质量，同时也要尊重和满足孩子正当的心理需求，以确保孩子的心身能够得到健康、和谐的发展。

帮孩子克服自卑心理

自卑是一种消极的自我评价或自我意识。一个自卑的人往往过低评价自己的形象、能力和品质，总是拿自己的弱点和别人的强处比，觉得自己事事不如人，在人前自惭形秽，从而丧失自信，悲观失望，不思进取，甚至沉沦。

自卑是一种性格缺陷，自卑性格的形成往往源于儿童时代。一个人小的时候，正是性格和信念发展的重要时期，也是一个人学习功课、掌握本领的重要时期，此时如果产生了自卑感，不相信自己有能力去改变现状，整日用一种消极和自卑的情绪去生活，那么他们的自我暗示就会接收这种缺乏信心的精神，从此一蹶不振，引发出人际关系障碍和许多行为上的困扰，妨碍学习、生活和人际交往的正常进行。这对于孩子的成长是十分不利的。

9岁的小荣是小学三年级的学生，由于是从外地转学而来，她自尊心特别强，以致发展到一种自卑的地步。

小荣相貌平平，她觉得自卑，认为老师和同学不喜欢她；

她成绩不好，也自卑，认为老师讨厌她；

上体育课她跑得不快，某一天穿衣服不好看，她都自卑。

总之，小荣为自己的一切事情自卑，所以，她不喜欢说话，不喜欢交往，逃避老师的关心，上课总在回避老师的目光，不自觉地思想就开了小差。

回到家里，她常常对着作业发呆，妈妈对小荣这种情况也无能为力，只能默默地在心里替她着急。

上面的例子，虽然不普遍，但在一部分孩子身上存在。这类孩子往往比较自卑，常常以消极的态度评价自己，认为自己不如别人。如果这种自卑心理得不到及时纠正和关注，会形成孩子的心理障碍，影响孩子的健康成长。因此，父母应关注自己的孩子有没有自卑心理，一旦发现，须尽早帮助其克服和纠正，以免形成自卑性格。

引导孩子正确认识自己，接纳自己

父母要引导和教育孩子对自己进行积极、正确、客观的评价，并且认识到任何人都具有自己的长处，也都会有短处或不足。因为一个人只有客观地评价自己和他人，与他们进行正确的社会比较，才有助于肯定自己，才可能克服自卑感。

在生活当中，父母还要注意并善于发现孩子的优点和点滴的进步，并不失时机地给予肯定和表扬。孩子认为自己有优点，也能取得一定的成绩，便会增强取得更好成绩的信心和希望了。

美国总统罗斯福小时候是一个脆弱胆小的学生，在课堂上总显露出一种惊惧的表情。他有哮喘病，呼吸就好像喘大气一样。如果被叫起来背诵课文，他会立即双腿发抖，嘴唇也颤动不已，开起口来含含糊糊、吞吞吐吐，然后颓然地坐下来。

像他这样一个小孩，自我的感觉一定很敏感，常常拒绝参加同学间的任何活动，不喜欢交朋友。他是一个自卑心理很重的人。然而，罗斯福的父母却通过鼓励和其他一些积极的教育方法，使罗斯福树立起了很强的奋斗的精神——一种任何人都可具备的奋斗精神。

他爸爸对他说："罗斯福，你有着别人所没有的特点，你将成为一个伟大的人！所以，你没有必要为别人的嘲笑而丧失勇气。你要用坚强的意志去努力奋斗。你一定会成功的。"从此以后，罗斯福开始坚信自己是勇敢、强壮或好看的。他用行动和坚信自己可以克服先天的障碍而取得一个个的成功。

罗斯福从此不再在缺陷面前退缩和消沉，而是充分、全面地认识自己，而且他不因缺憾而气馁，而是用它做动力，将它变为资本，变为扶梯使自己登上成功的巅峰。他当了受人尊敬的总统，在晚年，已经很少有人知道他曾是有严重缺憾的人了。

建立孩子的自信心

有一句教育名言这样说：要让每个孩子都抬起头来走路。“抬起头来”意味着对自己、对未来、对所要做的事情充满信心。任何一个人，当他昂首挺胸、大步前进的时候，在他的心里一定有诸多的潜台词——“我能行！”“我不比别人差！”“我的目标一定能达到！”“我是最棒的！”“小小的挫折对我来说不算什么”……假如每一个孩子都有这样的心态，肯定能不断进步，成为德智体全面发展的好学生。因此，激发孩子的自信，让孩子挺起自信的胸膛，是家长应该重视的问题。

拜伦是英国19世纪初期伟大的浪漫主义诗人。他天生跛一足，看了好多医生，但一直没什么效果，所以对此很敏感，忌讳别人说他有缺陷。

有一次，他走在路上，一个女人看见了他走路的样子，遗憾地说：“多么可怜的一个孩子啊！走路一瘸一拐的。”

拜伦听后很生气，他从地上捡起一个木棍，追打着那个女人，并歇斯底里地大叫：“给我闭嘴！”

后来，母亲发现了拜伦的心理异常，为了消除他的自卑感，抚平他心灵的伤口，母亲对他说：“孩子，不要在意自身的缺陷。记住，你身休里流动着的是家族高贵的血统。”

“别的孩子也这样吗？”小拜伦问。

“噢，当然不是，这些都是别的小孩所没有的，你要为有这样的血统而感到骄傲才对。”母亲自豪地说。

从此，小拜伦的心就平静了许多，他知道自己也有胜过别的孩子的地方。

为进一步恢复小拜伦的自信，母亲经常带他去爬山。每当小拜伦艰难地登上山顶时，他都会激动无比。当他看到山峰上云雾缭绕的景象，心情也开阔了许多。他还很喜欢在杂乱的石堆中走步，从一块石头跳到另一块石头，似乎已经完全忘却了自己的腿有毛病。

为了使小拜伦能和正常孩子一样，母亲请了许多著名的医生为孩子医治腿疾，但同时，母亲也认识到，要想彻底消除孩子的自卑心理，光靠医治腿疾是远远不够的，只有让孩子在各方面比其他小孩都优秀，才能重新树立起孩子的自信心。于是，母亲要把拜伦培养成一个出类拔萃的孩子。

在拜伦不到 5 岁时，母亲就送他去上学，希望他能通过学业忘记自身的腿疾。为了提高他的学习能力，母亲还特意为拜伦请了两个家庭教师。拜伦从小聪敏颖悟，具有丰富的想象力，他的学习能力很强。在学校里，无论在知识拥有量上还是在诗歌写作方面，他都胜人一筹。

不仅学习如此，在运动方面，母亲也经常鼓励拜伦要像正常的人一样去参加体育锻炼。拜伦特别喜欢游泳和潜水，在水里，他动作灵活，根本就看不出腿脚有什么不正常。他完全不顾自己的身体缺陷，在各个方面都一心想着要胜过别人。

就这样，在母亲的精心鼓励和培养下，拜伦摆脱了自卑的情绪，建立起了自信，从一个自卑的孩子成长为一位杰出的诗人。

引导孩子正确地面对失败

有自卑感的孩子，一般都特别害怕失败。作为家长，要引导孩子正确面对失败，告诉孩子，每个人都有长处和不足之处，每个人都会经历失败。失败并不可怕，重要的是保持一颗积极向上的心。家长也可以把自己失败的例子讲给孩子听，以减轻孩子对失败的关注。

李敏的成绩在班里不错，有一次考试她因为临场发挥失常，结果分数考得很低，这使李敏很受打击，产生了自卑的情绪。她害怕老师说自己成绩退步了，也担心同学嘲笑自己，不敢主动与老师和同学说话，心情与学习的效率都受到了严重的影响。

李敏的妈妈是一个细心人，虽然她对女儿这次如此差的成绩也感觉有些不可思议，但她没有批评孩子，看见孩子现在处于自卑消极的状态里，她就抽空找女儿谈话，告诉孩子失败在人生当中是不可避免的，让孩子学会正确地对待失败，争取从失败中吸取教训，而不是沉浸在失败中盲目自卑，那样只会越来越糟。

李敏听妈妈说得有理，以后开始好好学习，不再担心一些别的东西。这样，在下次的考试中，李敏的成绩又提高了上去。

让孩子解下猜疑的枷锁

所谓“猜疑”，就是无中生有地起疑心。它像一片阴暗的沼泽地，使人越陷越深，甚至失去理智。猜疑会增加思想压力，打破心理平衡，使人陷入惴惴不安之中，天长日久甚至可以导致心理崩溃。

文倩是一个独生子女，父母离异后她跟母亲生活在一起。由于家庭关系长期不和睦，文倩性格孤僻，不擅与人来往。母亲也不时地告诫她，叫她不要轻易相信别人，凡事得靠自己，特别是男人，都靠不住，最好不要和他们接触。因此，文倩一个朋友也没有，同学和她说话，她就猜疑是不是别有用心。特别是男同学和她打招呼，她就认为别人没安好心，想欺负她。她总是处处怀疑别人，敌视同学，因此，她每天都生活在猜疑、恐惧的阴影里，精神压力非常大，有一天文倩终于承受不了这种压力，精神失常了。

猜疑是人性的弱点之一，历来是害人害己的祸根，是卑鄙灵魂的伙伴。一个人一旦掉进猜疑的陷阱，必定处处神经过敏，事事捕风捉影，对他人失去信任，对自己也同样心生疑窦，损害正常的人际关系，影响个人的身心健康。

方敏是一所寄宿学校初二的学生。有一天中午，同寝室的兰兰在收拾书本时，将书堆放在了旁边方敏的床上了，为此方敏瞪了兰兰一眼。其实兰兰并没有看到，其他同学也没注意。但是她立刻后悔了，怕其他同学看见，不巧的是，正好有一位同学抬头看方敏，方敏只能不好意思地笑笑。

事情发生以后，方敏心里非常担心，怕同学说自己太小气，以后对自己也不会那么好了。方敏一整天都在注意其他同学的反应，也不出去上自习。恰好看她那位同学又问她："你今天下午怎么不去上自习呢？"方敏认为这是让她走开，好和别人议论她刚才瞪眼的事儿。晚上大家一起去吃饭，方敏回来晚了点，其他人正说笑着，也就没在意她，她认为他们一定彼此说好了，真的不理她了。第二天到教室，方敏又发现别人用异样的目光看着她。心想坏了，她们一定对全班同学说了，这一下全班同学都知道了，自己是个小心眼的人了。

以后到教室的时候，听到同学们在笑，方敏就认为是在笑自己；她坐在教室的前面，她担心别人在背后说她的坏话；坐在教室的后面，她又认为前面的人回头就是看她，然后再讲她的坏话。为此，方敏整天坐立不安，觉也睡不踏实，怕睡着后别人讲她的坏话。不久，方敏患上了失眠性神经衰弱，学习成绩也下降了。她居然还在想：别人这下更会笑我学习成绩下降了。

由此可见，猜疑的后果是多么严重。猜疑是孩子心底滋生的"暗鬼"，是人与人之间的"离心机"，会给孩子带来不良的影响。

从心理学上讲，孩子爱猜疑是对周围世界不信任度较高的一种心理表现，体现在孩子对周围事物显得极为敏感，并且易从消极方面去思维。这种不正常的心理现象，直接影响孩子的身心发展，妨碍人际关系的协调与和谐。因此，父母要及时帮助孩子纠正猜疑的性格与习惯，让孩子重返人生的正常轨道。

增强孩子的自信心

很多猜疑之事都是属于"天下本无事，庸人自扰之"的状态。由于缺乏自信，猜疑者特别在意别人的评价，又特别担心别人的评价，总是怀疑别人在做有损自己名誉或做不利于自己的事情。因此，父母要增强孩子的自信心，让孩子以乐观的态度看待现实，才不会遇事总往坏处想，以理智的方式对待别人的议论，不会成天担心别人如何议论自己。

赵凯是一个各方面都比较优秀的孩子，他的成绩好，体育也棒，品德也不错，年年都被评为三好学生，是班里的焦点人物。

有一次，赵凯听班里很多同学说男女谈朋友的事情，他感觉好像都是在影射自己。因为成绩好，班里的女生基本上都找他问问题，但其实他根本没有谈朋友。

赵凯听到风言风语的当时有些恼火，他想上前与别人理论，但想到自己身正不怕影子歪，没有必要去澄清那些流言，万一不是说自己，反而惹火上身。于是，赵凯选择了不予理会，他放下了猜疑，理顺了情绪，像平常一样高高兴兴地上下学，同班里的任何同学依然像往常一样交往，包括那些可能在背后说自己坏话的同学。

一段时间之后，班里的风言风语消失了。赵凯以大度、宽容和十足的自信，使自己没有被流言所伤害。

教孩子学会情感交流

周末的一个上午，李烨上街看见了自己的好朋友吴斌，就高兴地上前跟他打招呼，没想到吴斌没有吭声就离开了。李烨心里十分难受，他不知道朋友怎么了，内向的他就想自己是不是做错了什么事，得罪了吴斌。

李烨考虑了很长时间，找出了很多自己感觉对不住吴斌的地方，但又觉得理由都不充分，他想，如果吴斌当时为那些事情生气，也不会到现在才想起不理自己。李烨与吴斌的关系很好，他不想失去这个朋友。在父母的鼓励下，李烨决定去问问吴斌。

第二天到了学校，李烨直接去找吴斌，问他昨天是怎么回事，这时候吴斌才向李烨赔了不是，说因为父母昨天吵架了，自己心情很不好，就跑到了街上，所以当时才没理李烨。李烨此时才知道，之前的猜想都是自己多疑。这次事件给李烨一个很好的教训，他知道以后有了什么疑惑应该及时找当事人问清楚弄明白，这才是解决问题的关键，如果独自胡乱猜疑，不仅解决不了问题，还可能会把事情弄得越来越糟。

在日常生活中，孩子之间、孩子与成人之间难免会产生误会和隔阂。误会和隔阂是猜疑的温床，消除它的方法是：积极做好情感交流工作。家长平时要注意让孩子多与自己和他人接触交往，通过谈话、共同游戏等活动帮助孩子与周围的人进行情感交流，培养孩子与同伴之间的信任情感。

不要让虚荣心阻挡孩子成长的脚步

虚荣心是人类一种普通的心理状态，它深藏在人的心灵深处，是一种肮脏的污垢，是一个需要摘除的毒瘤。心理学认为，虚荣心是自尊心的过分表现，是为了取得荣誉和引起普遍注意而表现出来的一种不正常的社会情感。

受虚荣驱使的人，只追求表面上的荣耀，不顾实际条件去求得虚假的荣誉。有人说虚荣心是一种扭曲的自尊心，死要面子、打肿脸充胖子，这就是对虚荣心的生动描述。

英国哲学家培根曾指出："一切恶行都围绕虚荣心而生，都不过是满足虚荣心的手段。"虚荣，是人生的一记暗伤。轻者，累及一时；重者，痛苦一生。

虚荣心人皆有之，孩子也不例外。孩子有虚荣心，是心理发育过程中的正常现象，如果不加重视，任其发展，将成为孩子成长中的绊脚石，孩子长大后很可能喜欢弄虚作假，沽名钓誉。

小敏是小学一年级的学生。一天放学回来，她对妈妈说要开家长会，并特意嘱咐道："妈妈你穿得漂亮点。"妈妈不明白，孩子怎么会有这样的想法，就问："为什么呀，宝贝？"小敏回答："你穿的衣服不好，别人还以为你是穷人呢！"妈妈说："穷人怎么了？"小敏说："穷人别人会看不起的。"妈妈说："我们家本身就是穷人嘛，你不能和别人比穷富，要和别人比学习。"小敏回答说："我觉得我们家才不穷呢。"

小小年纪，就如此过于爱面子，虚荣心太强，实在是令人担忧。而这种情况，在当今社会带有普遍性。有关调查表明，独生子女中有20%存在较强的虚荣心。

对孩子来说，虚荣心是一种可怕的不良心理。虚荣心会使孩子骄傲自满，破坏孩子与他人的关系，使孩子处于孤立的境地。虚荣心强的孩子在成长过程中，经常会出现各种问题，比如产生嫉妒心理，导致情绪不稳定以及行为上的迷失等。所以，父母对虚荣心较重的孩子不能掉以轻心，而应当采取必要的方法加以纠正。

让孩子认识虚荣的危害

一天，一个读小学三年级的孩子回到家中，掏出成绩单："爸爸，妈妈，我语文、数学考了99和98分！"父母吃了一惊，这孩子平时只考70分左右，在班级里处于中下等水平，现在怎么成绩提高了这么多？和老师一问，原来孩子涂改了成绩单，把79和78改成了99和98。父母问孩子为什么，孩子说："我穿的是名牌服装，吃的是电视广告里推荐的食品呢，成绩也要数一数二的！"可怕的虚荣心，让孩子学会了弄虚作假。

生活中，上述现象具有一定的普遍性。不少孩子通过一些欺骗和虚假的方式，来维护自己的自尊心，这样容易造成孩子撒谎成性。这种品质让孩子无法客观真实地认识到自己，也会造成对他人的欺骗。所以，父母要让孩子认识到虚荣的危害，并且通过恰当的机会让他感受到虚荣心过强所带来的烦恼和痛苦，从而自觉地意识到虚荣心过强是不利于自己成长的。

家长以身作则，杜绝虚荣

孩了讲虚荣、爱攀比多数是受成人影响。如果父母为了满足虚荣心整天穿金戴银，通过开好车、住好房来向外界标榜自己的富有，孩子在这样的家庭环境下成长，势必会受到虚荣的感染，进而不再潜心读书，而是会想办法用各种方式来满足自己的虚荣心。所以，父母首先要摆正自己的心态，不同别人攀比，不盲目追求物质享受，给孩子树立好的榜样，用良好的言行去感染、教育孩子。

不要助长孩子的攀比心理

孩子的年龄尚小，认知能力比较差，并没有建立起自己评价事物的标准，加上受到社会上一些不良风气的影响，容易导致其产生攀比心理。孩子一旦有了攀比心理，就会助长贪婪的欲望和极强的虚荣心，产生畸形的消费观、人生观和价值观，还会给他们将来的就业、生活带来种种负面的影响，甚至会使他们走上邪路。攀比心理，对孩子的健康成长是有百害而无一利的。

小强快要过生日了，这天，一回家就冲妈妈喊："妈妈，您打算怎么给我过生日啊？我们同学过生日的时候，就看谁最气派，花钱最多，请的朋友最多，去的饭店最好。"

妈妈听了小强的话稍微有点不快，但还是耐心地问："小强，你想要什么礼物啊？"

小强说："现在很多同学家里都有电脑，大家没事就经常在一起比赛，看谁的电脑玩技高，谁的电子游戏得分高。还比谁懂的网络知识多，谁认识的网友多。他们说这些时我一句也插不进去。要不这样，您今年就不用请我们同学去饭店吃饭了，给我买个电脑吧，妈妈！"

妈妈："小强，你渴望接受新生事物的心情妈妈很欣赏，电脑也不是不可以买。但如果你想跟同学攀比，看谁家有钱，妈妈坚决不答应。"

对孩子提出的各种要求，家长要做的不是尽量去满足孩子的愿望，而是要对孩子的攀比心理给予正确的疏导。在拒绝孩子的无理要求时，家长不能简单地说"不"，而是要让孩子明白为什么不能满足他的要求。

帮孩子建立积极乐观的阳光心态

积极乐观是一种心理状态，也是一种性格品质，它对孩子未来的人生发展具有重要作用。调查显示，积极乐观的人不仅较为健康，而且婚姻生活较为幸福，事业上也较易获得成功。

有一位智者说过："生性乐观的人，懂得在逆境中找到光明；生性悲观的人，却常因愚蠢的叹气，而把光明给吹熄了。当你懂得生活的乐趣，就能享受生命带来的喜悦。"乐观的人，凡事都往好处想，以欢喜的心想欢喜的事，自然成就欢喜的人生；悲观的人，凡事都朝坏处想，越想越苦，终成烦恼的人生。世间事都在自己的一念之间，我们的想法可以想出天堂，也可以想出地狱。

有一位刚毕业的美国大学生，在冬季大征兵中他依法被征，即将到最艰苦也是最危险的海军陆战队去服役。这位年轻人自从获悉自己被海军陆战队选中的消息后，便显得忧心忡忡。他的父亲见到儿子一副魂不守舍的模样，便开导他说："孩子啊，这没什么好担心的。到了海军陆战队，你将有两个机会，一个是留在内勤部门，一个是分配到外勤部门。如果你分配到了内勤部门，就完全用不着去担惊受怕了。"年轻人问父亲："那要是我被分配到了外勤部门呢？"父亲说："那同样会有两个机会，一个是留在美国本土，另一个是分配到国外的军事基地。如果你被分配在美国本土，那又有什么好担心的？"年轻人问："那么，若是被分配到了国外的基地呢？"父亲说："那也还有两个机会，一是被分配到和平而友善的国家，另一个是被分配到维和地区。如果你分配到和平友善的国家，那也是件值得庆幸的好事。"年轻人问："爸爸，那要是我不幸被分配到维和地区呢？"父亲说："那同样还有两个机会，一个是安全归来，另一个是不幸负伤。如果你能够安全归来，那担心岂不多余？"年轻人问："那要是不幸负伤了呢？"父亲说："你同样拥有两个机会，一个是依然能够保全性命，另一个是完全救治无效。如果尚能保全性命，还担心它干什么呢？"年轻人再问："那要是完全救治无效怎么办？"父亲说："还是有两个机会，一个是作为敢于冲锋陷阵的国家英雄而死，一个是唯唯诺诺躲在后面却不幸遇难。你当然会选择前者，既然会成为英雄，有什么好担心的？"

由此可见，凡事往好处想，内心便充满阳光，这种积极乐观的心态，会激发我们的生命力，永远拥有成功的信心和希望。即便是身处绝境的情况下，也能以豁达开朗的心胸面对未来。

人生充满了选择，而生活的态度就是一切。你用什么样的态度对待你的人生，生活就会以什么样的态度来待你。你消极悲观，生命便会暗淡；你积极向上，生活就会给你许多快乐。

美国有一对兄弟，一个出奇的乐观，一个却非常悲观。

有一天，他们的父母希望兄弟俩的性格都能改变一些。于是，他们把那个乐观的孩子锁进了一间堆满马粪的屋子里，把悲观的孩子锁进了一间放满漂亮玩具的屋子里。

一个小时后，他们的父母走进悲观孩子的屋子时，发现他坐在一个角落里，一把鼻涕一把眼泪地在哭泣。原来，他不小心弄坏了玩具，怕父母会责骂自己。

当父母走进乐观孩子的屋子时，却发现孩子正在兴奋地用一把小铲子挖着马粪，把散乱的马粪铲得干干净净。看到父母来了，乐观的孩子高兴地叫道："爸爸，这里有这么多马粪，附近肯定会有一匹漂亮的小马，我要给它清理出一块干净的地方来！"

这个乐观的孩子就是后来的美国总统里根。他从报童到好莱坞明星，再到州长，直至当上了美国总统。这中间，积极乐观的性格起到了很大的作用。

可见，积极乐观的心态对孩子的一生有着多么重要的影响，因为这种心态总是与乐观、自信、成功联系在一起。一个心态积极乐观的孩子，善于看到事物中积极有利、乐观向上的一面，在平时的学习生活及人际交往中能够建立起良好的关系；而且，心态积极的孩子常能心存光明远景，对未来有美好的期待，即使身处逆境，也能凭借乐观的心态、坚定的信念和顽强的毅力战胜困难、走出逆境。孩子正处在身体和心理的发展时期，在这个过程中，父母应重视培养孩子乐观向上的人格、豁达的积极的阳光心态。

当然，积极乐观的态度的形成并非一日之功，需要在生活中的细微处点滴积累和培养，当孩子能把困难和痛苦看作是一种成长的快乐时，那也将是父母最大的快乐。

用积极乐观的态度感染孩子

有一个活泼可爱的小女孩，她尽管长着满脸雀斑，但她却没有丝毫的忧愁，她开朗而乐观，无论什么时候看到她，都能见到她满脸的笑意。她的父母也是同样一副面孔，那种微笑似乎是他们永远不变的表情。

这一天，小女孩特别兴奋，因为她要去参加好朋友的生日宴会了。她早早就穿上漂亮的牛仔靴、黑色的牛仔裤，这是妈妈为她新买的衣服，她又带上爸爸送给她的牛仔帽，简直漂亮极了，最让她激动的是，她要骑一匹真正的小马去参加宴会。

然而，天公不作美，11点半，天气突然变了脸，狂风大作，大雨如注。她只好静候在窗前，等待暴雨结束。这时，妈妈走了过来，告诉她由于天气的缘故，宴会取消了。她一下子没有了笑容，眼泪在眼圈里转了半天。妈妈也很难过，不过她微笑着说："宝贝，不过，我们今天可以在屋里子做'寻找公主'的游戏了。"

小女孩随即高兴起来，她说道："我敢打赌，下个星期六一定是个骑马的好日子，到那时，我要骑马去玩。"

这个小孩就是后来美国著名的女企业家拉塞尔·合姆。

父母是孩子的榜样，要想使孩子有积极乐观的心态，父母首先要有积极乐观的品质。父母积极乐观的思维处事方式，使孩子耳濡目染，会潜移默化地影响孩子。英国教育家斯宾塞说："孩子很容易受到家长的影响，如果他感受到了你的积极，他会慢慢获得一种美好的人生感觉，信心倍增，人生目标感也越来越强烈。"因此，父母要善于用美好的感觉、态度和信心影响孩子，并向孩子传递一种积极的人生信念。

创建快乐的家庭气氛

家庭的气氛、家庭成员之间的关系，在很大程度上会影响孩子性格的形成。一位心理学家曾说："在孩子学会语言之前，他们是从感情的氛围中得出自己的结论的——这个世界是一个令人忧虑、愤怒的地方还是一个安全、愉快的乐园。"如果孩子生活在一个愉快的环境中，心境自然而然就快乐；如果孩子长期生活在一个压抑沉闷的环境中，心情必然是抑郁、悲观的。所以，父母要为孩子营造一个轻松愉快的生活环境。

父母对孩子谈话时，要和颜悦色，使孩子感到可亲可敬，心情舒畅；不要经常厉声厉色地斥责孩子，以免孩子对父母望而生畏，心情老是处于不舒畅的紧张状态。

去除孩子心中嫉妒的毒瘤

嫉妒是一种原始的情感，是人类心理中动物本能的表现。它是对别人在品德、能力等方面胜过自己而产生的一种不满和怨恨，是一种被扭曲了的情感。这种缺点如果保留到长大以后，那么孩子就很难协调与他人的关系，很难在生活中心情舒畅，因为嫉妒心理强的人，别人的成功和他自己的失败，都会给他带来痛苦，平添不少烦恼。

现代社会，家长对子女的期望越来越高，孩子在竞争的环境里，学习压力越来越大。加上独生子女多有表现自我、突出自我的性格特点，这种竞争有时就会演变成嫉妒。一个人有了这种不健康的情感，就等于给自己的心灵播下了失败的种子。

三年前，刘志泽以优异的成绩考取了某著名学府的计算机专业，这让他从此有了出人头地的机会。他是一个热情大方、乐于助人的小伙子，因此，同学和老师都十分喜欢他。

可他并没有就这样积极地与人相处下去，在与同学的不断交往中他产生了严重的不平衡心理。只要别的同学哪方面比他强，他就眼红；只要老师在同学面前表扬别的同学，他心里就酸溜溜的。他总是抱怨自己生在一个并不富裕的家庭，看到别的同学锦衣玉食就极不平衡；别的同学得了奖学金或被评为“三好学生”，他甚至会在夜里辗转反侧无法安睡，还时常抱怨上天的不公。

最让他看不惯的是与他来自同一所高中的老乡同学。原来两个人在高中时各方面都不相上下，上大学后，老乡的成绩越来越好，而且被选上了学生会干部，他就更加妒火中烧了。为此，给那位老乡散布流言蜚语，造谣中伤，成了他取代认真读书的头等大事。在一次选举学生会干部时，他为了把老乡比下去，竟然不知羞耻地在下面做小动作——拉选票，结果他的阴谋被同学们识破，唱票时只有他自己投了自己一票，搞得十分狼狈，同学们也越来越疏远他。

但他并没有就此改过，在期末考试中，他知道凭自己的水平是拿不了高分的，于是，他就采取夹带纸条的方法作弊。在最先的两门考试中，他得逞了，正当他自鸣得意时，却在第三门考试中被监考老师抓个正着。老师说："我早就注意到你了，以为你会有所收敛，没想到你一而再再而三地作弊。我再也不能容忍你的所作所为了。"刘志泽痛哭流涕地求监考老师手下留情，可是学校的制度是无情的。当天，学校教务处就做出了开除其学籍的处分决定。

刘志泽的结局是令人痛心的。大学是多少青年人梦寐以求的地方啊！可是，刘志泽的大学梦就这样被自己毁灭了。造成这个悲惨结局的罪魁祸首是什么呢？不言而喻，那便是嫉妒。

透视这个案例，我们不难发现，嫉妒是一把双刃剑——当嫉妒之火烧去理智时，害人者在伤害他人的同时，也极大地伤害了自己。

嫉妒是孩子成长过程中一个不容回避的问题，它并不可怕，关键在于如何战胜它。生活中，父母要对孩子的嫉妒心理给予关注，平时要细心观察了解，关心他们的心结所在，一旦发现嫉妒心态的萌发，就应该及时地加以正确引导、制止和纠正，使孩子能够朝着健康的方向发展，在以后的人生道路上成为真正的强者！

让孩子认识到嫉妒的危害

父母要向孩子讲明嫉妒的危害性，嫉妒不仅影响孩子间的团结，而且对自己也没有好处，因为人人都需要与同伴接触和交流，而嫉妒却有碍于人际关系的和谐和自己的进步，发展下去既会害了别人，还会毁了自己。

倾听孩子的感受

嫉妒是人之常情，只是孩子不懂得掩饰而已。孩子表现出嫉妒的感受时，父母不应该立刻站出来否定，而是应该给予承认和接受。因此，父母切勿盲目对孩子的嫉妒行为进行批评，要耐心倾听孩子的苦恼，理解他们无法实现自己的愿望所产生的痛苦情绪，以便使孩子因嫉妒产生的不良情感能够得到宣泄。

不要拿孩子与他人比较

有一次，琪琪的妈妈跟一位阿姨说，邻家女孩的卷发很可爱，可惜自己女儿的头发是直的。没想到，第二天，琪琪就要求妈妈带自己去美发厅把头发烫成卷发！琪琪妈妈一下子就意识到是自己的评价引发了女儿的嫉妒心理，从此之后，她再也没有评价过女儿的头发，同时非常注意不拿女儿和别的孩子做无意义的比较。

可见，当家长拿孩子与他人比较时，孩子就会将怨恨的情绪转移到对方的身上，这时，就会产生嫉妒的心理。所以，家长要理解孩子这一心理特点，不要轻易拿孩子和别人比较，更不要用挖苦的口气，拿别人的长处来贬低自己的孩子。

引导孩子树立正确的竞争意识

有嫉妒心的孩子往往有某方面的才干，争强好胜，却又自私狭隘。父母可以充分利用其争强好胜的特点，激发孩子把嫉妒转化为竞争意识，使孩子在赶超先进中调整自己的行为，增强适应社会环境的能力，从而使压力转变为动力，超越嫉妒。为此，我们可以告诉孩了，别人领先获胜后，自己要做的事情不应是生气，而是激发起自己的斗志，敢于和对方展开竞赛。这次你获胜了，下次我要通过努力超过你，和你比一比。同时家长还要告诉孩子，别的孩子获得成功了，肯定有许多优点值得你去向他学习，你要把对方的长处学到手，这样你也能不断进步，取得成功。

让孩子感受到自信的力量

自信是一种力量，更是一种动力。古往今来，许多人之所以失败，究其原因，不是因为无能，而是因为不自信。缺乏自信心的人总是不敢去做事情，也总是难于做好事情。只有相信自己，正确评价自己，才能充分挖掘出自己潜在的能力，从而开拓出属于自己的一片天空。

小泽征尔是世界著名的交响乐指挥家。在一次世界优秀指挥家大赛的决赛中，他按照评委会给的乐谱指挥演奏，敏锐地发现了不和谐的声音。起初，他以为是乐队演奏出现了错误，就停下来重新演奏，但还是不对。他觉得是乐谱有问题。这时，在场的作曲家和评委会的权威人士坚持说乐谱绝对没有问题，是他错了。面对一大批音乐大师和权威人士，他思考再三，最后斩钉截铁地大声说："不！一定是乐谱错了！"话音刚落，评委席上的评委们立即站起来，报以热烈的掌声，祝贺他大赛夺魁。

原来，这是评委们精心设计的"圈套"，以此来检验指挥家在发现乐谱错误并遭到权威人士"否定"的情况下，能否坚持自己的正确主张。前两位参加决赛的指挥家虽然也发现了错误，但终因随声附和权威们的意见而被淘汰。小泽征尔却因充满自信而摘取了世界指挥家大赛的桂冠。

由此可见，自信是人的立身之本，是一个人成功的基础。拥有自信的人，善于坚持自己的观点，做自己最坚强的后盾。

在孩子健康成长的道路上，自信心的培养是至关重要的一课。自信是孩子潜力的"放大镜"。一位哲人说得好："谁拥有自信谁就成功了一半。"自信是孩子成长过程中的精神核心，是促使孩子充满信心去面对困难，努力完成自己愿望的动力。

如果孩子是一个自信的人，那么他乐观进取，做事积极主动，勇于尝试，乐于接受挑战；但若是孩子缺乏自信，那么他就会在任何事情面前都表现得极为缺乏自信，因而柔弱、害羞、充满恐惧，既不敢面对新事物，也不敢主动与人交往，将失去很多学习和锻炼的机会，影响自身的发展。长此以往，孩子就会产生“无能”的感觉，变得自卑。甚至可能产生自暴自弃、破罐子破摔等极度不良心理，后果将很可怕。

自信是一个成功者最重要的心理素质之一，但它并非与生俱来，必须由家长对孩子从小加以正确引导，使孩子逐渐学会相信自己，建立起自信。

自信心的培养不是一朝一夕所能完成的，它需要一个长期的过程，在与孩子的接触中，我们要从点点滴滴的小事做起，培养孩子的自信心。

让孩子从成功的喜悦中获得自信心

裴志刚是班里的后进生，他各门功课成绩都很差，每天上课时要么趴在桌上睡觉，要么就是自个在纸上胡写乱画，从不认真听讲。经班主任了解发现，原来他从小学二年级开始，成绩就一直很糟糕，常常受到父母的责骂和老师的训斥。渐渐地，他失去了学习的兴趣，他自己也觉得考大学是天方夜谭，只想读完五年级，算是完成父母交给他的任务。

老师找到裴志刚的爸爸，希望他在裴志刚身上找到闪光点，然后给予赞扬。后来，裴志刚的爸爸终于发现儿子在草稿纸上画的卡通画比较生动，于是，他便诚心地赞赏儿子的绘画天赋。之后，爸爸将这一情况告诉了裴志刚的班主任，班主任安排裴志刚负责班刊的插图工作，他做得很认真，老师又借机大大表扬了他。

从此，裴志刚便迷上了画画，上课的时候像变了一个人似的，专心致志地听课。后来他报考了美术专业，并且考上了大学。

裴志刚的改变，在于父亲和老师让他从画画中体验到了成功，从而激发了自信心。

对孩子来说，体验成功，是增强自信心的一种好办法。成功的快乐是一种巨大的鼓舞力量，成功的积极体验会增强孩子的学习动机，激发孩子再尝试的欲望。因此，家长应帮助孩子获得能力，使孩子实现成功的愿望。

用鼓励的方法培养孩子的自信心

其实，每个孩子都是天才，只要父母的教育方法得当，每个孩子都可以成为栋梁。而孩子的自信心就来自于我们日常生活中对他的肯定和赞赏，这也是孩子树立自信心最直接和简单的途径。

美国学者查尔斯12岁时，在一个细雨霏霏的星期天下午，在纸上胡涂乱画，画了一幅菲力猫，并把画拿给了他一直非常敬重的父亲。当时他这样做有点鲁莽，因为每到星期天下午，父亲就会拿着一大堆阅读材料和一袋无花果独自躲到他们家所谓的客厅里，关上门去忙他的事，他不喜欢有人打扰，但这个星期天下午，父亲却把报纸放到一边，仔细地看着这幅画。

“棒极了，这画是你亲手画的吗？”父亲惊奇地问。

“是的。”查尔斯怯生生地说。

父亲认真地打量着那幅画，点着头表示赞赏。他说：“在绘画上你很有天赋，坚持下去！”

查尔斯在一边激动得全身发抖。父亲几乎从没说过表扬的话，也很少鼓励他们兄妹。他把画还给查尔斯，重新拿起他的报纸。

从那天起，查尔斯看见什么就画什么，把练习本都画满了。

父亲前往外地工作后，查尔斯只有自己想办法过日子，并时常给父亲寄去一些自认为吸引他的素描画并眼巴巴地等着父亲的回信。父亲很少写信，但当他回信时，其中的任何表扬都能让查尔斯兴奋上好几个星期，给他无比的信心，他相信自己将来一定会有所成就。

在美国经济大萧条那段最困难的时期，父亲去世了。除了福利金，查尔斯没有别的经济收入，他17岁时只好离开学校。受到父亲留给他的话语鼓励，查尔斯画了三幅画，画的是多伦多枫乐曲棍球队里声名大噪的“少年队员”琼·普里穆、“二流球手”杰克逊和查克·康纳彻，并且在没有约定的情况下把画交给了当时《多伦多环球邮政报》的体育编辑迈克·洛登，第二天迈克·洛登便雇用了查尔斯。在以后的四年里，查尔斯每天都给《环球邮报》体育版画上一幅画。那是查尔斯的第一份工作。是父亲的激励和欣赏给了查尔斯一颗自信心，这颗自信心使他虽然没有了父亲的庇护，也可以生活下去，并且活得很精彩。

由此可见，经常让孩子听到真诚的赞美，明白自身的价值获得了肯定，有助于增强孩子的自信心。

每个孩子都有自己独特的地方，孩子在自己喜欢的领域中活动是十分投入、十分自信的，所以家长要了解孩子的特点，善于发现他们的优点并经常给予表扬和肯定，这是孩子充满自信、不断进步的力量源泉。

一个人只要有成功的决心和信心，就能保持最佳状态，把全部的精力集中到追求目标上。只有坚信自己可以成功的人，才会取得成功。在孩子努力拼搏，尽力向成功的顶峰攀援时，应多给孩子些鼓励和支持。

培养孩子正确的竞争心理

一个牧场中的羊常被狼叼走，于是牧场主用了整整一个冬季请猎手才把狼给消灭掉了，本以为狼患没了，羊可以没事了，但更大的损失等着他。羊群开始流行瘟疫，羊大量死亡。即便请来兽医，瘟疫还是接连不断地发生。无奈，牧场主请来一批专家，专家却重新把狼给请来了。于是，瘟疫很快没有了，羊又恢复了往日健壮的样子。原来，狼对羊群有着天然的“优生优育”功能。狼的骚扰，使羊群常常处于激烈运动之中，羊群因此格外健壮，老弱病残的羊落入狼口，瘟疫源也就不复存在了。

这个故事告诉我们：只有不停地活动，生命才能顽强地维持下来。这一现象在人类社会中也同样存在，只有不停地奋斗，我们在竞争中才能处于不败之地。

物竞天择，适者生存。竞争已经成为我们生活中不可或缺的内容，不管喜欢不喜欢，不论愿意不愿意，每个人一生中都要面对各种各样的竞争。

现代社会是一个充满竞争的社会，一个没有竞争意识的人是很难适应社会生活的，所以自幼培养孩子的竞争意识是不可缺少的教育内容。让孩子从小学会竞争，学会在群体中脱颖而出，对于孩子日后跨入社会、适应社会节奏无疑是有益的。

培养孩子的竞争意识和能力，是赋予孩子在21世纪畅行的“通行证”。竞争是为了最大限度地调动人们的潜质，调动人们学习、生活的积极性。因此，家长应时刻教育孩子不甘落后，创造一种积极上进之风。

王国华初中毕业后，从农村来到市里的重点高中上学，由于以前学校的教学质量不是很好，所以，他进入重点高中之后，就显得不能适应了。尤其在英语课上，他觉得自己总是听得云山雾罩，不知所措。

第一学期期末考试，他竟然没有一门功课及格，最惨的一科是英语，只得了36分。这一打击对王国华来说太大了，他觉得农村孩子始终比不上城市孩子，开始自卑和苦恼起来。于是，他就到小说里面寻找自己的“心灵寄托”，寻找一些虚无缥缈的感觉，并沉溺其中不能自拔。结果成绩更是一团糟，还差点儿被学校开除。他觉得自己与其在这里丢人现眼，还不如放弃学业。

爸爸知道他的这个想法之后，就对他说道：“什么？放弃学业？这同战场上逃兵有什么两样，即使你暂时能够逃避学习的竞争，步入社会后，你还能逃避的社会竞争吗？难道你真想一辈子当一个逃兵？”爸爸的这句话，一下子激起了王国华强烈的自尊心。“逃兵？我怎么会是逃兵呢？逃兵会被人说三道四的，我绝对不做逃兵！”就这样，王国华为了不让自己成为逃兵而树立了坚定的信念，开始刻苦学习。

其实，王国华并不是个笨孩子，刚开始成绩不好，只是因为他还没有适应新的环境。现在他树立了竞争意识，不甘心学习落后于人，决心超过别人，他的成绩也自然提高了。高考的时候，他以780分的成绩打破了学校有史以来的最好成绩，进入了自己向往已久的大学。

从这个事例我们可以看出，如果王国华在暂时落后的时候，不想和别人竞争，一味地逃避，那么他就不会取得现在这样好的成绩，只能是个“逃兵”。

当今社会，大多数孩子都是独生子女，由于在家庭中缺少“竞争机制”，在生活上又事事被包办代替，他们接受锻炼的机会很少，由此养成唯我独尊、依赖别人、胆小怕事的个性，很容易使他们在今后的社会竞争中受挫，而受挫后更是会盲目行动，不懂得要想办法克服困难。因此，作为家长要针对当前孩子存在的问题，给予足够的重视，采取一些正确、正面的教育方法，去培养孩子的竞争意识，使孩子具备一定的竞争能力，成为竞争中的强者。

创设竞争情境，确立竞争规则

父母可以有意识地为孩子创设竞争情境，开展丰富多彩的竞技活动。

在家庭中开展竞技活动，让孩子积极参与的办法很多。如和孩子进行棋类比赛、球类比赛、讲小幽默比赛，节假日还可带孩子外出进行户外竞赛活动。

需要特别强调的是，既然是竞赛活动，就必须有一套竞争规则，无论是父母还是孩子，都要能输得起，在规则面前人人平等，否则竞争就失去了它的公正、公平性。

鲁小刚喜欢和爸爸打羽毛球，他的球技显然和爸爸有差距。他的心理承受能力差，输不起，一输就闹情绪，不是乱打一通，就是甩球拍。

爸爸也为这事感到伤脑筋，他下决心要改掉孩子竞争心态不健康的毛病。

又是一个星期天，鲁小刚兴冲冲地央求爸爸和他打羽毛球。爸爸对他约法三章：

第一，公平竞争，不让球，不考虑父子亲情；

第二，输球后不闹情绪；

第三，失败后总结教训，切磋球艺，以利再战。

不答应这二个条件，不玩。鲁小刚一看爸爸很严肃的样子，就只好答应了。这次比赛鲁小刚又输了，但他遵守了比赛规则，没有闹情绪。以后，他的球技提高很快，时间长了，爸爸时时不小心就成为儿子的手下败将。

鲁小刚爸爸的做法是对的。他让孩子明白了竞争需要遵守规则，竞争要有风险承受能力。但现实中有些父母既想培养孩子的竞争能力，又怕竞争给孩子带来心理打击，心里充满了理智与情感的矛盾。这种心态是没法很好地培养孩子的竞争意识的。

端正孩子竞争的心态

吴迪的父母深知现在社会上的竞争日益激烈，于是为了不让自己的儿子在竞争中被淘汰，从小就运用各种方法鼓励吴迪竞争。而吴迪也很争气，没有辜负父母的期望。从小学到初中，每次考试成绩均在班上名列榜首。正当吴迪的父母自以为实施的鼓励措施发挥功效时，在儿子期中考试后却传来了不幸的消息。

原来，当天下午，吴迪的班主任宣读期中考试成绩，意想不到的是，吴迪这次考了个第二名，一向位居榜首的他怎么也不能接受这个现实，一气之下，他拔出随身携带的小水果刀，刺伤了那个超过他的同学的胳膊，扬长而去。

为了孩子的健康成长，作为孩子的第一任老师，父母要积极培养孩子健康的竞争心态。对于一些竞争欲望过于强烈的孩子，父母要帮孩子端正心态，让孩子明白竞争是展示自身实力的机会，是件美好的事，要用从容的心态看待超越和被超越，不应充满妒忌和愤懑。

培养孩子在竞争中的耐挫性

在竞争中，没有常胜将军，没有人能在各方面都次次取胜。因此，父母应该引导孩子正确地对待失败和挫折，让孩子接受一些挫折教育，培养孩子的意志，让孩子感到失败并不可怕，只有在失败之后及时地调整自己的心态，消除不必要的紧张、忧虑和自卑等消极情绪，才能争取到下一次的成功。

张大亮是一名初一的学生，他喜欢各项活动，也喜欢与大家一起比赛。但张大亮有个不好的毛病，就是如果自己比赛输了，就会心情郁闷，不爱说话，好多天后心情才能调整过来。而只要心情一转好，他又会参加下一轮的竞争、比赛。

妈妈很怕张大亮参加比赛，但如果不让他去又怕影响他的身心健康发展。妈妈就耐心地开导张大亮说："比赛有赢就有输，输了要能面对和接受，心情不好不能解决任何问题。应该吸取经验，发奋努力，争取下次的胜利。你想想我说得对吗？"听了妈妈的话，张大亮认真思考了一下，冲着妈妈一乐，说道："我知道应该怎么做了，谢谢你，妈妈。"

以后，张大亮不再为失败烦恼了。他一样喜欢参加竞技活动，喜欢比赛。输了就总结经验，发现不足，然后改进，争取下次的胜利。渐渐地，张大亮胜出的次数多了起来。

引导孩子向竞争对手学习

新的一个学期开始了，读初一的吴斌下决心要将自己的学习成绩提升到班里前五名，他问爸爸应该怎么做才能达到这个目标。爸爸问他："现在班里的前五名同学就是你的竞争对手，要想赶上或超过竞争对手，你就得了解竞争对手，虚心向竞争对手学习。你们班前五名同学都是谁，你知道吗？"他说："我知道。"接着，他说出了前五名同学的姓名。爸爸又问："第五名同学与你相比有哪些优点？"他说："他非常爱好学习，学习很主动，很刻苦。课堂上勇于举手发言，自己弄不懂的问题就虚心向老师和同学请教"。爸爸又问："第四名同学和你相比有哪些优点？"吴斌说："她课堂听讲精力非常集中，对知识不死记硬背，能举一反三。"爸爸又问："第三名同学与你相比有哪些优点？"吴斌说："他非常珍惜时间，也很有毅力，对疑难问题从不放过，直到钻研明白、弄懂弄通为止。还有，他总是按时完成作业，还喜欢看课外读物。"爸爸接着又问："第二名、第一名同学与你相比有哪些优点？"吴斌如数家珍都作了具体回答。最后爸爸说："现在你知道应该怎么做了吧？记住，知己知彼，心里才能有底；学人之长，才能胜利有望。"吴斌顿时恍然大悟，信心十足地说："爸爸，我明白了。你瞧吧！"爸爸充满希望地看着儿子说："好儿子，我相信你能成功。"

在爸爸的启发和帮助下，吴斌看到了竞争对手的优势，找出了自己存在的差距，下气力比他们学得更好，更刻苦。他的自身潜能得到了充分发掘，学习成绩提高很快，期终考试一跃名列全班前茅。

向竞争对手学习，可以不断完善自己，令自己取得更大的进步。父母应该引导孩子将竞争对手视为学习的动力、目标以及榜样，学习竞争对手身上的优点，把对方当成自己学习上突破的一个动力，这样孩子就会收获人际和学习的双份成功。

第八章

DI BA ZHANG

不凶不吼，培养孩子独立自主的意识

现代家庭教育专家董进宇博士曾说过："教育孩子的目的，不只是为了上大学，而是培养真正的人。要把孩子培养成真正的人，就应从小培养他们的独立意识和自立能力。"的确，孩子总有一天是要自立于社会，自立于人生的，如果能从小培养孩子独立自主的意识，就能增强孩子行动的独立性、目的性和计划性，这对于孩子今后生活的幸福和成功无疑是有巨大的帮助的。因此，父母一定要培养孩子的独立自主能力，让孩子在广阔的天空里学会磨炼自己的翅膀，展翅翱翔。

让孩子自己的事情自己做

“自己的事情自己做。”这是引导孩子走向独立的第一步。让孩子从小就“自己的事情自己做”，能增强他们动手做事、克服困难的能力和信心，有助于培养他们的独立意识。

现在的孩子，大多数都是独生子女，几个大人围着一个孩子转，对孩子的事情大包大揽，致使孩子缺乏一定的动手能力和自理能力，这样做的后果只会害了孩子。

有这样一个事例：

某高校的一位研究生，学习成绩特别好，学校领导考虑派他出国深造，找人和他谈这事的时候，本以为他会高兴得不得了——毕竟不是每个人都有机会出国的，可这位研究生听了这个消息之后却是愁眉紧锁，最后竟对领导说他不去了。领导感到非常惊奇，经过调查才发现，原来这位学生虽然学习特别好，但其他的事情竟然一窍不通，以至于生活都不能自理。最终只有选择放弃。

还有一个事例：

一位母亲为了考上美国某著名大学的“神童”儿子能衣食无忧，不惜一切代价要拿到美国绿卡，去陪儿子一起读书。终于，儿子在母亲的陪同下去了美国。她省吃俭用，变着花样给儿子弄好吃的好穿的。几年后，儿子找到一家好公司去上班，母亲却因为过度劳累而重病不起。自从母亲病倒后，儿子就因为生活不会自理而被公司解雇。儿子要另找东家却连连碰壁，最后落得沦落街头的悲惨命运。

上面这两个事例不能不引起我们的反思：在教育孩子的过程中，我们是否有意无意地包办了孩子许多力所能及的事情？在重视孩子学习成绩的同时是否忽略了对孩子生活能力的培养？作为家长，我们是否在无意中剥夺了孩子成长的权利，限制了孩子的自我发展？

我国著名教育学家陈鹤琴先生曾说过："凡儿童自己能够做到的，应该让他自己做；凡儿童自己能够想到的，应该让他自己去想。"这是一条符合教育规律的至理名言。如果放手让孩子自己做，我们的孩子将会得到锻炼的机会，我们也会发现孩子的潜能是无穷的；如果我们一直"大手帮小手"，我们的孩子将会在无形中被剥夺许多发展的机会。

观音菩萨一心要为凡间的人多做好事，可凡间的事实在太多，她两只手忙不过来，就向如来佛请求，如来佛给了她一百只手。

观音菩萨用一百只手为凡间做好事，可凡间的事实在太繁杂了，一百只手还忙不过来，她又向如来佛恳求。如来佛给了她一千只手。

观音菩萨用一千只手为凡间做好事，可凡间确实太大了，一千只手还是忙不过来，只得再向如来佛诉苦。

这一下，如来佛皱眉了，问："给了你这么多只手，怎么还嫌不够？"

观音菩萨回答说："唉，不是我贪多，确实忙得透不过气啊！"

"好，我倒要亲眼看看，究竟为什么忙不过来。"如来佛说着，跟随观音菩萨进了宝殿。

宝殿前，弥勒佛袒胸挺肚，笑嘻嘻地斜靠着，闲得没事干，正"一五一十"地数着炉中的香火。宝殿内，十八罗汉懒散地分立两旁，有的搔胸、挖耳朵孔，有的揉眼睛、打呵欠，一个个都是闲得发慌的模样。

如来佛看了，十分感慨地对观音菩萨说："真不该给了你一千只手。倘若你不改变这一班人的模样，就是给你一万只手，也无济于事啊！"

在生活中，有些家长就像千手观音菩萨一样，把孩子的事情全部包揽到自己的手中，结果弄得孩子无所事事，缺乏独立性。有一句话是这样说的："做母亲的最好只有一只手。”说的就是要对孩子放一只手，有些问题让孩子自己去尝试着解决。让孩子学会自理，自己的事情自己做，为的是促进孩子的独立性发展，这对孩子将来的学习、工作、事业乃至一生成长都是有好处的。

任何一位父母，都不可能包办孩子的一生。孩子的将来，包括学习、工作以及事业的成功，都要靠他们自己去闯、去努力、去奋斗。而这一切，没有自立自强的意识和精神，是很难取得满意结果的。父母应该明白，自立既是生存的需要，也是孩子成长中的必然一课。

教孩子学会生活自理

让孩子学会生活自理是培养孩子自立能力的开始。因为孩子日后独立生活时，不可没有自理能力。所以父母首要的教育责任在于训练孩子的生活自理能力，让孩子从小就学会自己的事情自己来做，不依赖他人。

生活中，父母可以让孩子学会照料自己的生活，诸如穿衣、系鞋带、梳头、洗脸、吃饭、整理书包、收拾房间等事情，父母尽量不要替孩子做。如果父母在生活方面过分照管，不仅不利于孩子独立性、自主性的发展，而且还容易使其养成一些诸如懒惰、依赖等不良品质。父母还应当让孩子经常参加一些家务劳动，如帮爸爸妈妈洗菜、购买物品、打扫卫生等，这是培养孩子生活自理能力的一种有效手段。

家长对孩子做家务应以鼓励、肯定为主。由于孩子年龄小，做事水平不高，考虑问题不周全，力气小，在做事的过程中，难免会出现一些失误。大人不应因此指责孩子，更不能惩罚孩子，而应首先鼓励孩子做得对的地方。对于孩子有失误的地方，要帮助他们分析原因，找到问题所在，以提高操作的技能和水平。这样，既能保护孩子希望自理的自觉性、主动性；又能激励孩子不断提高自己的认识水平和自理能力。

教育孩子凡事靠自己

小蜗牛问妈妈：“为什么我们从生下来，就要背负这个又硬又重的壳呢？”

妈妈说：“因为我们的身体没有骨骼的支撑，只能爬，又爬不快。所以需要这个壳的保护！”

小蜗牛又问：“毛虫姐姐没有骨头，也爬不快，为什么她却不用背这个又硬又重的壳呢？”

妈妈笑了笑说：“因为毛虫姐姐能变成蝴蝶，天空会保护她啊！”

小蜗牛皱着眉头说：“可是蚯蚓弟弟也没骨头爬不快，也不会变成蝴蝶。他为什么不背这个又硬又重的壳呢？”

妈妈抚了抚小蜗牛的头说：“因为蚯蚓弟弟会钻土，大地会保护他啊！”

小蜗牛哭了起来：“我们好可怜！天空不保护，大地也不保护。”

妈妈安慰小蜗牛：“我们有壳啊！我们不靠天，也不靠地，我们靠自己。”

俗话说：“靠山山倒，靠人人跑。”不论多么强大的靠山，总有靠不了的时候。父母只有教孩子自立自强，学会依靠自己，才不会担心有一天会失去“靠山”。

尊重孩子的独立意识

孩子的人格是落地生根的，每一个孩子都是一个独立的个体。从呱呱坠地起，孩子就开始拥有自己的独立意识、独立的思考能力，以及对生活独立的看法等等，所以父母要尊重孩子的独立意识。

有一个4岁的美国儿童在弯腰吃力地系鞋带时，一个路过这里的成年人提出要帮助他，却遭到了拒绝。

孩子问成年人：“你知道我多大了吗？”

“不知道，可我想你应该很小。”

“我已经不小了，我都4岁了。”

显而易见，这个孩子认为自己已经长大了，系鞋带这样的小事应该由自己来做。

任何孩子都具有独立意识，这种意识是孩子自主自立的先决条件。孩子在很小的时候，就有很强的意识，所以，父母要尊重孩子的独立意识。在孩子主动要求做一些事情时，不要因为孩子小而不予支持，从而导致孩子自己动手的意识在萌芽状态中就被扼杀了。

当孩子要求“自己做”的时候，父母就要因势利导，教孩子一些自我服务的技能。其实，这种教育是很简单的，可以从身边的事情教起：比如穿衣服、脱衣服、吃饭、洗手、收拾玩具等。教孩子不要急于求成，每件事都可以分解成若干小步，每次做到一两个小步，逐渐达到熟练的程度就可以了。

让孩子更好地适应周围环境

所谓适应能力，就是人根据生活环境进行自我调整，以便和环境保持平衡的能力。

达尔文曾经说过：“不要期待环境为你而变，而要争取尽快地改变自己来适应环境。”的确，人不可能一直生活在自己意愿的环境中，当生存的环境变得越来越艰难时，我们要懂得改变自己去适应它。如果环境不利于我们，我们还要强行让外界适应我们的话，就可能会付出巨大的代价，而且还不一定能取得成功。所以说，与其试图改变环境，不如让自己去适应环境。

有一个人总是落魄不得志，于是向智者请教。

智者沉思良久，默然舀起一瓢水，问：“这水是什么形状？”这人摇头：“水哪有什么形状？”智者不答，只是把水倒入杯子，这人恍然：“我知道了，水的形状像杯子。”智者摇头，轻轻端起杯子，把水倒入一个盛满沙土的盆。清清的水便一下融入沙土，不见了。

这个人陷入了沉默与思索。过了很久，他说：“我知道了，社会处处像一个规则的容器，人应该像水一样，盛进什么容器就是什么形状。”

智者点了点头。

这个故事对“适者生存”作出了诠释。只要我们还活着，必然面对生存；只要我们想更好地生存，必须成为适者。外部的生存环境是残酷的，我们只有认清环境，改变自己，才能获得更好的发展。

适者生存的本领是人类赖以生存的最基本的条件，是生物进化的普遍规律。任何人都不可能离开环境而生存，在无法改变环境时，只有改变自己，努力去适应环境。适应环境不是一味地“顺从环境”，根据环境条件改变自身、调节自身，试着与环境条件保持协调，才是其本意，才能真正生存。

科学技术的飞速发展，让现代社会的竞争变得日益激烈，如果想在竞争中生存下来，就要学会适应周围的环境，养成良好的适应性，找到适合自己的生存法门。只有这样，才能更好地在这个社会生存。因此，让孩子学会适应，是当代父母必修的家教课题。

贞子是日本人，她们家世代采珠，她有一颗珍珠是母亲在她离开日本赴美求学时给她的。

在她离家前，母亲郑重地把她叫到一旁，给她这颗珍珠，告诉她说：“当女工把沙子放进蚌的壳内时，蚌觉得非常的不舒服，但是又无力把沙子吐出去，所以蚌面临两个选择，一是抱怨，让自己的日子很不好过，另一个是想办法把这粒沙子同化，使它跟自己和平共处。于是蚌开始把它的精力营养分一部分去把沙子包起来。当沙子裹上蚌的外衣时，蚌就觉得它是自己的一部分，不再是异物了。沙子裹上的蚌成分越多，蚌越把它当作自己，就越能心平气和地和沙子相处。”

母亲继续启发她道：“蚌并没有大脑，它是无脊椎动物，在演化的层次上很低，但是连一个没有大脑的低等动物都知道要想办法去适应一个自己无法改变的环境，把一个令自己不愉快的异己，转变为可以忍受的自己的一部分，人的智能怎么会连蚌都不如呢？”

母亲的话对贞子的影响很大，她懂得了适应环境的重要性，在异国的求学期间，她很快融入了当地的文化氛围，适应了当地的生活环境。

孩子的一生中，肯定会遇到环境变迁，迅速适应新环境，可以帮助孩子更快地融入环境中去，保证孩子心情舒畅，进而使孩子发挥自己的潜能。

适应能力是一个人走向成功的重要因素之一。孩子走出家门，迈进校门，走向社会，其适应能力好坏将直接影响他的一生。所以，孩子要从小形成良好的适应能力，学会适应他人，适应不同的环境。

现实社会中，父母不可能为孩子提供一个完全符合孩子意愿的环境，这就需要培养孩子的环境适应能力，鼓励孩子去适应复杂多变的环境。

带孩子多接触新环境

父母应多带孩子接触外界，比如去陌生的公园或游乐场，去陌生的场合多见见陌生的人。有机会接触陌生的环境和陌生的人对孩子适应能力的提高大有益处。

教孩子学会生活自理

只有具有良好生活自理能力的人，才能恰到好处地安排自己的每一天，协调的个人生活能减少孩子的孤独感，快速地适应新环境。

培养孩子的心理适应能力

面对未来复杂多变、竞争激烈的社会环境，只有具备较强的心理适应能力，才能够获得更充分的生存与发展的条件，才能够成为社会所需要的合格人才。所以，父母要培养孩子的心理适应能力，让孩子更好地适应社会环境，对自己所处的环境做出积极的反应。

有意识地让孩子吃点苦

常言道："吃得苦中苦，方为人上人。"吃苦是人生的一笔财富。然而，现在的孩子大多数是独生子女，备受家长的宠爱，有些家长无条件地满足孩子的各种要求，使孩子很容易就得到许多物质享受，不懂得什么是苦，什么是累。其实，为了孩子健康的成长，从教育的角度讲，家长应该让孩子知道什么是苦、什么是累，努力培养孩子适应各种环境的能力，使孩子从小具有良好的意志品质。

日本的父母往往对孩子进行这样一种磨炼，内容是要求6岁的儿童自己去10公里外的一个亲戚家。母亲则化装成一个陌生人看着这个孩子如何找行人指路，如何干渴难耐，如何疲惫不堪。悄悄跟随的母亲每每心疼地流下泪来，但绝不会帮孩子一把。日本还提倡“穷留学之风”，让富裕的大城市学生，到偏远的山区、村寨接受艰苦的生活训练，其目的就是要培养孩子吃苦耐劳的精神和坚忍不拔的毅力。其实，这都是一些明智的做法，从孩子的成长规律看，儿童和少年时期是人生的基础阶段，家长有意识地创造一些条件，对孩子开展吃苦教育，非常重要，也很有必要。因为人生道路是曲折的，每实现一个目标，都需要努力奋斗，要奋斗就需要具备勇于吃苦的精神。

前苏联著名教育家苏霍姆林斯基曾说过：“让孩子动手，亲自参加实践，吃点苦，受点累，不但可以探究知识奥秘，培养创造能力，而且有利于坚强意志和吃苦耐劳精神的形成。”父母要想方设法让孩子吃点苦、受点累，这样能培养孩子良好的性格特征，让孩子笑对生活。

作为商人，李嘉诚无疑是成功的，作为父亲，李嘉诚更加成功。如今他的两个儿子在商界都取得了非凡的成就，大儿子李泽钜帮助父亲打理家族传统生意，二儿子李泽楷在新闻媒体、数码港、电讯盈科等业务上接连取得令人注目的业绩，靠自己的奋斗赢得了“小超人”的美誉。

曾有人问李嘉诚是怎样教育两个儿子的，他的回答是：“应该让孩子吃些苦，让他们知道穷人是怎么生活的。”

李嘉诚坚持认为，教育孩子应该培养他们独立的意志品格，不能溺爱娇生惯养，这与有多少家财没有关系。所以李泽钜、李泽楷两兄弟虽然出生在大富之家，却很少有机会享受奢华的生活。他们小的时候，李嘉诚很少让他们坐私家车，却常常带他们坐电车、巴士。当兄弟二人去美国斯坦福读书期间，李嘉诚只给他们最基本的生活费。有谁能想到，现在人称“小巨人”的李泽楷当年还曾经在麦当劳卖过汉堡，在高尔夫球场做过球童，一次背高尔夫球棒时还曾弄伤了肩胛骨，直至现在伤患还会时常发作。

吃苦是一种能力，一种重要的生存能力。让孩子吃吃苦，是为他们将来的人生旅途走得平稳顺畅做加油充气、储能蓄势的准备，当他们踏入社会后，在风雨人生中，充分实现自身价值。吃苦能力越强，孩子的生存空间就越大，所以从小就得让孩子尝些“苦头”。

舍得让孩子吃苦

吃苦耐劳是我们中华民族的传统美德。这种美德不是先天形成的，而是后天培养、自我锻炼的结果。舍得让孩子吃苦，让孩子经历挫折，是父母培养下一代的一条重要途径。

曾有一位事业有成的企业家，他的孩子因为家庭条件优越，只知享受，学习成绩越来越差。这位企业家果断地中止了孩子的学业，将其送到一家铁合金厂当炉前工。这个孩子在进工厂一个月后，说太苦，要回学校读书，企业家不同意。半年之后，企业家终于同意孩子回校了。离开工厂，重回校园，孩子从此发奋读书，学习成绩突飞猛进。

让孩子吃点苦是对他的毅力和生活能力的一种磨炼，不能吃苦的孩子很难对现实有深刻的了解和理解。对孩子适当进行吃苦教育，是一种“大爱”的表现，是对孩子负责的表现，是有助于孩子成长的表现。

让孩子多进行生活的磨炼

对孩子的吃苦教育应该融入日常生活中，可以从日常生活中的小事做起，要孩子完成适当的家务，如打扫卫生、洗碗、清理房间等，可以使用物质和精神奖励，以调动积极性。也可以要孩子参加社会实践，如卖报纸、农村生活体验、夏令营等形式的活动。

孩子在生活里锻炼的过程中，真正参与到现实生活，真正感受到生活的不易，才能发现自己生活的珍贵，才能明白幸福生活要靠自己去努力才能得到。

鼓励孩子要有接受失败的勇气

每个人在一生中都有一门重要的学问要学，那就是怎么去面对“失败”，处理的好坏往往就决定了一个人一生的命运。失败并不可怕，重要的是如何失败。失败者与成功者的区别不是在于他们失败的次数多寡，而是在他们失败后有什么不同的态度和作为。

有一位知名的作家说：“失败应成为我们的老师，而不是掘墓人；失败是暂时耽误，而不是一败涂地；失败是暂时走了弯路，而不是走进死胡同。”如果你能这样看待失败，你就能轻装前进，最终战胜失败，获得成功。

人的一生总会遇到挫折和失败，同样，在孩子的成长过程中，也难免会遇到失败。让孩子从小就有面对失败的勇气，长大以后，面对各种各样的困难和挫折，他才不会手足无措，才能够从容应付。

就读于某中学初三的高铭，过去曾是个开朗热情、学习优秀的“三好学生”，上小学的时候，他在班上的成绩一直名列前五名，班上和学校的活动更是少不了他，他表演的节目在学校里都是“压轴戏”。可是，就在两年前的一个小小失败面前，他变得消沉了。

那是他上初一的上半年，全区中学举办了一次知识竞赛，高铭作为全校的三名选手之一，参加了最后的决赛。但在最后一轮决赛时，他答错了一道题。他答完之后，看到了台下同学们失望的目光，正是这些目光把他拖入了挫折的泥潭。后来，同学们都忘记了这场比赛，他还是陷在其中无法走出来，每当大家无意间提到那场比赛，他都会陷入深深的自责之中。渐渐地，他远离了同学们，把自己封闭起来。当父母发现他精神恍惚，带着他去看心理医生时，被告之他患有轻度抑郁症。

现代教育家陈鹤琴曾说过："不要担心孩子的失败，应该担心的是，孩子为了怕失败而不敢做任何事。"在人生历程中遭遇失败、出现挫折是正常的，如果连一点点小小的失败都承受不了，是无法适应这个社会的。因此，从小培养孩子的心理承受能力，对孩子进行适当的挫折教育是十分必要的。让孩子了解失败，可以使孩子学会平和地处理失败，加强承受挫折的能力，将来长大后，心态就会比较成熟，在面对失败时，会用更从容的心态，准备下一次的挑战，敢于做，才有可能成功。

世上没有常胜将军，孩子也不可能只胜不败。挫折和失败往往是极好的老师。父母一定要给孩子上好"善待失败"这一课，使他们善于从失败中找到开启成功之门的钥匙，从而帮助孩子从幼稚走向成熟。

引导孩子正确认识失败

孩子生活中有不同的活动，当孩子面临困难时，父母要让孩子明白挫折不是人生的绊脚石，而是推动人生前进的动力。挫折并不可怕，可怕的是被挫折打倒。人生遭遇挫折是在所难免的，关键在于我们怎么去看待它。遇到挫折时，该做的不是伤心落泪而是尽可能地调节自己的情绪，认真分析原因，在挫折中吸取教训。

父母可以通过给孩子讲英雄人物成功前的挫折或父母小时候遭遇挫折的故事，让孩子懂得生活中随时可能会遇到挫折，只有勇敢地去克服困难，本领才会越来越大。

学校即将举行儿童节演讲比赛，芳芳第一个报了名。报名后，芳芳在家进行了全面的备战。但比赛那天，却发生了一个小小的意外。当轮到芳芳上台演讲时，她因为走得过急摔了一跤，结果影响了她后来的发挥。这次比赛，芳芳没有取得名次。回家后，芳芳将比赛的事说给妈妈听，妈妈给她讲起了刘邦与项羽的故事。屡战屡败的刘邦越败越勇，后来终于在垓下一战，打败了实力强大的项羽！听完故事，芳芳擦干眼泪，咬着嘴唇说："妈妈，你们放心吧，这次失利还打不垮我，你们看我下次的表现吧！"

数月之后，在国庆演讲比赛中，芳芳捧回了全校第一名的奖杯！

采用不同的方式指导孩子

杰克·韦尔奇是一位誉满全球的商业巨子。在畅销书《杰克·韦尔奇自传》中他深情地回忆起自己在中学时代，母亲曾给他上的一堂终身难忘的课：

那是一个糟糕的赛季的最后一场冰球比赛，当时我在塞勒姆高中读最后一年。我们分别击败三个球队，赢了头三场比赛，但在其后的六场比赛中，我们全都输掉了，而且其中五场都是一球之差。所以在最后一场比赛中，我们极度渴求胜利。

那确实是场十分精彩的比赛，双方打成2：2后进入加时赛，但是很快，对方进了一球——我们又输了！这已是连续第七场失利，我沮丧至极，愤怒地将球棍摔向场地对面，随后自己头也不回地冲进了休息室。这时，我那爱尔兰裔的母亲大步走过来，一把揪住了我的衣领。

“你这个窝囊废！”她冲着我大声吼道，“如果你不知道失败是什么，你就永远不会知道怎样才能获得成功。如果你承受不了这点打击，你就最好不要来参加比赛！”

我遭到了羞辱，在我的朋友们面前。但上面的这番话，我从此就再也没有忘记。我知道，是母亲的热情、活力和她的爱，使得她闯进休息室。她是我一生中对我影响最大的人，她不但教会了我竞争的价值与意义，还教会我如何迎接胜利的喜悦和接受前进中必要的失败。

杰克·韦尔奇的母亲用自己独特的方式敲醒了他。当然这种火爆脾气不一定适合每个孩子，但它确实提醒了家长们在孩子成长的过程中，失败是难免的。

心理学家认为，挫折教育要根据孩子的性格特点，采取不同的方式进行。性格外向的孩子心胸宽广，凡事想得开，以直言不讳的批评、直截了当的惩罚，方能取得效果；而内向性格的孩子一般都脸皮薄，又敏感脆弱，承受能力较差，只要旁敲侧击地委婉提出，就能引起他的高度警觉。另外，在孩子与挫折的抗争中，有胜利时的喜悦，也有失败时的伤心。家长要在孩子胜利时给予积极的肯定和赞美，也要在孩子失败时给予鼓励，给孩子增加意志力和自信心。

总之，父母应该培养孩子承受挫折的能力，给孩子不断尝试的机会，这样孩子就会不断地产生信心，增强勇气。

为孩子创造受挫的机会

父母还可以有意识地精心设计一些场景让孩子经历一下失败和挫折，然后因势利导，使孩子增强对失败、挫折的抵御能力，增强心理承受能力，学会应对办法。

有一位美国父亲，他和儿子有约，吃午饭后，儿子收拾桌子他洗碗，但有个条件，如果儿子收拾得不好就要接着洗碗。儿子小心地收拾了，而且实际上，桌子也比平时收拾得干净得多，儿子满以为顺利过关了，可父亲挑剔地检查时仍发现了一点油渍，于是他平静地说："对不起，这次碗该你洗啦。"想想，儿子做了努力且明明比平时还好，却过不了关，哪有不产生遗憾、失望——挫折感的呢？其实，这正是这位父亲故意给儿子设置的挫折情景，故意让他心理受挫。他认为，让儿子经常遭遇些类似的挫折情景，孩子就学会了镇静地接受不如意的现实，正确地控制情绪而避免过度的挫折感。

可见，让孩子承受一定的挫折，可以让孩子在挫折中看到自己的不足，进而做出新的努力，还可以锻炼孩子的意志，增强心理承受能力。

家长有意识地让孩子受一些挫折和失败，是好事不是坏事；是有远见地爱孩子，也是真正地爱孩子。

培养孩子持之以恒的韧劲

有这样一个小故事：

开学第一天，大哲学家苏格拉底对学生们说："今天咱们只学一件最简单也最容易做的事。每人把手臂尽量往前甩。"说着，苏格拉底示范了一遍，并问道："从今天开始，每天做300下，大家能做到吗？"学生们都笑了，这么简单的事，有什么做不到的！过了一个月，苏格拉底问学生们："每天甩300下，哪些同学坚持了？"有百分之九十的同学骄傲地举起了手。又过了一个月，苏格拉底又问，这回，坚持下来的学生只剩下百分之八十。一年以后，苏格拉底再一次问大家："请告诉我，最简单的甩手运动，还有哪些同学坚持了？"这时，整个教室里，只有一人举起了手。他就是后来成为古希腊另一位大哲学家的柏拉图。

柏拉图的成功就在于他做到了别人没有做到的事——坚持。谁坚持了，谁就可能成为成功者；谁半途放弃，谁就必将以失败而告终。

生活中，不论做什么事，如不坚持到底，半途而废，那么再简单的事也只能功亏一篑；相反，只要抱着锲而不舍、持之以恒的精神，再难办的事情也会迎刃而解。

法国伟大的启蒙思想家布封曾经说过："天才就是长期的坚持不懈。"我国著名的数学家华罗庚也曾说："做学问，做研究工作，必须持之以恒。"的确，我们干什么事，要取得成功，坚持不懈的毅力和持之以恒的精神是必不可少的。

我国唐代大诗人李白，小时候念书缺乏耐心，常常逃学。有一天，他来到一座高山脚下，见一位老太太在磨一根铁棒。李白很疑惑，就上前追问。老太太告诉他要磨出一根绣花针。李白惊讶不已，铁棒如何磨成针呢？老太太说："只要功夫深，铁杵磨成针。"李白深受启发，自此他发愤读书，毫不懈怠，终于成为一代"诗仙"。

持之以恒的品质对一个人的成长以及发展起着相当大的作用。法国微生物学家巴斯德说："告诉你使我达到目标的奥秘吧，我唯一的力量就是我的坚持精神。"的确，坚持就是胜利，但现实生活中，不少孩子做事没有恒心，缺乏持久性，常常半途而废。例如，原本计划在每天早上跑步半个小时，刚开始还能坚持，等到再过一段时间就放弃了；在课堂上听课，只能在前二十分钟专心，后二十分钟就无法继续坚持；在每一个新学期开始时，为自己制定了一个学习计划，最初几天还能完全按照计划学习，到后来却渐渐松懈，最后甚至完全舍弃了原定的学习计划；写作文的时候，通常前几段文字书写得非常工整，到后面就渐渐变得潦草凌乱，以致成了无人能识的“天书”……缺乏持久性是很多孩子的通病，这不得不引起家长的重视。毋庸置疑，培养孩子坚持不懈的意志品质应该从小做起。

培养孩子的持之以恒的韧性，对孩子今后的人生道路有很大的影响。拥有良好坚持性的孩子更容易成长为一个独立自主、有毅力、有恒心、自信、乐观、社会适应能力强的人。因此，父母一定要对孩子的坚持力进行训练，当然也需要父母的坚持才能培养出孩子的坚持力。

让孩子懂得持之以恒的重要性

父母应经常告诉孩子，坚持就是胜利，坚持就能成功。对孩子坚持做事的习惯，家长应给予及时鼓励，要求并督促孩子将每一件事情做完。锻炼孩子的意志，家长要有决心和恒心，要舍得让孩子吃苦。

为孩子做出表率

有句俗话：“上梁不正下梁歪。”如果想培养孩子持之以恒的韧劲，那么“上梁必须正”，父母必须以身作则，无论处理什么事情，都要认真、圆满地完成，做孩子的表率。很难想象，一个三天打鱼两天晒网的家长会培养出一个有恒心的孩子。孩子养不成坚持的习惯，多数是因为家长做事也是虎头蛇尾，所以要想孩子学会坚持，家长要以身作则，要有坚持性。父母做事的态度很大程度上影响着孩子做事的态度。如果父母今天要求孩子学习绘画半个小时，明天自己却忘了要求孩子练习绘画，后天又有什么事给耽误了而不管孩子当天有没有练习，这样培养孩子的毅力就变成一句空话。

给孩子制定的目标要符合孩子的能力

目标是某一行动要达到的某种意想结果的标准、规格或状态，它制约着行为的方向。一个人只有主动、自觉地去实现既定的目标，为实现目标而不懈努力，才体现出他的恒心。对孩子们而言，只有具体的、可行的目标，才有可能促使他去实现这一目标。

儿童教育家曾经有过这样形象的比喻：假定要求孩子到果园里摘取长在高不可及的树枝上的苹果，孩子会望树兴叹，随后失去信心，放弃摘苹果的欲望；如果让孩子摘那些伸手可及的苹果，孩子很快就会厌倦摘苹果的活动；但是，如果让孩子去摘那些需要稍微跳一跳才可以够着的苹果，孩子会从摘苹果的活动中获得很多乐趣，并且将摘苹果的游戏不断地进行下去。

可见，给孩子定制目标应该恰当好处，既不能定得太低，也不能定得太高——太低，孩子会失去兴趣；太高，孩子则因难以实现而选择放弃。因此，确定的目标必须与孩子的年龄、经验、能力水平相适应，是孩子在经过自身的努力后能够实现的，唯有如此，才能激励孩子去进取，培养孩子持之以恒的韧性。

训练孩子的意志力

有这样一个小故事：

从前，有人问一位智者：“怎样才能成功呢？”智者笑笑，递给他一颗花生：“用力捏捏它。”那人用力一捏，花生壳碎了，保留下花生仁。“那你搓搓它。”智者说。那人又照着做了，红色的皮被搓掉了，只留下白白的果实。“再用手捏它。”智者说。那人用力捏着，没能将它毁坏。“虽然屡遭挫折，却拥有一颗坚强意志的心，这就能成功。”智者说。

这个故事告诉我们：坚强的意志是人的一种重要品质，是人们做事获得成功的必要前提。遗憾的是，现在许多孩子缺乏意志力，他们生活在父母的溺爱与包办下，缺乏自我解决问题的能力、坚持不懈的毅力及抵抗挫折的耐力，这样的孩子在以后的生活中会遇到各种各样的麻烦。

有一年，日本松下公司为了扩大经营规模，打算招聘一批销售人员。为了挑选优秀的人才，考试将分为两个部分——笔试与面试。来面试报考的人有几百名，但录取的名额却只有10人，经过一个星期的繁忙招考，最后通过电子计算机计分，选出了10名佼佼者。

在面试时，有一位名叫神田三郎的应征者给总裁松下幸之助留下了很深刻的印象，但当松下幸之助将录取者一个个过目时，他却发现，成绩特别出色的神田三郎没有在10人之列。他感到很奇怪，当即叫人复查考试分数统计情况。经过复查，发现神田三郎综合成绩名列第二名，只因电子计算机出了故障，把分数和名次排错了，导致神田三郎落选。松下幸之助立即吩咐纠正错误，给神田三郎发录用通知书。

第二天，给神田三郎发通知书的助手向松下幸之助报告了一个惊人的消息：神田三郎因没有被录用而跳楼自杀了，录用通知书到时，人已死。

闻言，松下幸之助沉默了好长时间。助手在一旁自言自语说："真是可惜了，这么一位年轻有为的青年，我们没有录取他。"

松下幸之助却摇摇头说："幸亏我们公司没有录用他。意志如此不坚强的人是干不成大事的。"

坚强的意志是人心理的支柱，是战胜困难、克服弱点、取得事业成功的一把利剑。对于一个人来讲，没有坚强的意志就成了一具无生命的躯壳，一个临死的灵魂。有了坚定的意志力，就能够坚定不移地做自己认为正确的事情，而成功也就离你不远了。

德国心理学家对500名智力超常的儿童进行了追踪调查研究，根据他们的成就大小，把他们分为"有成就组"和"无成就组"进行对比，发现这两组人之间的最大差异在于意志品质方面。那些获得较大成就的人，对自己从事的事业有忘我的献身精神，为了达到奋斗目标，虽经多次挫折仍不动摇。而"无成就组"的人，则意志薄弱，在困难面前畏缩不前，只有消极地等待良机。心理学家们由此得出结论：人们事业成功与否，在很大程度上并不取决于人的智力水平和客观条件，而取决于是否具有坚强的意志。因此，对于孩子来说，意志比天资聪颖更为重要。

意志力是影响孩子日后成功的一种重要的心理素质，作为家长，在培养孩子的过程中，不要轻视对其意志力的培养。只有这样，孩子在将来的工作、生活中遇到问题或挫折时，才能坦然面对。

让孩子从点滴小事做起

指导孩子经受意志锻炼必须从点滴小事做起，通过日常小事指导孩子经受意志锻炼是一种行之有效的方法。

李潇是个三年级的男孩，他也像同龄的孩子一样做事情遇到困难容易放弃。有一次，妈妈利用周末带他一起收拾屋子。李潇按照妈妈说的方法却怎么也擦不干净玻璃，他有些气馁了。尤其是当他发现自己擦一块玻璃居然花了五分钟还没擦干净，而家里又有这么多扇窗户时他彻底失去信心了。于是，他把抹布扔在一边，一屁股坐在地上叹起气来。妈妈看到孩子的表现便告诉他："你刚学擦玻璃，擦不干净很正常。你只需要把你正在擦的这块擦好就是成功了呀。不要急于求成，等你熟练以后速度也就上去了。你如果就这样放弃，可是连一块也擦不干净了啊。"

在妈妈的鼓励和教导下，李潇拿起抹布，重新开始擦玻璃。

家长要善于利用身边的小事有计划地培养、锻炼孩子的意志力。父母要让孩子明白，坚强的意志是在千百件小事的锻炼中逐步培养出来的。经常在小事上注意锻炼，才能在大事上经得起困难的考验。

制定奋斗目标

目标，是人做事的方向，让孩子朝着目标去努力，是锻炼意志力的起点。父母可帮孩子制定近期和长远的奋斗目标。孩子心中有了目标，有了实际性的

“任务”，他就会为实现目标、完成任务去努力。这种目标激励法会让孩子为了实现目标而自觉地克服困难，迎接挑战，提高孩子的意志力。

做孩子的表率

父母如果意志坚强，做事具有不怕困难、百折不挠的意志力，那么孩子也会在耳濡目染、潜移默化的过程中逐步完善自己的意志品质。反之，父母做事拖拖拉拉，遇着困难绕道走，工作、生活缺乏勤奋精神，那么他们的孩子决不会成为一个意志坚强的人。

有一位市级劳模，她虽然只有初中文化，音乐知识贫乏，却通过自己坚强的意志引领，促使女儿考进知名音乐学院的钢琴系，并多次在全国钢琴比赛中获奖。十年来，她带着孩子风里来、雨里去，上天津、跑北京，求名师、赶考场，正是她自己坚强的意志力成就了孩子的学业。

所以，作为父母，一定要为孩子做出良好的榜样，在日常生活和学习工作中体现出坚强的意志力。

每个孩子都应学会保护自己

有这样一个故事：

一群在山里野餐的小孩子迷了路，在潮湿饥饿中度过了恐怖的一夜，他们无望地失声痛哭，“人们永远也找不到我们了！”一个孩子绝望地哭泣着说，“我们会死在这儿。”然而，11岁的杰克站了出来，“我不想死！”他坚定地说，“我爸爸说过，只要沿着小溪走，小溪会把我们带到一条较大的小河，最终你一定会遇到一个小市镇。我就打算沿着小溪走，你们可以跟着我走。”结果，孩子们在杰克的带领下，顺利地走出山里。

故事中的杰克是一个很有生存能力和自我保护能力的孩子，而这些能力不是天生的，得益于其父的后天教育。目前，很多西方国家十分重视孩子的生存教育，从孩子懂事起，就教育他们如何学会生存和自立，并知道什么情况下怎样保护自己等。

自我保护能力作为生存教育的一个主题，是适应社会、做一个现代人所必备的素质之一。而孩子是祖国的未来、民族的希望，他们的健康和安全时刻牵动着父母的心。因此，从小培养孩子的自我保护能力具有重要的意义。

有个小女孩，因为父母有急事回不了家，她不知所措地在门外一直等待。幸好隔壁邻居发现她，并把她领回家中，才不致在外面过夜。

后来，邻居说，妈妈在门上贴着纸条，让孩子回来后去奶奶家。可是小女孩却没看字条，只知在门口等，而不知去邻居家或给奶奶打电话。如果不是邻居发现了她，说不定她会在门外冻一个晚上。

这么简单的自我保护方法都不知道，这不得不让人觉得有点心寒。所以，家长很有必要树立孩子的自我保护意识，掌握自我保护的本领，这样，孩子才会更加健康快乐，家庭和生活才会更加和睦幸福。

有一名9岁的小女孩放学后，正独自回家，半路上忽被一中年妇女拦住，并声称是其母的好友。“你妈正忙着，让我来接你去玩，汽车就在前面停着。”她一边说，一边还急着想把小女孩抱起。小女孩疑惑地退后，突然机敏地甩出一句：“你认识我妈，那她叫什么名字？”妇女一时张口结舌，无言以对。小女孩见状立即转身向不远处的同学呼救，并跑了过去。那妇女马上慌慌张张地逃遁了。

当今社会，虽然并非处处都是尔虞我诈、充满凶险，但也绝不是像孩子们想的那样“一片净土”，针对儿童的一些违法犯罪现象在我们的身边时有发生。作为家长，有必要进一步加强孩子自我保护意识的培养。

自我保护能力是一个人在社会中保存个体生命的最基本能力之一。为了保证孩子的身心健康和安全，使孩子顺利成长，家长应该从孩子幼年时就加强对他们的自我保护教育，培养和提高孩子的自我保护能力。

让孩子掌握家庭安全知识

星期天的早晨，小强的妈妈在电脑上查资料，突然想起厨房里的天然气灶上正烧着水。她让小强去看看，估计快开了，孩子听话地去了，可是没几分钟就着急地跑过来，让妈妈去看看。妈妈跑过去一看，只见厨房的窗户已经打开了，天然气的火已经灭了，阀门也已经被关上了。

小强说自己进来的时候，水壶里溢出的水已经把火浇灭了，他马上将阀门关闭，打开窗户，妈妈不禁对他竖起了大拇指。小强脸上露出了骄傲的笑容，妈妈也暗自庆幸，多亏平时在安全方面对孩子教育得到位，否则孩子也不会从容地面对了。

可见，让孩子掌握一些家庭安全知识是十分重要的。父母平时做家务时，可以一点一滴地教给孩子有关水、火、电的安全知识，提高孩子的安全意识。遇到紧急情况，孩子同样能发出警告，及时解决。对于生活中不会轻易遇到的安全隐患，家长可以通过讲故事、让孩子观看具有安全教育性质的儿童节目等，让孩子在故事和节目中得到启发，一旦遇到安全问题，可以学会机智应对。

教给孩子发生意外时的应急措施

让孩子懂得应急措施是非常必要的，比如遇到意外，要学会打报警电话，如 110、119、120 等；懂得一些基本的医学常识，如急救的方法；万一被坏人强行带走，要懂得找机会逃脱等。危险和意外是时时存在的，如果不给孩子讲清楚，那么孩子在遇到危险和意外的时候会束手无策，不能及时化解危险。父母要从身边的小事入手，教孩子掌握基本的应急措施。

创设情景，增强孩子的自我保护意识

仅仅跟孩子讲述一些自我保护、自救的方法是远远不够的，家长可以借鉴安全应急演练的方式，在生活中创造一些情景，测试孩子的危险识别能力、反应能力和逃生求救能力，以此来锻炼孩子的应变能力，使其逐渐掌握自我保护要领，提高自我保护能力。

星期天，爸爸带小明去动物园玩。由于是周末，动物园里的人很多。这时，爸爸和小明玩起了“失踪”的游戏，他趁儿子不注意的时候，偷偷地溜到一边，看小明会怎么办。

小明正在兴致勃勃地看大象，他一回头发现爸爸不见了，不禁有些慌乱，急忙四处搜索。他向周围看了看，没看到爸爸，这时候他突然想到平日里爸爸教给他的话：“遇到事情不能慌乱，要找解决问题的办法。”

于是，他让自己冷静下来，然后根据动物园里的路标提示，找到保卫处，告诉他们“爸爸不见了”，并将事情的原委叙述了一遍。当保卫处的人了解后，通过广播找人帮小明找爸爸。

很快，父子相见了。爸爸先是表扬了小明知道如何保护自己，懂得向保卫处寻求帮助，然后根据他的表现，又具体地加以引导和指点，提高了他的自我保护能力。

小明的爸爸给孩子设置情景，有意识地锻炼孩子的应变能力和自我保护能力，取得了良好的教育效果。

让你的孩子学会自主选择

20 世纪伟大的哲学家萨特说过一句富于哲理的话，他说：“人有选择的自由，但是人没有不选择的自由。”大师的话道出了这样一个真理：人生处处有选择。

选择是把握人生命运的最伟大的力量。在人生的十字路口，谁能够理性地作出选择，谁就掌握了人生的命运。遗憾的是，现在很多孩子缺乏选择的能力。

一位学者去一所中学调查中学生的自主性状况，他问接受调查的 150 名学生："当你在学习和生活中遇到难题，一时解决不了时，怎么办？"

150 名学生几乎是异口同声地回答："有困难当然是找父母解决。"没有一名学生回答自己先想办法解决，实在解决不了，再找父母帮助；当被问到今后准备从事什么职业时，竟有 90%的学生说要等回家问过父母才能回答。

这位学者事后在总结他的调查结果时，不无忧虑地说："缺乏自主性，对自我意识在选择中重要性的麻木，已是当代一些青少年的综合素质中一个不容忽视的弱项。"

造成这一现象的主要原因是，父母剥夺了孩子的选择权。在有关孩子的决定时，不少家长喜欢包办代替。在吃、穿、用等方面，甚至在关系孩子学什么、选择志愿这些重大事情上家长都不习惯与孩子商量，而是越俎代庖，这种思想是不恰当的。有句俗话说，"小时候不把孩子当作人，将来他也成不了人。"人做决定的能力也是慢慢成长的，如果父母总是不给孩子机会，他们可能永远不会自己做出决定。

选择的能力是从小培养的。父母要对孩子的一生负责，就要把选择的权力交给孩子，切不可包办代替，因为人生的道路还要靠孩子自己走。一个孩子总要长大离开父母，走向自己的生活，开拓比父辈更广阔的发展空间。如果孩子自小没有选择的权利，没有体验选择的滋味，他今后又怎么能选择适合自己的发展道路，迎接各方面的挑战和竞争呢？

世界首富比尔·盖茨小学毕业后，父母将他送进了西雅图市一所名叫"湖滨中学"的私立中学。

盖茨中学毕业时，很想进入哈佛大学读书，这也是父母的最大心愿。但是在专业的选择上，父亲与儿子却发生了严重分歧。盖茨的父亲在美国律师界的声望很高，他十分希望子承父业，所以主张盖茨选择法律专业。但盖茨对学法律当律师没有多大兴趣，他热衷的专业是数学和计算机。

父亲经过冷静思考，意识到若强迫盖茨学法律，只会扼杀他在计算机方面的特殊天赋，对儿子的长远发展肯定是极其不利的。最后，父母尊重了盖茨的专业选择，决定由儿子做主，让他在计算机领域自由发展。

然而，更大的分歧出现在盖茨进入哈佛仅仅一年后：盖茨决定离开这所世界一流的学府，与朋友一起创办计算机公司。这对他的父母来说是一个棘手的难题，他们百思不解，开始时也极力反对，但到最后不得不尊重儿子的选择。

比尔·盖茨自己做主的这次重大选择，无疑改变了他的一生，奠定了他成为全球“电脑王国”无可争议的领袖地位的基础。

比尔·盖茨最幸运的地方在于，他有开明的父母，在他选择学校、选择专业、选择退学创业这几个重大决定时，最终都得到了父母的理解和支持。正是父母由盖茨自己做决定的这几次正确的选择，使盖茨的天赋、兴趣与他的事业找到了最佳的契合点，成就了他今日“富冠全球”的宏大事业。

选择是一种能力。家长要注重孩子这种能力的培养，是建立在对自己负责的基础上的。尽管有的孩子年龄尚小，但也有自己独立的人格，孩子们的事应该由他们自己做出决定。如果家长能够把选择的权利交给孩子，尊重孩子的选择，孩子就会对自己负责，就会根据自己的兴趣爱好，选择自己想要走的道路。这样，孩子做事情才是发自内心的，才会做出令人吃惊的成绩来。

总之，在日常生活中，父母要让孩子学会自主选择，多给孩子选择的机会，这样一来，孩子就会感受到他们被尊重、被信任，从而带给他们自信和成就感，使他们意识到自己能把握生活。

把选择的权利交给孩子

孩子的自主性往往表现在他的选择上，但家长由于怕孩子自己选择错了，总是不敢把选择的权力交给孩子。可是，如果从来不给孩子选择的权力，他也就永远学不会选择，永远没有自主性。

1982年，12岁的谢军小学即将毕业，但她却面临了两难境地。是升重点中学还是学棋，在这个分岔口谢军举棋不定。小学6年中，谢军曾有7个学期被评为三好生，这样品学兼优的孩子谁见谁要，学校当然要保送她上重点中学。但是，国际象棋的黑白格同样牵引着谢军和她的一家人。在这个节骨眼，母亲的一席话给了谢军莫大的勇气，让年纪小小的她学会了选择，学会了对自己负责。

母亲叫来了谢军，用商量的语气说："谢军，抬起头来，看着妈妈的眼睛。你很喜欢下棋，是不是？"这是母亲对女儿选择道路的提问，从某种意义上讲，也是对女儿将来命运的提问。谢军目光坚毅、严肃地看着母亲的眼睛，坚定地说出七个字："我还是喜欢学棋。"听到女儿的话后，母亲同意了她的选择，同时又严肃地说："很好，不过你要记住，下棋这条路是你自己选择的，既然你做出了这个重要的选择，今后你就应该负起一个棋手应有的责任。"

正是由于母亲尊重孩子选择的做法，使谢军受益一辈子，成就了今天的谢军，使她成为中国国际象棋"皇后"。

尊重孩子的选择，是让孩子学会独立生活的前提。篮球明星乔丹的妈妈曾深有体会地说："在对孩子放手的过程中，最棘手的问题是让孩子去追求自己的梦想，自己做出决定，选择与我为他们设计的不同的发展道路。"可见，想让孩子真正独立，就一定要把选择的权利交到孩子的手中。

给孩子一些指导意见

在孩子自主选择的问题上，父母要懂得倾听孩子的心声，并尊重孩子的想法，让孩子做出选择，但要给孩子提出合理的建议并加以指导。父母可以试着了解孩子做出选择的依据和动机，可以把自己的经验和想法告诉他们，如果孩子的选择确实存在问题，也可以和他们一起来商讨解决。

名震世界的男高音歌唱家帕瓦罗蒂，曾在父亲的教导之下，正确地做出了人生选择，向人们展示了他歌唱方面的才华。

帕瓦罗蒂小时候就显示出了唱歌的天赋。长大后，他仍然喜欢唱歌，但是他更喜欢孩子，并希望成为一名教师。于是，他考上了一所师范学校。

临近毕业的时候，帕瓦罗蒂问父亲："我应该怎么选择？是当教师呢，还是成为一个歌唱家？"他的父亲这样回答："孩子，如果你想同时坐两把椅子，你只会掉到两个椅子之间的地上。在生活中，你应该选定一把椅子，并且在选定之后，就要义无反顾地坚持到底。"

听了父亲的话，帕瓦罗蒂选择了唱歌这把椅子。可遗憾的是，七年的时间过去了，他还是无名小辈，他甚至想到了放弃歌唱事业。但帕瓦罗蒂想起了父亲的话，于是他坚持了下来。

又经过了一番努力后，帕瓦罗蒂终于崭露头角，并且声名节节上升，成为了活跃于国际歌剧舞台上的最佳男高音。

当一位记者问帕瓦罗蒂成功的秘诀时，他说："我的成功在于我在不断的选择中选对了自己施展才华的方向，我觉得一个人如何去体现他的才华，就在于他要选对人生奋斗的方向。"

可见，只有从小培养孩子学会选择，学会承担责任，那么，当他有一天长大成人时，他就能够很从容地面对生活，知道自己需要什么，知道怎么去选择适合自己的东西，并且能够做到"我选择，我承担，我无悔"！

第九章

DI JIU ZHANG

不凶不吼，让孩子养成良好的做事习惯

培养孩子良好的做事习惯，是生活中必不可少的一种能力，是直接影响到孩子一生发展的重要因素。每位家长都期盼自己的孩子有一个幸福的未来，将来能成就一番事业，这就需要从小养成良好的做事习惯。无论是生活中的事，还是学习中的事；无论是小事还是大事，都必须认真对待，设法尽力做好。只有家长重视培养孩子良好的做事习惯，对孩子严格要求，才能让孩子养成良好的做事习惯。

帮孩子改掉拖沓的坏习惯

听过这样一个故事：

一位年轻的女士即将当妈妈了，她打算为即将出生的孩子织一身最漂亮的毛衣毛裤。她在老公的陪同下买回了一些颜色漂亮的毛线，可是她却迟迟没有动手，有时想拿起那些毛线编织时，她会告诉自己："现在先看一会儿电视吧，等一会儿再织"，等到她说的"一会儿"过去之后，可能老公快要下班回家了。于是她又把这件事情拖到明天，原因是"要给老公做晚饭"。等到孩子快要出生了，那些毛线还像新买回的那样放在柜子里。老公因为心疼老婆，所以也并不催她。后来，婆婆看到那些毛线，告诉儿媳不如自己替她织吧，可是儿媳却表示一定要自己亲手织给孩子。只不过她现在又改变了主意，想等孩子生下来之后再织，她还说："如果是女孩子，我就织一件漂亮的毛裙，如果是男孩就织毛衣毛裤，上面一定要有漂亮的卡通图案。"

孩子生下来了，是个漂亮的男孩。在初为人母的忙忙碌碌中孩子一天一天地渐渐长大。很快孩子就一岁了，可是她的毛衣毛裤还没有开始织。后来，这位年轻的母亲发现，当初买的毛线已经不够给孩子织一身衣服了，于是打算只给他织一件毛衣，不过打算归打算，动手的日子却被一拖再拖。

当孩子两岁时，毛衣还没有织。

当孩子三岁时，母亲想，也许那团毛线只够给孩子织一件毛背心了，可是毛背心始终也没有织成。

……

渐渐地，这位母亲已经想不起来这些毛线了。

孩子开始上小学了，一天孩子在翻找东西时，发现了这些毛线。孩子说真好看，可惜毛线被虫子蛀蚀了，便问妈妈这些毛线是干什么用的。此时妈妈才又想起自己曾经憧憬的那件漂亮的、带有卡通图案的花毛衣。

可见，拖延让人一无所获，是对宝贵生命的一种无端浪费。

拖拉，可以说是人类的一大天性。每个人都会有拖拉的毛病，孩子们当然也有，这并不可怕，关键是父母要帮助孩子及时改掉这个坏习惯。

莉莉是个让人心急的“小磨蹭”，做起事来总是慢吞吞的。不论吃饭、穿衣、洗碗，还是画画儿、写字、做游戏，她都是边玩儿边干，磨磨蹭蹭。让她自己洗一次脸得用半个小时。每当需要为某些事做准备时，比如上学、洗澡、去亲戚家，如果妈妈不催她，不冲她大叫“现在，现在就做！”她是绝不会准备好的。妈妈也曾试了好多方法，但效果都不理想。

孩子做事拖拉，多源于家庭教育环境的影响和良好教育方式的缺失。在日常生活中，一些家长对孩子过于溺爱，凡事都依着孩子，孩子开始出现做事拖拉的迹象时，家长们也没有及时采取措施帮助孩子纠正坏毛病，同时一些家长自身做事不遵守时间规则，也在无形中影响孩子的行为习惯。

对于做事拖拉的孩子，不少家长总是心急如焚，一味地批评甚至打骂绝对不是好方法，孩子的慢性子并不是天生的，所以我们要对症下药，逐渐帮孩子改掉拖沓的坏习惯。

为孩子树立竞争对手

父母可以帮孩子设定处理事务的竞争对手，甚至可以直接把自己作为孩子的比赛对象，利用孩子的好胜心理加快处理事务的效率。

一位母亲曾这样写道：

从儿子上幼儿园起，我就有意识诱导他的竞争心理，让他经常和小伙伴展开竞赛：比速度、比勇敢、比仔细等等，让孩子在竞争中逐步认识到自己的能力，养成敏锐捕捉信息并做出反应的思考力和行动力。在家更是如此——

“儿子，看看咱俩谁穿衣服穿得快！”

“儿子，咱们全家来个大比赛，今天谁吃饭吃得最慢谁就洗碗，好不好？”

……

现在，儿子适应了这种学校和家庭的生活节奏，慢慢也就养成了做事讲效率的好习惯。

让孩子为自己的磨蹭付出代价

孩子只有在体会到磨蹭会给自己带来损失之后，他才能够自觉地快起来，因此，让孩子为自己的磨蹭付出代价，让孩子自己去品尝磨蹭的自然后果，不失为一个改掉孩子磨蹭毛病的好方法。

小刚是个爱睡懒觉、做事磨蹭的孩子，每天早晨，妈妈叫一次不起，叫两次还不起，等到叫第三遍的时候才慢腾腾地起来，一看表，才知道时间不早了，就哭闹着埋怨父母没早叫起床。

一个星期一的早上，妈妈叫了小刚一遍，就不再理会他了，过了一会儿小刚自己爬起来，一看早就迟到了。但这次妈妈和爸爸商量好了，他们谁都没帮忙，小刚只好自己胡乱把书本往书包里一塞，就狂奔着上学去了。可想而知，小刚最后迟到了，还没带家庭作业，让老师狠狠地训了一顿。从此以后，小刚动作快了许多，也不再睡懒觉了。

可见，通过小小的惩罚，孩子就会尝到磨蹭给自己带来的害处，下次犯错的情况自然会逐渐减少。

对孩子多鼓励和表扬

鼓励和表扬是对待孩子最常用也非常有效的方法。当孩子在处理事务磨蹭、拖沓时，我们给予的不应该是批评和责骂，而应是更多的鼓励和表扬，在赋予孩子更多的自信心和希望的情况下，相信任何奇迹都有可能会发生。

父母要经常对孩子说“你看你做得多快”，“做得真棒，加油啊”，“真好，现在用不着老提醒你了”，孩子便会受到正面的外部刺激。孩子为了不让父母失望，下次做事就会有意识地提醒自己快点儿。另外，为了使孩子更有动力，当他做事的速度比以前加快时，或者当他达到了大人的要求时，父母还可以适当地给予一些物质奖励，比如给孩子加一朵小红花，带孩子外出游玩，给孩子买他想要的玩具等等。用鼓励和奖赏来“催”孩子做事，往往能够收到很好的效果。

让孩子学会做事细心

“细心”的反面是粗心、马虎，这个毛病在孩子中是较普遍的，对孩子的影响也是较大的，就小处而言，生活中会丢三落四，学习上错误百出；从长远来说，会影响到事业的成功。纵观成人中的粗心者，多是从小养成的坏习惯。

小海做事粗心、马虎的毛病怎么也改不了，从上小学开始，妈妈就跟在孩子后面叮嘱要细心、细心、再细心，可孩子粗心的毛病却越来越厉害了。无论是平时做作业还是大考、小考，孩子的作业及卷面正确率总是不高，不是少写个小数点，就是多写个零，不是看错了题，就是抄错了已知数。考试时，各门功课总会因粗心而失分，所以尽管孩子反应快、脑子灵活、接受能力强，可成绩总是不理想。

而生活中的小海，做事马虎，经常丢三落四，时常忘记带笔记本或作业，妈妈说孩子的房间、书桌凌乱不堪，还不许妈妈收拾，常常为找东西而把房间翻得一片狼藉。为此，妈妈很头疼。

其实，孩子做事不细心的坏习惯不是一两天养成的。在很大程度上，孩子做事不细心和家庭教育也是密切相关的。由于孩子从小就生活在一个无序的家庭中，没有一定的作息时间，没有一个好的生活习惯，做事随心所欲，东西摆放杂乱无章，自然就很难养成细心的好习惯了。所以，从小培养孩子做事细心的习惯至关重要。

帮助孩子克服粗心的毛病，是一件细致的、艰难的、经常反复的工作，只要家长和孩子共同努力，相信孩子一定能够克服粗心的毛病！

让孩子的生活有条理

在生活中，尽量要孩子做事讲条理。根据实践，很多粗心的孩子大多在生活中条理不清，比如做完作业，孩子不整理书包文具；衣服、鞋子乱堆一气等，在生活中，做事没计划，就会养成粗心、马虎、无序的生活习惯。所以，建议家长们在家庭中为孩子创造有序的生活环境，培养孩子井井有条的生活习惯，慢慢地，孩子在学习上也会逐渐细心起来。

从培养孩子的责任心做起

孩子做事不细心，最根本原因是缺乏责任心所致。一个有很强责任心的人，做任何事情都不可能马虎、不可能粗心。所以要培养孩子做事细心的习惯，首先要从责任心的培养做起。有了责任心，他自然能够小心谨慎地对待每一件事情，从而避免马虎。

家长应该从小让孩了做一些他力所能及的事，小的时候让他收拾好自己玩的玩具，大一点时帮着洗碗。让他负责扫地或者洗碗，这就是他的责任，干好了要给予鼓励或奖励，干不好就要求他重来一遍，直至干好为止。总之，让孩子对自己的事情负起责任来。这样，就能逐渐地培养起孩子的责任心，孩子在遇事时就不会敷衍了事。

多给孩子正面的心理暗示

如果孩子犯了一点错误，父母就简单归结为粗心、不用功，甚至小题大做批评一通，孩子就会形成一种意识，觉得自己就是一个粗心的孩子。相反，家长经常表扬孩子细心，那么，在孩子心里就有一种“我很细心”的心理暗示。如果我们努力去寻找孩子的细心点，并肯定他、鼓励他，孩子便会感觉自己真的很细心。同时让孩子看到细心的好处，从而让其产生克服粗心的主观能动性，才能从根本上解决问题。当孩子的细心点越来越多的时候，细心便成为孩子的一种习惯。

勤奋让孩子一生受益

伟大的发明家爱迪生曾经说过：“天才是百分之一的灵感加上百分之九十九的汗水”。俄国著名化学家门捷列夫也曾有言：“没有加倍的勤奋，就既没有才能，也没有天才。”一个天赋再高的人，不勤奋学习，努力丰富自己的知识和生活阅历，也会江郎才尽。“勤能补拙”“笨鸟先飞”“早起的鸟儿有虫吃”等很多名言警句都说明了勤奋的重要性。许多有成就的人在总结自己成功经验的时候总是不忘强调勤奋的作用，勤奋与智慧是一对双胞胎，他们总是如影随形。

李星学是我国知名的古植物学家和地层学家，中国科学院院士。他曾在《自述》中写道：“我这个人其实并不聪明，学识也不在一般人之上，之所以大半生还能做些工作，多少是由于始终铭记着前辈教诲的这样一句话：勤奋的人虽然不一定都会成功，但成功的人没有一个不是勤奋的。我深深感到：勤奋是做学问和立身之本。”

李星学小时智力并不超常，上学又比一般人晚，初中时他的同班同学都要比他小两三岁，学习成绩却多在他之上。李星学初中时语文基础比较差，上高中时，他便下决心把语文成绩追上去。为了做到这一点，他除了课堂的正规学习和完成老师布置的作业以外，还利用寒暑假大量阅读中外小说、古文，特别注意文章中的章法结构和对问题的分析与论证，他还持之以恒地写日记。由于他的勤奋努力，仅仅两年工夫，他的语文表达能力有了很大提高，语文成绩也后来居上，名列前茅。

李星学高中毕业之际，正值七七事变。激于爱国热情，他参加了当时湖南省主席张治中领导的、以促进全民抗战为宗旨的“湖南省民众训练班”，在家乡农村干了半年宣传抗日、保家卫国的民训工作，学业有所荒疏，以至于在1938年参加的全国大学联合招生的统考中，名落孙山。他的一位中学老师却开导他说，胜败乃兵家常事，只要勤奋努力，总有成功之日。于是，李星学决定留在他长沙叔叔家里继续温习功课。为勉励自己，他把自己的卧室命名为“三三斋”，把条幅贴在门后。他所坚守的“三三”，第一个三是“三抓”：即数理化抓基础；语文、英语抓训练；其他抓要点。第二个三是“三不”：不逛街、不会友、不贪睡。他就这样闭门苦读数月，后来在同济、金陵等大学招生中，屡试不爽。

李星学在《自述》中深有感慨地说：“如果当年学外语稍有犹豫，或缺乏持之以恒的勤奋精神，就不可能取得这点小小的成绩。”

天才在于勤奋。一个人的能力有大小，智商有高低，但只要勤奋，就一定会有所收获。

勤奋是一种优秀的学习态度，也是一种认真的生活态度。从小教育孩子拥有勤奋好学的优良品质对于孩子的成长和学习有非常大的帮助。

多鼓励孩子参加劳动

星期天的早晨，小华起床后，在客厅百无聊赖地看着电视。这时候，妈妈抱着一大堆衣服出来洗，走到小华身边，妈妈说：“小华，你也把你自己的衣服洗洗吧。”小华想了想，把一周积攒的所有脏衣服通通拿了出来，花了整整一上午把它们洗干净。

中午吃饭的时候，妈妈问小华：“劳动的滋味怎么样？”小华眼珠一转，说：“挺好的！”妈妈笑笑：“那下午你就再干点活吧。”小华点了点头。下午，小华和妈妈一起把屋子彻彻底底地打扫了一遍，体验到了劳动的乐趣。从此，每到周末小华都会主动参加家务劳动。

勤奋是一种优秀的习惯，它不仅表现在学习上，同样也体现在孩子的生活中。父母应该鼓励孩子多参加劳动，从劳动中锻炼孩子勤奋认真的性格品质。

对孩子的勤奋努力表示赏识

莉莉不是一个十分聪明的孩子，甚至比别的孩子还显得笨一点，别人学10分钟就会的东西，莉莉也许会花半个小时才明白。为此，他的父母曾为此非常担心，孩子以后会学习好吗？能跟上其他孩子的学习进度吗？莉莉上小学了，就当父母都认为莉莉不会有什么好成绩的时候，莉莉却带回了一张100分的试卷。这是一张数学测验的试卷，上面被老师画满了红色的勾勾。

“这是你的卷子吗？”妈妈有些不相信，她吃惊地问莉莉。“当然是我的，不然还会是谁的啊！”莉莉自豪地对妈妈说。“莉莉真不错，告诉妈妈你是怎么考出这么好的成绩的？”妈妈问道。

“老师讲课的时候我经常听不太懂，所以下课之后同学们都出去玩，我就把不懂的地方拿去问老师，老师再给我讲一遍，我就全懂了！做作业的时候如果有不会做的题，我就把老师讲的课再复习一遍，不会做的题也就会做了。所以考试的那些题目我都会做，就考了100分。”莉莉高兴地对妈妈说。听了莉莉的话，妈妈更自豪了，虽然自己的孩子算不上聪明，却如此好学和努力。

好孩子是夸出来的。表扬对孩子来说是一种很大的激励。当孩子表现出勤奋的行为时，父母可以抓住时机，给孩子以赞赏或认同，孩子自然会变得更加勤奋。

做事有计划的孩子人人夸

中国有句古话：“凡事预则立，不预则废。”预者，计划也。古语一针见血地指出了计划的重要性，凡事只有做好了计划才能取得满意的效果，否则就可能导致失败。

有一项调查显示，在现实生活中，只有不到3%的成年人会一本正经地写出他们的计划，并在每天工作开始之前安排自己的计划。有那么一部分人，他们从小时候就开始计划起他们的人生了，在他们看来，要想获得成功似乎非常容易，只需要按部就班地进行就行了，他们所获得的成就足够令我们惊异，他们是当之无愧的最杰出的人。

一项调查表明，凡是学习成绩落后的同学，大多在学习中缺乏计划的头脑，没有合理安排好时间，常常是一味地埋头苦干，结果付出也不少，但收效不好，事倍功半。解决这个问题的最好方法就是让孩子学会做事有计划，即对自己要做的事情有具体的时间规定，有准备，有措施，有安排，有步骤。

孩子总有一天是要自立于社会、自立于人生的，如果能从小培养孩子的计划性，自己的生活自己安排，自己的人生目标自己定，这对于孩子今后生活的幸福和成功无疑是有巨大帮助的。

让孩子做事有计划是每一位家长朋友的良好愿望，然而真正付诸行动却没那么简单。因为即使是大人也很难做到有计划地去做每一件事，更别说自制力相对来说还比较差的孩子。所以说，培养孩子做事有计划的习惯，既是培养孩子，同时也是在锻炼家长。家长应对孩子从小用心进行培养。

帮孩子建立目标

有个名叫约翰·戈达德的美国人，在他15岁的时候，就把自己一生要做的事情列了一份清单，被他称作“我的生命清单”。在这份排列有序的清单中，他给自己列出了所要攻克的127个具体目标。比如，探索尼罗河、攀登喜马拉雅山、读完莎士比亚的著作、写一本书等。在44年后，他以超人的毅力和非凡的勇气，在与命运的艰苦抗争中，终于按计划，一步一步地实现了106个目标，成为一名卓有成就的电影制片人、作家和演说家。

可见，计划与成功是分不开的，有了计划就有了行动的方向和准则，就能迈向成功的彼岸。

设定目标是一个关于设定计划，遵循该计划取得一个个进步，最终到达成功彼岸的过程。一旦孩子学会如何去做，他们能利用这一工具在学校和家庭生活中获得更多的成功。

在日常生活中，父母要向孩子强调目标的重要性，并给孩子的各项行为制定一些目标。当然，这些目标的制定应该让孩子参与进来，与父母一起来制定目标。

让孩子严格落实计划

在日常生活中，父母要向孩子强调计划的重要性，并给孩子的各项行为制定一些计划。计划制定后就不要轻易改变，关键是落实。要求孩子严格按照计划执行，并且长期坚持下去，要尽量讲清楚为什么这样做的道理，使孩子愿意遵守规范，乐于执行有关要求。长此以往，不仅能培养良好的做事习惯，还能培养孩子做事坚持到底的意志品质。

小强是一名小学三年级的学生。每周日，爸爸都会监督并帮助他制定出一周的计划。可是，计划制定出来之后，小强总是由于种种原因不能落实。这让爸爸很是郁闷！

爸爸决心帮孩子改正这一坏习惯。这天晚上，爸爸和小强进行了一次深刻的谈话，爸爸告诉他制定计划的目的就是落实计划，计划制定了没有落实，等于没有制定。如果这样的问题出现在工作上，是非常严重的失误。同时，爸爸还要求小强把计划进一步细化、量化，分解到每一天、每一个小时。在计划的时间内完成最好，如果不能完成，要有惩罚措施；如果提前完成，剩下的时间就可以自由支配，而且还有奖励。每天晚上，爸爸都要抽出时间对小强的计划落实情况进行检查。如果计划全部落实，就加以表扬，零用钱如数发放；如果有计划没有落实，扣发一天零用钱。

爸爸说到做到，每天小强一放学，爸爸就拿出一天的计划表，逐项进行检查。没有落实的，除了扣零用钱之外，还责令在不影响当天计划落实的情况下把前一天未完成的补上。这样就要求小强做事情要努力一次就做好，不能应付了事。现在小强对于时间的安排越来越科学，学习和做事的效率明显提高。

经过一个多月的监督，小强不能落实计划的坏毛病改掉了。以前，他做作业要做到夜里12点多，严格落实计划之后，不到10点就做完了，而且做得又快又好。通过严格落实计划，小强也增强了时间观念、任务感和责任感。

教孩子做事有条理

生活中，不少孩子总是丢三落四的，不是找不到作业本，就是丢了橡皮，打开他的书包，里面乱得好像垃圾桶；而且在功课上也常常碰到麻烦，不是忘记了老师布置的某些作业，就是做着做着又开了小差……可这不一定是孩子故意要犯错，很有可能是因为他的条理性还没有发展完善。所以，父母要教会孩子做事有条理性。

有一位爸爸是这样教孩子有条理地做事的：

这位爸爸是一位收藏爱好者，他发现自己的女儿做事非常没有条理，常常是乱放东西，用的时候又拼命地找。为了使女儿养成做事有条理的好习惯，这位爸爸就想出了一个好办法。

有一天，爸爸对女儿说："一个人如果爱好收藏，他就会感到很快乐。"

女儿有些怀疑地看着爸爸，说："是吗？那应该收藏一些什么呢？"

爸爸说："什么都可以，比如你喜欢画画，那就可以收藏各种美术作品。"

女儿说："那很容易，我会收集好多好多画片的。"

谁知，爸爸却说："'收'容易，'藏'就不容易了。"

女儿有些纳闷了："怎么不容易？"

爸爸说："'藏'就是会分门别类，就是要学会条理化。"

然后，爸爸就给女儿介绍了国际上流行的一种藏书条理化的"资料十进分类法"。这个分类法就是把所有的资料由粗到细分成类、纲、项、目四个层次，每一层次以0到9为记号分成10等份。于是，全部资料便可分为10类、

100 纲、1000 项、10000 目。

爸爸告诉女儿，“类”代表知识体系，“纲”代表专门知识，“项”代表专业，“目”代表形式。如，知识可分成 10 类：A. 哲学；B. 历史；C. 社会科学；D. 自然科学；E. 工程、技术；F. 产业；G. 艺术；H. 语言学；I. 文学；J. 总类（即不包含在以上九类之内者）……

在爸爸的指导下，女儿把自己的图书分门别类地进行了整理，而且把经常要使用的书放在比较醒目的地方，把暂时不看的书放在其他地方。这样，她就做到心中有数，在寻找图书的时候非常方便。

更重要的是，女儿在爸爸的指导下学会了做事有条理，她开始注重自己安排事情，比如，书包整理得非常有条理，语文课本、数学课本都是按顺序摆放的，只要把手伸进书包摸到第几本书就知道是什么，再也不用拼命翻书包了。

培养孩子做事有条理是一个漫长的过程，只要父母坚持要求，反复强化，不断激励并加以督促引导，就能使孩子养成做事有条理的好习惯。

团结就是力量，让孩子懂得合作

现代社会是个充满竞争的社会，但是，在竞争的同时，更加要求合作，如果没有合作，任何事都将一事无成。然而，当今孩子的合作现状是不容乐观的。现在的孩子多数是独生子女，是家里的“小皇帝”，被一家两代甚至是三代人宠着。过度的呵护与溺爱，让很多孩子做事往往以自我为中心，唯我独尊，缺乏团结协作精神。这都是现在孩子心理品质上的弱点，而通过人际交往和孩子间的必要合作，则能够改变和矫治这种不良的心理品质。

16 岁的郑爽以优异的成绩升入省重点高中，开始了寄宿生活。可是开学不到一个月，他便向爸爸提出转学的想法。爸爸再三追问，可是他一脸不耐烦的表情，闭口不答。

于是，爸爸去学校了解了一下情况。老师和爸爸反映，郑爽的学习成绩很好，但是凡事都太争强好胜，太以自我为中心。一次，郑爽和同学一起参加演讲比赛，获得了团体第二名，可是奖状只有一张，两人互相争夺。最后，郑爽一怒之下竟然把奖状撕了，说谁也别想要。平时，他和宿舍其他 5 个人相处也有很多小矛盾。久而久之，他不受同学欢迎，变成了“独行侠”。

了解儿子的这些情况后，爸爸开展了一连串的行动，让他认识到合作的重要性。

周末，爸爸带郑爽参加了一次拓展训练营。活动期间，父子二人完成了一些只有靠大家共同努力才能完成的任务，活动也都很有意思，郑爽玩得很兴奋。当教练讲评每一次活动胜利的根源都在于彼此信任、支持、互助时，有了切身体验的郑爽频频点头。

在回家的路上，爸爸还趁热打铁地聊起了篮球，说一个再棒的球员，如果没有人传球给他，也不能取胜。如果每个人都想当英雄，没有团队意识，那就绝没有球队的胜利。郑爽听了，若有所思地点了点头。

合作是一种孩子在未来适应社会、立足社会不可缺少的重要因素，学会合作对孩子的一生都有无穷益处。奥地利著名的心理分析家阿德勒认为：假使一个儿童未曾学会合作之道，他必定会走向孤僻之途，并产生牢固的自卑情绪，严重影响他一生的发展。所以父母要多引导孩子，帮助孩子树立合作意识。

让孩子知道合作的重要性

一位老师在讲授《竞争与合作》一课时，让孩子们做了一个游戏。老师在讲台上放了三个啤酒瓶，每个酒瓶里面放入两个比瓶口略小的玻璃球，这两个玻璃球都是用绳子拴住的。然后，老师请了六位同学进行游戏。六位同学分成三组，每两人为一组。他们每人抓住一条绳子，当老师喊开始的时候，每个人必须在三秒钟内以最快的速度将玻璃球拉出来。老师刚喊“开始”，三组同学都行动起来。但是，三组结果却是不一样的。第一组的两个同学都想自己先拉出玻璃球，两人都拼命拉绳子，结果，绳子被拉断了，两个玻璃球还是留在酒瓶中。第二组的两个同学也想自己先拉出玻璃球，但是，他们不如第一组的同学那样使劲，结果，两人没有把玻璃球拉出来，却把酒瓶子拉起来了。第三组同学在规定的三秒钟内，一前一后地把两个玻璃球拉出了酒瓶。老师问他们为什么会成功，其中一位同学是这样说的："我考虑到玻璃球的直径比瓶口只小一点点，如果两人同时拉起，必然会卡在瓶口而无法出来。所以我想让他先把玻璃球拉出来，然后我也就可以顺利地把玻璃球拉出来了。"这位同学深深懂得合作的重要性。

让孩子认识到合作的重要性，有利于孩子养成一种协商合作的行为。家长必须在潜移默化中帮助孩子确立正确的合作意识，使他们懂得，每个人都是群体中的一员，是平等的，遇到矛盾或困难，只要大家齐心协力就一定能解决它、战胜它。

让孩子学会欣赏他人

只有能够真诚地欣赏他人的长处，孩子才能从内心深处真正愿意接受别人。只有相互认识到对方的长处，欣赏对方的长处，合作才会有真正的动力和基础。因此，父母要经常给孩子灌输这样一种思想：任何人都有自己的长处，任何人都要学会真诚地欣赏他人。当他认识到每个人都有缺点，也都有优点时，他的心态就比较平和，不会刻意地挑别人的毛病，也不会拒不接受别人对自己的批评。

父母可以通过故事并结合自己的言行让孩子逐渐地明白每个人都各有所长，各有所短。比如一本好的书就是由作者、画家和设计师通过合作之后的结晶。让孩子明白，不要妒忌或是轻视别人的长处，也不要对自己失去信心，而是善于将彼此的长处互相利用，从而达到共同的目标，实现双赢。

父母要发扬榜样的作用

父母的一言一行都会给孩子带来潜移默化的影响，因此，父母要善于与人合作，那么孩子就能够从父母的为人处事中学到与人相处的技能。如，妈妈烧饭做菜，爸爸在旁帮着洗菜、拣菜；家里搞卫生妈妈拖地，爸爸在旁帮着整理；同事忙，孩子没人照看，父母帮同事带带孩子……这些生动而又直观的形象“教材”能在潜移默化中逐步移入孩子的精神世界，使他们在与人合作时，自觉地把父母的言行举止作为自己的榜样。

激发孩子的创造力

创造力是人类特有的一种综合性本领。它是指产生新思想，发现和创造新事物的能力。简单地说，创造力就是创新的能力。

创造力是人最重要和最有价值的一种能力。一个孩子将来有多大成就，关键就看他的创造力如何。

1994年，中国、澳大利亚、新西兰、印度等九个国家和地区参加的“未来家庭娱乐产品概念设计大赛”，中国共有20所学校1300多名选手参赛，真可谓阵容强大、气势磅礴。然而，比赛结果却令人寒心，两个组的冠军、亚军、季军，中国孩子连边也没沾上，最后只获得一个带有鼓励性质的纪念奖。在国外选手那些想象大胆、构思独特的作品面前，中国孩子的作品显得那样苍白，缺乏独创性，这怎能不令中国的家长们感到震惊！

世人周知，中华民族是一个富有智慧的民族，中国孩子智商高，在各类知识性考试中往往是出类拔萃的，但中国孩了的思考力和创造力为什么不如人家呢？

看看下面这个故事，你或许就会有一些启示。

有一个5岁的小男孩，他常一个人在家玩耍。有一次，他看见一只台灯，觉得很好玩：为什么按一下就会亮？他想拆开来看看里面有什么，就趁妈妈不在时，偷偷地拿到墙角拆了起来。妈妈回来后，看到被孩子已拆得乱七八糟的台灯，十分生气，将小男孩狠狠地打了一顿。

在生活中，这样的场景时有发生。父母心疼物品被孩子损坏这是正常心理，但这“打了一顿”所造成的后果是从此禁锢了孩子的好奇心，扼杀了孩子的创造力。这代价太大了！

我们不得不反思，我们的教育压制了孩子的创新能力培养。再让我们来看一看国外的教育方式。

在美国的小学课堂里，正在上一节课《蚯蚓》，老师拿来一盆蚯蚓，对同学们说："同学们，今天我们来研究蚯蚓，请同学们自己上来，每人拿一条蚯蚓。"

同学们都用一张纸，想把蚯蚓托回去，但是，不听话的蚯蚓纷纷从孩子的手中逃脱，有的爬到墙角，有的溜到椅子下面。于是课室里来了个"全场大搜捕"。

这么乱，怎么上课？可是老师并不认为这样不好，他说："如果上的是关于蚯蚓的课，同学们连捉蚯蚓都没有学会，那怎么能说是成功的课呢？"

过了一会儿，同学们终于把蚯蚓都抓了回来，老师请他们研究一下蚯蚓，然后说出自己研究的结果。

一个小孩站起来说："它没有腿，可是会爬。"老师说："对！"

另一个孩子说："那不是爬，是蠕动。"

老师说："对，你说得更准确。"

又有同学说："老师，我发现蚯蚓是由许多环组成的。"

老师说："好，你观察得很仔细。"

又有一个说："老师，我把蚯蚓放在嘴里尝了尝，发现它是咸的。"

老师高兴地说："你很勇敢，亲自尝了尝，我不如你。"

孩子的独创精神，是多么的可贵！老师对他的赞赏，又将对他是多么大的支持！

瑞士著名的心理学家和教育家皮亚杰指出："教育的首要目标在于培养有能力创新的人，而不是重复前人所做的事情。"可见，从小培养孩子的创造力，对孩子未来的发展极为重要。孩子的思维由于没有多少条条框框的约束，不受时间、空间的限制，所以，它往往比成人的思维更丰富更大胆，这种思维发展下去，就会成为一种创造的力量。正如儿童教育家陈鹤琴先生所说："儿童本性中潜藏着强烈的创造欲望，只要我们在教育中，注意诱导，并放手让儿童实践探索，就会培养出创造能力，使儿童最终成为出类拔萃的符合时代要求的人才。”所以，家长应该对孩子具有创造力的思维加以保护、鼓励和推动，使孩子摆脱千篇一律的平庸，成为一个富有创造精神的人。

创造力是孩子智慧的源泉，也是促进潜能发展的原动力，是将来孩子卓越发展的基础。有研究表明，人的创造能力的发展始于幼儿时代。每个幼儿都具有潜在的或正在萌发的创造能力，而这种创造能力对促进幼儿的全面发展起着重要作用。因此，家庭教育中如何培养孩子的创造能力是每一个家长应该思考的问题之一。

保护孩子的好奇心

好奇心是孩子获得知识的一个很重要的途径，好奇、好问、探究、发现、创造往往都是密切相关的。许多发明和创造并不是事先预料到的，往往是在好奇心的推动下，经过创新性思维得出来的。

爱迪生是一位闻名世界的伟大发明家，他一生共有约两千项创造发明，为人类的文明和进步做出了巨大的贡献。他之所以能取得这么大的成就，从某种意义上来说，正是由于母亲的正确认识和引导。

爱迪生从小是一个喜欢提问题的孩子，凡事都要问个“为什么”。有一次，母亲正在厨房忙着做饭，爱迪生急匆匆地跑来说：“妈妈，家里的母鸡为什么把鸡蛋放在屁股下面坐着啊？”母亲放下手中的活，笑着对他说：“傻孩子，它那是在孵小鸡呢！把蛋放在屁股下暖热后，就会有小鸡从里面爬出来。”小爱迪生听了，觉得真神奇。他认真想了一会儿，抬头问道：“只要蛋在屁股底下暖热后，小鸡就能出来？”“对啊，就是这样！”母亲微笑着点头。等到饭做好了，母亲忽然发现小爱迪生不见了，于是到处寻找，最后在库房里发现了他。原来爱迪生正学着母鸡的架势，把好多鸡蛋放在屁股底下蹲着呢。母亲很奇怪，问道：“孩子，你在干什么啊？”爱迪生说：“妈妈，你不知道吗？我在孵小鸡啊！”看着儿子一本正经的样子，母亲乐了。

在学校，爱迪生总是向老师提出一些稀奇古怪的问题，例如，“二加二为什么等于四？”“太阳为什么在白天出来？”“月亮怎么会发光？”等等，这些看似简单却实则令人难以回答的问题，老师经常被他问得张口结舌，对他提出的问题很反感，并把他列为班里最差的学生，甚至说他脑子有问题。而对于爱迪生问的这些不着边际的问题，只有母亲愿意不厌其烦地给予解答。后来，由于爱迪生的考试成绩总是倒数第一，仅仅读了三个月的书，就被迫退学回家。从此以后，爱迪生的母亲就当起了儿子的家庭教师。

母亲知道儿子爱思考，好奇心强，求知欲旺盛，对于他提出的各种问题，她总是尽可能地回答，即使回答不出来，也想办法找到答案再告诉孩子。

就这样，在这个不怕被问“为什么”的母亲的教育下，爱迪生虽然仅上过三个月的学，却成为了一个伟大的发明家，为人类社会的发展做出了极大的贡献。

孩子由于年龄小，对未知事物充满好奇，他们会以好奇的心态向父母提问，这些问题是孩子了解世界、培养创新能力的重要途径，父母千万不要对孩子的问题置之不理，或是嫌弃孩子的提问过于荒诞而对他嘲笑或批评，否则，孩子会逐渐失去好奇和热情。所以，父母要珍视并且善于保护孩子的好奇心，正确激发和引导孩子的好奇心，为孩子提供安全的创造环境，点燃孩子学习新鲜事物的欲望。

带孩子接触大自然

印度诗人泰戈尔，是第一位获得诺贝尔文学奖的亚洲人。他出生于一个富有的贵族家庭，从小就讨厌去学校上学，凭借着良好的家庭教育和刻苦自学度过少年时代，他丰富的历史、文学和科学知识都源自于父兄。

在泰戈尔 12 岁那年，父亲决定带他去喜马拉雅山旅游，泰戈尔高兴得手舞足蹈。

旅行开始了。他们到达的第一个地方是桑地尼克坦，那里有辽阔的原野，平坦的荒地，还有那错落有致的沟壑，在蓝天白云映衬之下，仿佛是一幅美丽的风景画。壮丽的景色深深感染了泰戈尔，他有种无拘无束、心旷神怡的感觉，从空旷的大自然里感受到了自由遨游的乐趣。

一路上，他们不断前行，向目的地——喜马拉雅山进发。父亲带着泰戈尔沿途游览了许多地方，还特地参观了阿默尔特萨尔的金庙，并与那里虔诚的信徒在一起，吟唱锡克人的颂神曲。

在向海拔7000英尺的德尔豪杰峰攀登的途中，由于路途坎坷，他们有时步行、有时骑马、有时坐轿。山路两旁，棵棵松树秀颀挺拔，花儿开满了枝头，不时还有鸟语声声。这一切，对泰戈尔来说都是新奇的，就如同天堂一般，都是他闻所未闻、见所未见的迷人景色。他那颗好奇和探索的童心完全陶醉在这山区的美景之中了。

父亲在德尔豪杰峰早已购置了小屋，他们到达那里稍作休息后，便开始欣赏美丽的景色。每天清晨，当太阳从东方升起的时候，父亲就带着泰戈尔到户外散步，回来后就在屋里教他学习英文，学完就到冰凉的水里沐浴，下午的时间仍是读书，还会讨论一些宗教及哲学问题。到了晚上，泰戈尔则是坐在星空下，听父亲讲天文知识，欣赏高山美丽迷人的夜色。就这样，父子俩在德尔豪杰峰度过了4个月的旅游生活。

这次喜马拉雅山之旅，使泰戈尔心旷神怡，对旅行产生了浓厚的兴趣，并与喜马拉雅山结下了不解之缘，留给他许多终生难忘的美好记忆，他后来称喜马拉雅山是“蛰居在心灵上的情人”。许多年以后，泰戈尔怀着深深的眷恋，曾多次攀登喜马拉雅山。在他出版的一本名为《飞鹤》的诗集中，就真实地记录了他这些游览活动的感受。

自然是智慧之源。如今，城市里的孩子被钢筋水泥、旧的思想观念隔断了与大自然的接触与联系，变得更孤独了，家长可多带孩子到大自然中去，丰富孩子的生活，开阔孩子的视野。花鸟虫鱼、风雨云雪、山河湖泊……大自然中有许多神奇的现象、有趣的东西，它可以引起孩子们无穷的遐想，给以智慧的启迪，产生新的想法。那种只想把孩子关在家里，只想让孩子写字、画画、背诗的方法，只会把孩子培养成书呆子，绝不可能培养成有创新能力的人。

鼓励孩子大胆想象

在晚饭期间，一个小男孩不吃饭，用小勺在碗里划来划去，嘴里好像还在自己嘟囔着什么。妈妈轻轻走过去，做出饶有兴趣的样子问："儿子，你在做什么？能告诉我吗？"孩子说："这儿是长江，这儿是山。"妈妈看到，孩子碗里的饭被分成两部分，堆得高高的像两座山，而中间被挖出一条弯弯曲曲的小沟。妈妈意识到这正是一种创造力的表现，立刻肯定了他丰富的想象，并给孩子讲关于长江的事情。

创造离不开想象，孩子靠想象力开启幻想世界。只有在这种自由幻想世界里，创造性思维才会萌发。爱因斯坦说过："想象力比知识重要，因为知识是有限的，而想象力概括着世界上一切进步的东西，并且是知识进步的源泉。"

家长应尽量发觉孩子进行活动的想象能力，促发想象。比如，孩子一会儿把扫帚当马骑，一会儿把它当冲锋枪，一会儿又用它来堆雪人，其中有丰富的想象，有"发散思维"，发现了同一事物的不同用处，这就是创造性的表现。对于孩子富有想象力的图画、凭想象拼搭的东西、自编的故事等等，都应该给予肯定和赞赏。

对于孩子所表现出的、所谈论的理想和抱负，以及建立于幻想上的自我概念等，不要认为孩子荒唐、异想天开、不切实际或微不足道而不屑一顾。要给予支持和指导。同时要耐心地帮助他们，使孩子明白过多、过分夸大的表现是不正确的。引导他们从正确的思路上去想象、去创造，理想要与实际相接近，与实际生活相符。

培养孩子的超强耐性

忍耐力是孩子自我控制的表现之一，反映的是一个孩子在面临种种诱惑时，能否为更有价值的长远结果而控制自己的即时冲动，以及在等待期中展示的自我控制能力。

20世纪60年代，美国心理学家瓦特·米伽尔曾做过一个著名的实验。研究人员给一些4岁小孩子每人一颗好吃的软糖，同时告诉孩子们可以吃糖，如果马上吃，只能吃一颗；如果等20分钟，则能吃两颗。有些孩子急不可待，马上把糖吃掉了。另一些孩子却能等待对他们来说是无尽期的20分钟，为了使自己耐住性子，他们闭上眼睛不看糖，或头枕双臂、自言自语、唱歌，有的甚至睡着了，他们终于吃到了两颗糖。在美味的奶糖面前，任何孩子都将经受考验。

这个实验后来一直继续了下去，那些在他们几岁时就能等待吃两颗糖的孩子，到了青少年时期仍能等待，而不急于求成；而那些急不可待、只吃了一颗糖的孩子，在青少年时期更容易有固执、优柔寡断和压抑等个性表现。

当这些孩子长到上中学时，就会表现出某些明显的差异。对这些孩子的父母及教师的一次调查表明，那些在4岁时能以坚忍换得第二颗软糖的孩子常成为适应性较强、冒险精神较强、比较受人喜欢、比较自信、比较独立的少年；而那些在早年经不起软糖诱惑的孩子则更可能成为孤僻、易受挫、固执的少年，他们往往屈从于压力并逃避挑战。

研究人员在十几年以后再考察当年那些孩子的表现，研究发现，那些能够为获得更多的软糖而等待得更久的孩子要比那些缺乏耐心的孩子更容易获得成功，他们的学习成绩要更好一些。在后来的几十年的跟踪观察中，发现有耐心的孩子在事业上的表现也较为出色。

这个实验用于分析孩子承受延迟满足的能力，就是我们平常所说的“忍耐力”——为了追求更大的目标，获得更大的享受，可以克制自己的欲望，放弃眼前的诱惑。实验证明，忍耐力强的孩子，未来更容易发展出较强的社会竞争力、较高的工作和学习效率；具有较强的自信心，能更好地应付生活中的挫折、压力和困难；在追求自己的目标时，更能抵制住即刻满足的诱惑，而实现长远的、更有价值的目标。

然而，现实生活中，不少孩子常常缺乏忍耐力，他们在家里常常是以自我为中心的，自己需要什么就得马上得到。如果不能达到自己的要求就会大呼小叫，让所有人不得消停。这种情况如果得到不正确的引导教育，长大后就可能要承受“恶果”。例如，孩子容易被自己的情绪所左右，稍不如意就觉得无法忍受，不能够冷静地思考解决问题的方法，不能承受挫折，以至于影响自己的工作和生活。

琪琪是一个5岁的小女孩，一直被家人呵护在掌心。这天，琪琪和妈妈路过商城的玩具柜台，琪琪看上了一个芭比娃娃，他立刻抱在怀里非要妈妈买给自己。因为家里已经有好几个芭比娃娃了，这个只是颜色不同而已，妈妈觉得没有买的必要。然而，琪琪却怎么也不肯走，她大声叫喊着：“我就要！不给我买的话就是坏妈妈！”妈妈拽着琪琪的胳膊想把她拉走，但琪琪却使劲朝反方向用力，最后干脆就势倒在了地上，又哭又闹起来。妈妈虽然心中满是恼怒，但架不住琪琪的折腾，忙把售货员叫过来开票，最终买下了芭比娃娃。此时，琪琪一骨碌从地上爬起来，抱着芭比娃娃欢快地向前跑去，妈妈无奈地叹了口气，一路小跑地跟在琪琪身后。

显然，百依百顺、有求必应对孩子是无益的，让孩子学会等待与延迟满足，才是一生幸福的基础。当然，延迟满足不是单纯地让孩子学会等待或压制欲望，而是一种克服当前困难、获得长远利益的能力。

在孩子的成长过程中，家长需要从生活中一点一滴的小事做起，培养孩子的耐性，技巧就在于“延迟满足”，让孩子学会等待，学会通过自己的努力，得到自己想要的东西，帮助孩子提高自控能力，学会忍耐，坚持不懈地朝着目标努力。

让孩子学会等待

法国教育家卢梭在《爱弥儿》一书中问家长：“你知道用什么办法准能使你的孩子得到痛苦吗？这个办法就是：百依百顺。”想要什么马上就能有什么，会使孩子变得越来越任性，越来越贪心。而一旦离开家庭走入社会，那种任性、暴躁、急功近利的性格一定会令他们饱受挫折和打击。而如果我们让孩子学会“等待”，孩子就会更加珍惜来之不易的幸福。例如，对每次都把零花钱很快花光的孩子，家长可以说："如果你能忍住一星期不花零花钱，下周可以加倍给你，你可以攒起来买你需要的大东西了。"这样一来，孩子就学会了等待，学会了忍耐，克制了自己花钱的冲动。再如，一桌晚餐摆放在桌上，孩子的爸爸还没有回来，宝宝就嚷着要吃，家长不要立即满足他。我们可以这样对孩子说："爸爸的肚子也很饿呀！可还在辛苦地工作。我们等爸爸回来，一家人在一起吃饭，那该多幸福呀！"在这等待的过程中，孩子忍住自己的饥饿，期盼着爸爸的回来，既是对孩子忍耐力的考验，也是教育孩子学会分享、关爱他人的佳机。

对孩子进行及时表扬和鼓励

让孩子愉快地接受延迟满足，离不开一定的表扬和奖励。当孩子努力按照成人的要求"刷新"自己的纪录时，父母一定要肯定孩子，给予一些小奖励，从而让他们获得坚持的动力。当他们得到表扬或者奖励时，就会觉得自己的努力是没有白费的，是值得的。孩子每次获得"奖励"的过程就是一种等待。